GRAND TRAITÉ d'Instrumentation et d'Orchestration MODERNES

Nouvelle Édition
augmentée de
L'Art du Chef d'Orchestre

PAR

H. BERLIOZ

GRAND TRAITÉ

D'Instrumentation et d'Orchestration MODERNES

contenant :
Le tableau exact de l'étendue
un aperçu du mécanisme
et l'étude du timbre
et du caractère expressif
des divers instrumens.

accompagné
d'un grand nombre d'exemples
en partition, tirés des
Œuvres des plus Grands Maîtres,
et de quelques ouvrages inédits
de l'Auteur.

DÉDIÉ A SA MAJESTÉ

FRÉDÉRIC GUILLAUME IV

ROI DE PRUSSE

PAR

HECTOR BERLIOZ.

Œuvre 10.me (A.Vialon.) Prix 40.f net

Nouvelle Édition
revue, corrigée, augmentée de plusieurs chapitres sur les instruments récemment inventés, et suivie
de l'Art du chef d'Orchestre

HENRY LEMOINE & Cie, Éditeurs.
Paris, 17, Rue Pigalle.   Bruxelles, 40, Rue de l'Hôpital
Droits de reproduction et d'exécution réservés pour tous pays.
14518. H.

DE L'INSTRUMENTATION.
INTRODUCTION.

A aucune époque de l'histoire de la musique on n'a parlé autant qu'on le fait aujourd'hui de *l'Instrumentation*. La raison en est, sans doute, dans le développement tout moderne de cette branche de l'art, et peut-être aussi dans la multitude de critiques, d'opinions, de doctrines diverses, de jugements, de raisonnements et de déraisonnements parlés ou écrits, dont les plus minces productions des moindres compositeurs sont le prétexte.

On semble attacher à présent beaucoup de prix à cet art d'instrumenter qu'on ignorait au commencement du siècle dernier; et dont il y a 60 ans, beaucoup de gens, qui passaient pour de vrais amis de la musique, voulurent empêcher l'essor. On s'efforce, à cette heure, de mettre obstacle au progrès musical sur d'autres points. Il en fut toujours ainsi, il n'y a donc là rien qui doive surprendre. On n'a d'abord voulu voir de musique que dans les tissus d'harmonies *consonnantes*, entremêlées de quelques dissonances par suspensions et quand Monteverde tenta de leur adjoindre l'accord de Septième sur la dominante sans préparation le blâme et les invectives de toute espèce ne lui manquèrent pas. Mais cette Septième une fois admise, malgré tout, avec les dissonances par suspension, on en vint parmi ceux qui s'appelaient savants à mépriser toute composition dont l'harmonie eut été simple, douce, claire, sonore, naturelle; il fallait absolument, pour plaire à ceux-là, qu'elle fut criblée d'accords de seconde majeure ou mineure, de septièmes, de neuvièmes, de quinte et quarte, employés sans raison ni intention quelconques, à moins qu'on ne suppose à ce style harmonique celles-ci d'être aussi souvent que possible désagréable à l'oreille. Ces musiciens avaient pris du goût pour les accords dissonants, comme certains animaux en ont pour le sel, pour les plantes piquantes, les arbustes épineux. C'était l'exagération de la réaction.

La mélodie n'existait pas au milieu de toutes ces belles combinaisons; quand elle apparut, on cria à l'abaissement, à la ruine de l'art, à l'oubli des règles consacrées, &c. &c; tout était perdu évidemment. La mélodie s'installa cependant; la réaction mélodique, à son tour, ne se fit pas attendre. Il y eut des mélodistes fanatiques, à qui tout morceau de musique à plus de trois parties était insupportable. Quelques uns voulaient que, dans le plus grand nombre de cas, le chant fut accompagné d'une basse seulement, *en laissant à l'auditeur le plaisir de deviner les notes complémentaires des accords*. D'autres allèrent plus loin, ils ne voulurent pas du tout d'accompagnement, prétendant que l'harmonie était une invention barbare.

Le tour des modulations arriva. A l'époque où l'usage était de ne moduler que dans les tons relatifs, le premier qui s'avisa de passer dans une tonalité étrangère fut conspué; il devait s'y attendre. Quel que fut l'effet de cette nouvelle modulation, les maîtres la blâmèrent sévèrement. Le novateur avait beau dire: «*Écoutez-la bien, voyez comme elle est doucement amenée, bien motivée, adroitement liée à ce qui suit et précède, comme elle résonne délicieusement!* — IL NE S'AGIT PAS DE CELA, lui répondait-on, cette modulation est prohibée, donc il ne faut pas la faire!» mais comme au contraire *il ne s'agit que de cela*, en tout et partout, les modulations non relatives ne tardèrent pas à paraître dans la grande musique, et à y donner lieu à des impressions aussi heureuses qu'inattendues. Presque aussitôt naquit un nouveau genre de pédantisme; on vit des gens qui se croyaient déshonorés de moduler à la dominante, et qui folâtraient agréablement, dans le moindre *Rondo*, du ton d'*Ut* naturel à celui de *Fa* dièze majeur.

Le temps a remis peu à peu chaque chose à sa place.

On a distingué l'abus de l'usage, la vanité réactionnaire, de la sottise et de l'entêtement, et on est assez généralement disposé à accorder aujourd'hui, en ce qui concerne l'harmonie, la mélodie et les modulations, que ce qui produit un bon effet *est bon*, que ce qui en produit un mauvais *est mauvais*, et que l'autorité de cent vieillards, eussent-ils cent vingt ans chacun, ne nous ferait pas trouver laid ce qui est beau, ni beau ce qui est laid.

Quant à l'instrumentation, à l'expression et au rhythme, c'est une autre affaire. Leur tour d'être aperçus, repoussés, admis, enchaînés, délivrés et exagérés, n'étant venu que beaucoup plus tard, ils ne peuvent donc encore avoir atteint le point où parvinrent avant eux les autres branches de l'art. Disons seulement que l'instrumentation marche la première; elle en est à l'exagération.

Il faut beaucoup de temps pour découvrir les méditerranées musicales, et plus encore pour apprendre à y naviguer.

CHAPITRE Iᵉʳ.

Tout corps sonore mis en œuvre par le Compositeur est un instrument de musique. De là la division suivante des moyens dont il dispose actuellement.

EN INSTRUMENTS A CORDES.
- Mises en vibration par des Archets : *Les Violons, Altos, Violes d'amour, Violoncelles et Contrebasses.*
- Pincées : *Les Harpes, Guitares et Mandolines.*
- A clavier : *Le Piano.*

EN INSTRUMENTS A VENT.
- A anches : *Les Hautbois, Cors Anglais, Bassons, Bassons-quintes, Contre-Bassons, Clarinettes, Cors de Basset, Clarinettes-Basses, Saxophones.*
- Sans anches : *Les Flûtes grandes et petites.*
- A Clavier : *L'Orgue, Le Mélodium, Le Concertina.*
- A embouchure et en cuivre : *Les Cors, Trompettes, Cornets, Bugles, Trombones, Ophicléides, Bombardons, Bass-Tuba.*
- A embouchure et en bois : *Le Basson Russe, Le Serpent.*
- *Les voix d'hommes, de femmes, d'enfants et de Castrats.*

EN INSTRUMENTS A PERCUSSION.
- D'une sonorité fixe et appréciable : *Les Timbales, les Cymbales antiques, les Jeux de timbres, le Glockenspiel, l'Harmonica à clavier, les Cloches.*
- D'une sonorité indéterminable et produisant seulement des bruits diversement caractérisés : *Les Tambours, Grosses-Caisses, Tambours de Basque, Cymbales, Triangles, Tamtams, Pav. Chinois.*

L'emploi de ces divers élémens sonores et leur application soit à *colorer* la mélodie, l'harmonie et le rhythme, soit à produire des impressions *sui generis* (motivées ou non par une intention expressive,) indépendantes de tout concours des trois autres grandes puissances musicales, constitue *l'art de l'instrumentation*.

Considéré sous son aspect poétique, cet art s'enseigne aussi peu que celui de trouver de beaux chants, de belles successions d'accords et des formes rhythmiques originales et puissantes. On apprend ce qui convient aux divers instruments, ce qui pour eux est praticable ou non, aisé ou difficile, sourd ou sonore; on peut dire aussi, que tel ou tel instrument est plus propre que tel autre à rendre certains effets à exprimer certains sentiments; quant à leurs associations par groupes, par petits orchestres et par grandes masses, quant à l'art de les unir, de les mêler, de façon à modifier le son des uns par celui des autres, en faisant résulter de l'ensemble un son particulier, que ne produirait aucun d'eux isolément, ni réuni aux instruments de son espèce, on ne peut que signaler les résultats obtenus par les maîtres, en indiquant leurs procédés; résultats qui sans doute, seront encore modifiés de mille manières en bien ou en mal par les compositeurs qui voudront les reproduire.

L'objet de cet ouvrage est donc d'abord, l'indication de l'*étendue* et de certaines parties essentielles du *mécanisme* des instruments, puis l'étude fort négligée jusqu'à présent, de la nature du *timbre*, du *caractère* particulier et des facultés *expressives*, de chacun d'eux et enfin celle des meilleurs procédés connus pour les grouper convenablement. Tenter de s'avancer au delà, ce serait vouloir mettre le pied sur le domaine de l'inspiration, où le génie seul peut faire des découvertes, parce qu'il n'est donné qu'à lui de le parcourir.

CHAPITRE 2ᵉᵐᵉ.

INSTRUMENTS A ARCHET.

LE VIOLON.

Les quatre cordes du Violon sont ordinairement accordées par quintes comme il suit:

1ʳᵉ Corde........
2ᵐᵉ Corde........
3ᵐᵉ Corde........
4ᵐᵉ Corde........

La corde haute, *le Mi*, s'appelle aussi du nom de *chanterelle*, généralement admis.

Ces cordes, lorsque les doigts de la main gauche n'en modifient pas le son en raccourcissant plus ou moins la portion que l'archet met en vibration, s'appellent cordes *à vide*. On indique les notes qui doivent être faites à vide par un o placé au dessus d'elles.

Quelques grands virtuoses et compositeurs n'ont pas cru devoir s'astreindre à cette manière d'accorder le Violon. Paganini, pour donner plus d'éclat à l'instrument haussait toutes les cordes d'un demi ton;
et, transposant en conséquence la partie récitante, il jouait en *Ré naturel* quand l'orchestre était en *Mi bémol*, en *La naturel* quand l'orchestre était en *Si bémol*, &c, conservant ainsi la plupart de ses cordes *à vide*, dont la sonorité est plus grande que celles sur lesquelles les doigts sont appuyés, dans des tons ou elles n'auraient pu figurer avec l'accord ordinaire.

De Bériot hausse souvent d'un ton *le Sol* seulement dans ses concertos.

Baillot, au contraire, baissait quelquefois *le Sol* d'un demi ton pour des effets doux et graves.

Winter a même employé, au lieu du Sol, *le Fa* naturel, dans la même intention.

Eu égard au point d'habileté ou sont aujourd'hui parvenus nos jeunes violonistes, voici l'étendue qu'on peut donner au Violon dans un orchestre bien composé:

Les grands virtuoses portent encore de quelques notes au delà l'étendue du Violon dans le haut, et on peut, même à l'orchestre, obtenir une beaucoup plus grande acuité au moyen des *sons harmoniques* dont nous parlerons tout à l'heure.

Les *trilles* sont praticables sur tous les degrés de cette vaste échelle de trois octaves et demie; mais il faut redouter l'extrême difficulté de ceux qu'on placerait sur les trois dernières notes suraigues *La, Si, Ut*, je crois même qu'à l'orchestre il serait prudent de ne pas les employer.

Il faut éviter aussi autant que possible le trille mineur sur la 4ᵉ corde, du *Sol* au *La bémol*. EXEMPLE.

il est dur et d'un effet peu agréable.

Les *accords* de deux, trois et quatre notes qu'on peut *frapper* ou *arpéger* sur le Violon sont extrêmement nombreux, et les effets qu'ils produisent assez différents entre eux.

Les accords de deux notes, résultant de ce qu'on appelle la *double-corde*, conviennent aux dessins mélodiques, aux phrases soutenues dans le *forte* ou dans le *piano*, comme aux *accompagnements* de toutes formes et au *tremolo*.

Les accords de trois et quatre notes au contraire, produisent un assez mauvais effet lorsqu'on les frappe *piano*, ils ne paraissent riches et énergiques que dans la *force*; l'archet peut seulement alors attaquer les cordes avec assez d'ensemble pour les bien faire vibrer simultanément.

Il ne faut pas oublier que, sur ces trois ou quatre notes, deux au plus peuvent être soutenues, l'archet étant obligé d'abandonner les autres aussitôt après les avoir attaquées. Il est donc inutile dans un mouvement modéré ou lent, d'écrire ainsi:

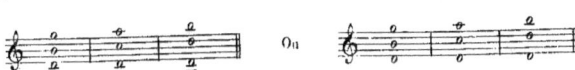

Les deux notes supérieures sont seules susceptibles d'une tenue, et il vaut mieux, en ce cas, indiquer le passage de cette manière:

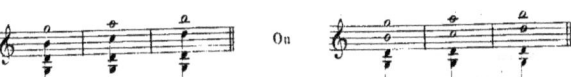

Tous les accords contenus entre le Sol et le Ré graves sont évidemment impossibles, puisqu'il n'y a qu'une seule corde (le Sol) pour faire entendre les deux notes. Lorsqu'on a besoin d'une harmonie dans ce point extrême de l'échelle on ne l'obtient à l'orchestre qu'en divisant les Violons; on indique cette division par le mot italien *divisi*, ou les mots français *divisés* ou *à deux*, écrits au dessus du passage. EXEMPLE.

Les Violons se séparent alors pour exécuter les uns la partie haute, les autres la partie basse. A partir du *Ré* (3.ᵉ corde) tous les intervalles de seconde, de tierce, de quarte, de quinte, de sixte, de septième, d'octave, sont praticables; ils deviennent seulement de plus en plus difficiles, au fur et à mesure qu'on s'élève sur les deux cordes hautes.

On emploie quelquefois *l'unisson* en double-corde, mais, bien qu'on puisse le faire sur beaucoup d'autres notes, on a raison de se borner aux trois suivantes: *Ré, La, Mi,* parce que celles là seules offrent, avec la facilité nécessaire à la bonne exécution, une variété de timbre et une force de sonorité qui résultent de ce que l'une des deux cordes est *à vide*.

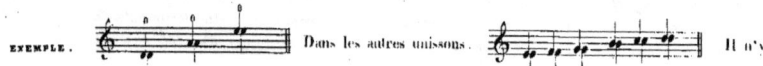

a pas de corde à vide, leur exécution devient assez difficile et, par suite, leur parfaite justesse très rare.

Une corde basse peut croiser une corde supérieure à vide, en suivant une marche ascendante pendant que la corde à vide reste comme pédale: **ex.**

On voit que le *Ré*, ici, demeure à vide pendant que la gamme ascendante s'exécute toujours sur la 4.ᵉ corde

Les intervalles de *neuvième* et de *dixième* sont faisables mais beaucoup moins aisés que les précédents; il vaut mieux ne les écrire, pour l'orchestre, que si la *corde inférieure est à vide*, ils ne présentent alors aucun danger.   **EXEMPLE.**

On doit éviter, comme excessivement difficiles, pour ne pas dire impossibles, les sauts en double-corde qui exigent un énorme déplacement de la main.   **EXEMPLE.**

En général, on ne doit écrire des sons pareils que si les deux notes supérieures appartiennent à un accord de quatre notes qui pourrait être frappé intégralement:

Ceci est faisable parce qu'on pourrait frapper à la fois les quatre notes:

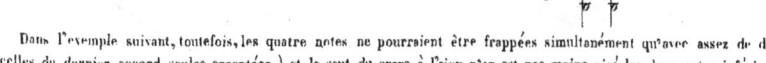

Dans l'exemple suivant, toutefois, les quatre notes ne pourraient être frappées simultanément qu'avec assez de difficulté, (celles du dernier accord seules exceptées) et le saut du grave à l'aigu n'en est pas moins aisé, les deux notes inférieures étant prises *à vide*, et les deux autres avec le 1.er et le 3.e doigt.

Parmi les accords de trois et surtout de quatre notes les meilleurs et les plus sonores sont toujours ceux qui contiennent le plus de cordes à vide. Je crois même que si l'on ne peut avoir aucune de ces cordes, pour l'accord de quatre notes, il vaut mieux se contenter de l'accord de trois notes.
Voici les plus usités, les plus sonores et les moins difficiles:

Il vaut mieux pour tous les accords marqués du signe ✚ se contenter de trois notes et supprimer le son grave.

Tous ces accords *enchaînés de cette manière* ne sont pas difficiles.

Ils peuvent s'exécuter en arpèges, c'est-à-dire en faisant entendre leurs notes successivement, et il en résulte souvent des effets très heureux dans le pianissimo surtout.

Il y a cependant des dessins semblables aux précédents dont les quatre notes ne pourraient, sans une extrême difficulté, être frappées à la fois et qui sont très exécutables en arpèges, au moyen du premier et du second doigts passant de la 4.⁵ corde à la 1.ʳᵉ pour produire la note grave et la note aigue.

En supprimant la note haute ou la note grave des exemples précédents on obtient autant d'accords de trois notes; il faut y ajouter encore ceux qui résultent des notes diverses produites par la *chanterelle* au dessus des deux cordes du milieu *à vide*, ou par la *chanterelle*, et le *La* au dessus du Ré à vide seulement.

S'il s'agit de frapper un accord isolé, en Ré mineur ou majeur, il ne faut pas employer la disposition de la lettre A trop difficile quand elle n'est pas amenée, il vaut beaucoup mieux prendre la suivante, très aisée et plus sonore, par l'effet des deux cordes à vide.

On peut voir par les exemples précédents que tous les accords de trois notes sont possibles sur le Violon, si l'on a soin, dans ceux qui n'offrent point de corde à vide, d'écarter assez les parties pour qu'il existe entre elles un intervalle de *quinte* et de *sixte*. La sixte peut se trouver en haut ou en bas, ou des deux côtés à la fois:

Certains accords de trois notes étant praticables de deux manières il vaut toujours mieux choisir celle qui présente une corde à vide:

On peut faire les doubles trilles en tierces, à partir du premier Si bémol bas.

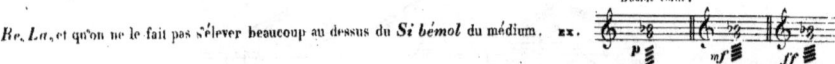

Mais, comme ils sont d'une exécution plus difficile que les trilles simples, et que le même effet s'obtient encore plus nettement au moyen de deux parties de Violon, il est mieux en général, de s'en abstenir *à l'orchestre*.

Le *tremolo*, simple ou double, des Violons en masse, produit plusieurs excellents effets; il exprime le trouble, l'agitation, la terreur, dans les nuances *du piano*, du *mezzo forte* et *du fortissimo*, quand on le place sur une ou deux des trois cordes *Sol, Ré, La*, et qu'on ne le fait pas s'élever beaucoup au dessus du *Si bémol* du médium.

Il a quelque chose d'orageux, de violent, dans le *fortissimo*, sur le médium de la chanterelle et de la 2.e corde.

EXEMPLE.

Il devient aérien, angélique, au contraire, si on l'emploie à plusieurs parties et *pianissimo* sur les notes aiguës de la chanterelle.

C'est ici le cas de dire que l'usage est de diviser à l'orchestre les Violons en deux bandes, mais qu'il n'y a aucune raison de ne pas les subdiviser en deux ou en trois parties, selon le but que le compositeur se propose. Quelquefois même on peut avec succès porter le nombre des parties de Violons jusqu'à huit, soit qu'il s'agisse d'isoler de la grande masse huit Violons seuls (jouant à huit parties,) soit qu'on divise la totalité des premiers et des seconds Violons en quatre petites masses égales.

Je reviens au tremolo. L'important, pour que son effet existe complètement, c'est que le mouvement de l'archet soit assez rapide pour produire un véritable *tremblement* ou frémissement. Il faut donc que le compositeur l'écrive avec précision, en tenant compte de la nature du mouvement établi dans le morceau où le *tremolo* se trouve; car les exécutants, heureux d'éviter un mode d'exécution qui les fatigue ne manqueraient pas de profiter de toute la latitude qui leur serait laissée à cet égard.

Ainsi dans le mouvement *All.º assai* si l'on écrit pour un tremolo ⟨notation⟩ qui produira ⟨notation⟩

il n'y a rien à dire, le tremblement existera; mais si on se contente d'indiquer aussi par des croches doubles le tremolo d'un Adagio, les exécutants ne feront que des doubles croches rigoureusement, et il en résultera, au lieu d'un *tremblement*, un effet d'une lourdeur et d'une platitude détestables. Il faut écrire en ce cas: ⟨notation⟩ et même quelquefois, si le mouvement est encore plus lent que l'*Adagio*: ⟨notation⟩

Le *tremolo* du bas et du médium de la troisième et de la quatrième corde, est bien plus caractérisé dans le *fortissimo*, si l'archet attaque les cordes près du chevalet. Dans les grands orchestres et lorsque les exécutants veulent se donner la peine de le bien rendre, il produit alors un bruit assez semblable à celui d'une rapide et puissante cascade. Il faut indiquer le mode d'exécution par ces mots: *près du chevalet*.

Une magnifique application de cette espèce de tremolo a été faite dans la scène de l'oracle, au premier acte de l'Alceste de Gluck.

L'effet du tremblement des 2.^{ds} Violons et Altos est là encore redoublé par la progression grandiose et menaçante des Basses, le coup frappé de temps en temps par les premiers Violons, les entrées successives des instruments à vent, et enfin par le sublime *Récitatif* que ce bouillonnement d'orchestre accompagne. Je ne connais rien en ce genre, de plus dramatique ni de plus terrible.

Seulement, l'idée du tremolo *près du chevalet*, n'ayant point été exprimée par Gluck dans sa partition, ne saurait lui être attribuée. L'honneur en revient entièrement à Mr Habeneck, qui, en dirigeant au Conservatoire les études de cette étonnante scène, exigea des Violons ce mode énergique d'exécution, dont l'avantage, en pareil cas est incontestable.

ALCESTE. (GLUCK) N.º 1.

Animé.

FLÛTES.

HAUTBOIS.

CLARINETTES
en UT.

CORS
en SOL.

TROMBONES.

VIOLONS.

ALTOS.

GRAND
PRÊTRE. Apol_lon est sen_sible à nos gémis_se_

BASSES.

Animé.

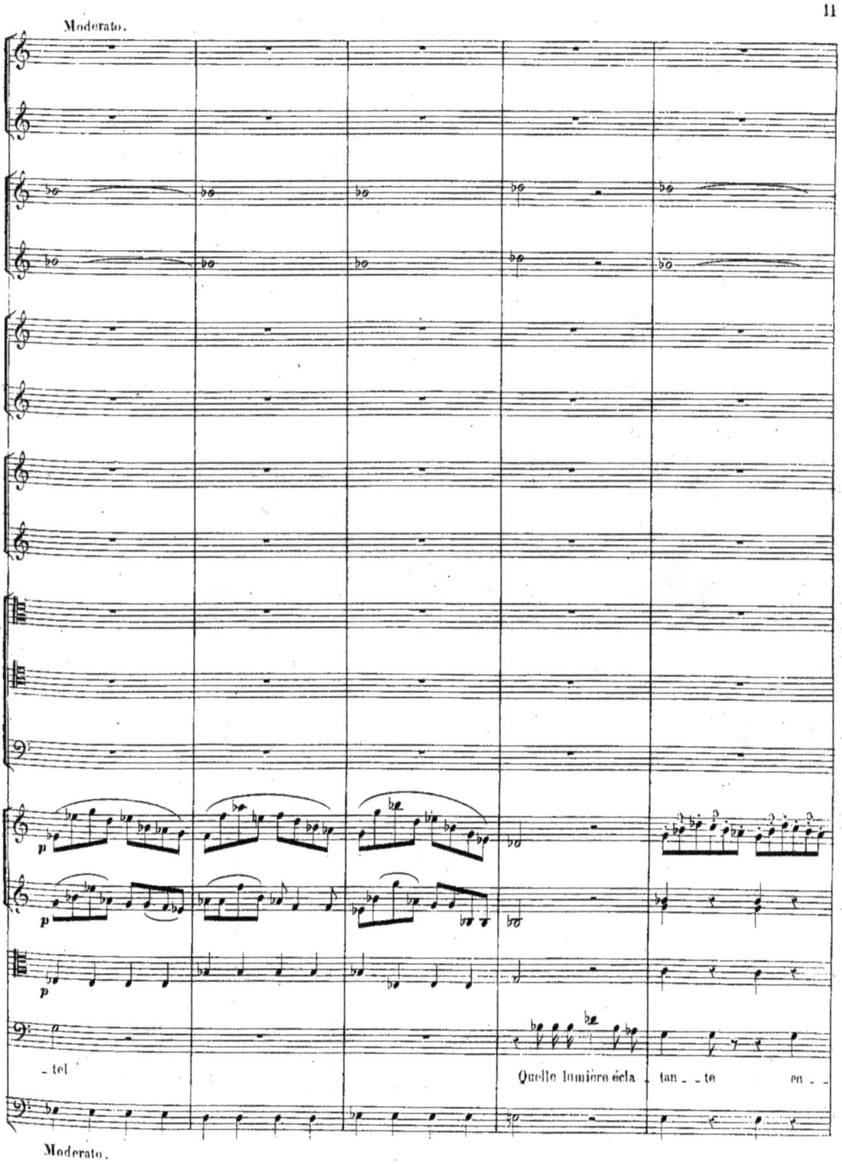
Moderato.
p
p
p
_ tel
Quelle lumière écla _ tan _ _ te en _ _
Moderato.

_tou_re la statu_e et bril_le sur l'au_tel tout m'annonce du dieu la présence su

il va par..._ler..... Sai_si de crainte et de res_pect peuple ob_serve un profond si_

On fait quelquefois usage avec succès pour certains accompagnements dramatiques
d'un caractère très agité, du *tremolo brisé*, tantôt sur une corde : **EXEMPLE.**

tantôt sur deux cordes **EXEMPLE.**

Il y a enfin une dernière espèce de tremolo qu'on n'emploie jamais aujourd'hui, mais dont Gluck a tiré un parti admirable
dans ses récitatifs, je l'appellerai *tremolo ondulé*. Il consiste dans l'émission peu rapide de notes liées entre elles sur le
même son et sans que l'archet quitte la corde.

Pour ces accompagnements *non mesurés* les exécutants ne peuvent pas se rencontrer exactement dans le nombre de notes
qu'ils font entendre à chaque mesure, les uns en font plus les autres moins, et il résulte de ces différences une sorte de fluctua-
tion, d'indécision dans l'orchestre, parfaitement propre à rendre l'inquiétude et
l'anxiété de certaines scènes. Gluck l'écrivait ainsi ....

Les *coups d'archets* sont d'une grande importance et influent singulièrement sur la sonorité et l'expression des traits et
des mélodies. Il faut donc les indiquer avec soin, selon la nature de l'idée qu'il s'agit de rendre, avec les signes suivants :

Pour le *détaché*.

Pour le *Lié de 2 en 2*. Pour les *grandes liaisons*.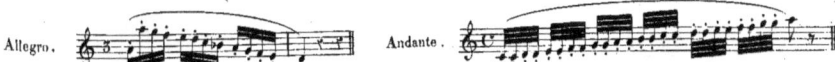

Pour le *staccato* ou *détaché léger*, simple ou double, qui s'exécute pendant la durée d'une seule longueur d'archet, au
moyen d'une succession de petits coups qui le font avancer le moins possible :

Allegro. Andante.

Pour le *grand détaché porté*, qui a pour but de donner à la corde autant de
sonorité que possible, en lui permettant de vibrer seule après que l'archet l'a fortement
attaquée, et qui convient surtout aux morceaux d'un caractère fier, grandiose et
d'un mouvement modéré :

Les notes répercutées deux, trois et quatre fois (selon
la rapidité du mouvement) donnent plus de force et d'agitation au son des Violons et conviennent à beaucoup d'effets d'orchestre, dans toutes les nuances.

M⁰ᵈᵗ⁰ And.ᵗᵉ con moto.

Cependant dans une phrase d'un mouvement large et d'un caractère vigoureux, les simples notes en *grand détaché*,
sont d'un bien meilleur effet, quand on ne veut pas employer un vrai tremolo sur chaque note. Et le passage suivant :

Largo.

sera, en égard à la lenteur du mouvement, d'une sonorité incompa-
rablement plus noble et plus forte que celui-ci.....................

Les compositeurs seraient par trop minutieux, je crois, d'indiquer les mouvements de l'archet dans leurs partitions, en mettant des signes pour *Tirer* et *Pousser*, ainsi que cela se pratique dans les études et concertos de violon; mais il est bon quand un passage exige impérieusement la légèreté, l'extrême énergie ou l'ampleur du son, de désigner le mode d'exécution par ces mots: »*À la pointe de l'archet.*« ou »*Avec le talon de l'archet*,« ou encore » *Toute la longueur de l'archet* sur chaque note. » Les mots »*Sur le chevalet,*« et *Sur la touche* » indiquant la place plus ou moins rapprochée du chevalet sur laquelle l'archet doit attaquer les cordes, sont dans le même cas. Les sons métalliques un peu âpres, que tire l'archet quand on le rapproche du chevalet, diffèrent beaucoup des sons doux, effacés, qui naissent quand on le promène sur la touche.

Dans un morceau symphonique où l'horrible se mêle au grotesque, on a employé le bois des archets pour frapper sur les cordes. L'usage de ce moyen bizarre doit être fort rare et parfaitement motivé; il n'a d'ailleurs de résultats sensibles que dans un grand orchestre. La multitude d'archets tombant alors précipitamment sur les cordes, produit une sorte de pétillement qu'on remarquerait à peine si les Violons étaient peu nombreux, tant est faible et courte la sonorité obtenue en pareil cas.

Les *Sons harmoniques* sont ceux qui naissent quand on effleure les cordes avec les doigts de la main gauche, de manière à les diviser dans leur longeur, sans que la pression des doigts soit assez forte pour les mettre en contact avec la *touche,* comme pour les sons ordinaires.

Ils ont un caractère singulier de douceur mystérieuse, et l'extrême acuité de quelques uns donne au violon, dans le haut, une étendue immense. Ils sont *naturels* ou *artificiels*. Les sons harmoniques naturels se font entendre si on effleure certains points des cordes à vide. Voilà ceux qui naissent le plus surement et avec la meilleure sonorité sur chaque corde.

Les notes noires représentent les sons réels Harmoniques, les blanches indiquent les notes effleurées sur la corde à vide

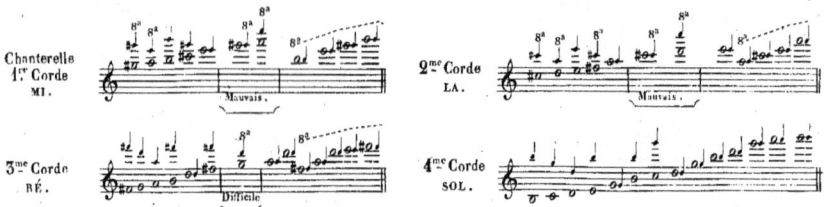

Les sons harmoniques artificiels s'obtiennent très distinctement sur toute l'étendue de la gamme, au moyen du premier doigt qui, fortement appuyé sur la corde pendant que les autres doigts l'effleurent, sert de sillet mobile.

Voici le tableau des intervalles effleurés et du son réel qu'ils produisent.

La quarte effleurée donne sa douzième haute.   EX.

Ce doigté est le plus facile et c'est celui qu'on doit préférer pour l'orchestre, quand il ne s'agit pas d'obtenir en son réel la douzième d'une corde à vide, car dans ce cas le doigté par quinte est préférable. Ainsi pour faire entendre isolément un contre Si: il vaut mieux employer cette position à cause du mi à vide dont la quinte (si) effleurée fait entendre son octave supérieure, et qui est plus sonore qu'une corde sur la quelle il faudrait appuyer le premier doigt; comme par Exemple: qui donne également

Les doigtés, de la tierce majeure, et de la tierce mineure effleurées, sont très peu usités; les sons harmoniques sortant ainsi beaucoup moins bien.

La tierce majeure effleurée donne sa double octave supérieure. **EXEMPLE.**

La tierce mineure donne sa dix-septième majeure supérieure. **EXEMPLE.**

La Sixte majeure effleurée donne sa douzième supérieure. Ce doigté est moins usité que celui de la quarte, il est néanmoins assez bon et souvent utile.

Je le répète, les positions de quarte et de quinte effleurées sont de beaucoup les plus avantageuses.

Quelques virtuoses font entendre des double cordes en sons harmoniques, mais cet effet est si difficile à obtenir et, par conséquent, si dangereux qu'on ne saurait engager les auteurs à le jamais écrire.

Les sons harmoniques de la 4.me corde ont quelque chose du timbre de la Flûte; ils sont préférables pour chanter une mélodie lente. Ce sont eux que Paganini employait avec un si prodigieux succès dans la prière de Moïse. Les sons des autres cordes acquièrent d'autant plus de finesse et de ténuité qu'ils sont plus aigus; ce caractère même et leur timbre cristallin les rendent propres aux accords que j'appellerai Féeriques, c'est-à-dire à ces effets d'harmonie qui font naître de brillantes rêveries et emportent l'imagination vers les plus gracieuses fictions du monde poétique et surnaturel. Bien qu'ils soient aujourd'hui devenus familiers à nos jeunes Violonistes, il ne faut pas leur donner des successions de notes rapides, si l'on veut être certain de leur bonne exécution.

Il est loisible au compositeur de les écrire à deux, à trois, et même à quatre parties, selon le nombre des parties de violons. L'effet de pareils accords soutenus est fort remarquable, s'il est motivé par le sujet du morceau et bien fondu avec le reste de l'orchestration. Je les ai employés pour la première fois, à trois parties, dans le scherzo d'une symphonie au dessus d'une quatrième partie de Violon non harmonique qui trille continuellement la note la moins aiguë. La finesse excessive des sons harmoniques est encore augmentée dans ce passage, par l'emploi des sourdines, et, ainsi affaiblis, ils sortent dans les hauteurs perdues de l'échelle musicale, où il serait à peine possible d'atteindre avec les sons ordinaires.

Je crois qu'il ne faut pas négliger en écrivant de semblables accords de sons harmoniques de désigner en notes de forme et de grosseur différentes, placées les unes audessus des autres, *la note du doigt effleurant la corde* et celle du *son réel* (quand on effleure une corde à vide) et *la note du doigt appuyé*, celle du *doigt effleurant la corde* et celle *du son réel*, dans les autres cas. Il est donc nécessaire quelquefois d'employer ensemble trois signes pour un son unique sans cette précaution, l'exécution pourrait devenir un gâchis inextricable où l'auteur lui même aurait de la peine à se reconnaître.

ROMEO et JULIETTE
(BERLIOZ)

N° 2.

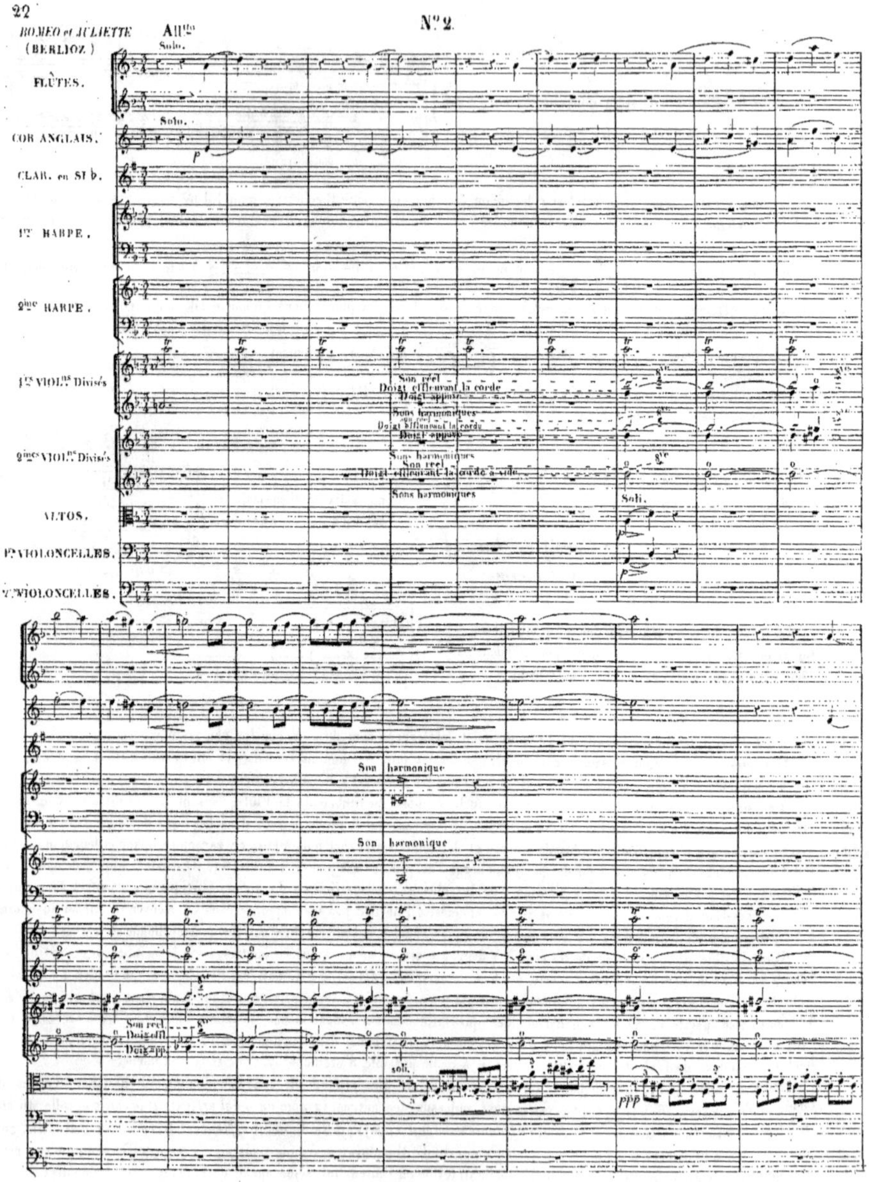

24

Les *sourdines* sont de petites machines en bois qu'on place sur le chevalet des instruments à cordes pour affaiblir leur sonorité, et qui leur donnent en même temps un accent triste, mystérieux et doux, dont l'application est fréquemment heureuse dans tous les genres de musique. On se sert en général des sourdines pour les morceaux lents principalement; elles ne font pas moins bien toutefois, quand le sujet du morceau l'indique, pour les dessins rapides et légers, ou pour des accompagnements d'un rhythme précipité. Gluck la bien prouvé dans son sublime monologue de l'Alceste Italienne *Chi mi parla*.

L'usage est, quand on les emploie, de les faire prendre par toute la masse des instruments à cordes; il est pourtant certaines circonstances, plus fréquentes qu'on ne croit, où les sourdines mises à une seule partie (aux premiers Violons par exemple,) coloreront l'Instrumentation d'une façon particulière, par le mélange des sons clairs et des sons voilés. Il en est d'autres aussi où le caractère de la mélodie est assez dissemblable de celui des accompagnements pour qu'on doive en tenir compte dans l'emploi de la sourdine.

Le compositeur en introduisant l'usage des sourdines au milieu d'un morceau (ce qu'il indique par ces mots: *Consordini*) ne doit pas oublier de donner aux éxécutans le temps de les prendre et de les placer; il aura soin en conséquence de ménager dans les parties de violon un silence équivalant à peu près à la durée de deux mesures à quatre temps, (*moderato*.)

Un silence aussi long n'est pas nécessaire quand les mots *senza sordini* indiquent qu'il faut les enlever, ce mouvement pouvant s'opérer en beaucoup moins de temps. Le passage subit des sons ainsi affaiblis d'une masse de Violons aux sons clairs, naturels, (*sans sourdines*) est quelquefois d'un effet prodigieux.

26   Andᵗᵉ non molto.   Nº 1.   ALCESTE ITALIENNE.(GLUCK.)

    Le Pizzicato (Pincé) est encore, pour les instruments à archet, d'un usage général. Les sons obtenus en pinçant les cordes produisent des accompagnements aimés des chanteurs, dont ils ne couvrent pas la voix; ils figurent très bien aussi comme effets symphoniques, même dans les élans vigoureux de l'orchestre, soit dans la totalité des instruments à cordes, soit dans une partie, ou deux parties seulement.

    Voici un Exemple charmant de l'emploi du *Pizzicato* dans les seconds Violons, Altos et Basses pendant que les 1ʳˢ Violons jouent avec l'archet. Ces sonorités contrastantes se marient, dans ce passage, d'une façon vraiment merveilleuse avec les soupirs mélodiques de la Clarinette, dont ils augmentent l'expression.

N.º 5.   (BEETHOVEN.) SYMPHONIE En SI♭.

28

Si on emploie le pizzicato dans un *forté* il devient nécessaire de ne l'écrire en général ni trop haut ni trop bas, les notes de l'extrême aigu étant grêles et sèches, celles du bas trop sourdes. Ainsi dans un tutti vigoureux des instruments à vent, il résultera un effet très sensible d'un pizzicato comme celui-ci, donné à tous les instruments à cordes.

Les accords pincés à deux, trois et quatre notes, sont également utiles dans le fortissimo; le doigt unique, dont les violonistes se servent parcourt alors si rapidement les cordes qu'elles semblent attaquées toutes à la fois et vibrent presque simultanément. Les dessins d'accompagnement en pizzicato *piano* sont toujours d'un effet gracieux, ils reposent l'auditeur et donnent, quand on n'en abuse pas, de la variété à l'aspect de l'orchestre. On obtiendra plus tard, sans doute, du pizzicato des effets bien plus originaux et plus piquants qu'on ne fait aujourd'hui. Les violonistes ne considérant pas le pizzicato comme une partie intégrante de l'art du Violon l'ont à peine étudié. Ils ne se sont encore à cette heure, appliqués à pincer qu'avec le pouce et l'index, d'où il résulte qu'ils ne peuvent faire ni traits ni arpèges plus rapides que les doubles croches d'une mesure à quatre temps, dans un mouvement très modéré. Au lieu que si, déposant leur archet, ils se servaient du pouce et de trois doigts, la main droite étant soutenue par le petit doigt appuyé sur le corps du violon, comme on fait pour pincer la guitare, ils obtiendraient bien vite la facilité d'exécuter en pinçant des passages tels que les suivants, impossibles aujourd'hui.

Le martellement double et triple des notes supérieures, dans les deux derniers exemples devient extrêmement facile par l'emploi successif de l'index et du troisième doigt sur la même corde.

Les petites notes liées ne sont pas impraticables non plus dans le Pizzicato. La phrase suivante du Scherzo de la symphonie en ut mineur de Beethoven, qui en contient, est toujours fort bien exécutée.

Quelques uns de nos jeunes violonistes ont appris de Paganini les gammes descendantes pincées rapidement, en arrachant les cordes avec les doigts de la main gauche posée sur le manche, et les traits pincés (toujours de la main gauche) avec des mélanges de coups d'archets ou même servant d'accompagnement à un chant joué par l'archet. Ces divers procédés deviendront sans doute avec le temps familiers à tous les exécutans, il sera possible alors d'en tirer parti en composition.

Les Violons exécutent aujourd'hui avec l'archet à peu près tout ce que l'on veut. Ils jouent à l'extrême aigu presque aussi aisément que dans le médium; les traits les plus rapides, les dessins les plus bizarres ne les arrêtent pas. Dans un orchestre où ils sont en nombre suffisant, ce que l'un d'eux manque est fait par les autres et, en somme, le résultat obtenu, sans que les fautes soient apparentes, est la phrase écrite par l'auteur. Dans le cas cependant où la rapidité, la complication et l'élévation d'un trait le rendraient trop dangereux, ou seulement pour obtenir dans son exécution plus d'assurance et de netteté, il faut le morceler, c'est-à-dire, en divisant la masse des Violons, donner un fragment du trait aux uns et un fragment aux autres. De cette façon le trait de chaque partie est semé de petits silences que l'auditeur ne remarque pas, qui permettent, pour ainsi dire, aux Violonistes de respirer et leur donnent le temps de bien prendre les positions difficiles et par suite l'aplomb nécessaire pour attaquer les cordes vigoureusement.

Si l'on veut faire exécuter un trait pareil à celui-ci ou plus difficile encore à toute la masse des Violons, il vaut toujours mieux, comme dans l'exemple précédent, diviser les premiers violons en 1.er et seconds et les deuxièmes également, en faisant doubler à ceux-ci les deux parties des premiers Violons, que de laisser tous les 1.ers violons jouer un fragment et tous les seconds un autre; car l'éloignement des deux *points de départ* des sons, romprait l'unité du trait et rendrait les sutures des fragments trop apparentes. Au lieu que la même division s'opérant des deux côtés chez les deux masses des Violons, et sur les deux exécutans qui lisent ensemble sur le même pupitre, l'un jouant la première partie et l'autre la seconde, il s'en suit que les parties divisées sont si près l'une de l'autre qu'il est impossible de s'appercevoir du morcellement du trait, et que l'auditeur doit croire qu'il est exécuté intégralement par tous les violons. On écrit donc ainsi:

Ce procédé du reste est applicable à toutes les parties de l'orchestre qui offrent entre-elles des analogies de timbre ou de légèreté, et on doit en user toutes les fois qu'une phrase est trop difficile pour pouvoir être bien exécutée par un seul instrument ou un seul groupe.

Je crois qu'on pourrait, à l'orchestre, tirer plus de parti qu'on ne le fait jusqu'ici des phrases sur la 4.ème corde et, pour certaines mélodies, des notes hautes de la 3.ème. Quand on veut user ainsi d'une corde spéciale il faut indiquer avec précision jusqu'où elle doit être employée exclusivement, sans quoi les exécutans ne manqueraient pas de céder à l'habitude et à la facilité qui résulte du passage d'une corde à l'autre pour jouer la phrase comme à l'ordinaire.

Il arrive assez souvent, pour donner à un trait une grande énergie, qu'on double à l'octave inférieure les premiers Violons par les seconds; mais, si le trait n'est pas écrit excessivement haut, il vaut beaucoup mieux les doubler à l'unisson. L'effet est alors incomparablement plus fort et plus beau. Le foudroyant éclat de la péroraison du premier morceau de la Symphonie en *Ut* mineur de Beethoven est dû à un unisson de Violons. Il arrive même en pareille occasion que si, les Violons étant unis de la sorte, on veut en augmenter encore la force en leur adjoignant les altos à l'octave au-dessous, ce redoublement inférieur trop faible, en raison de la disproportion de la partie supérieure, produit un bourdonnement inutile, dont la vibration des notes aiguës des Violons est plutôt obscurcie qu'augmentée. Il est préférable, si la partie d'alto ne peut être dessinée d'une manière saillante, de l'employer alors à grossir le son des Violoncelles, en ayant soin de les mettre ensemble (autant que l'étendue au grave de l'instrument le permet) à l'unisson et non à l'octave. C'est ce qu'a fait Beethoven dans le passage suivant:

N.° 6. SYMPHONIE EN UT MINEUR
(BEETHOVEN.)

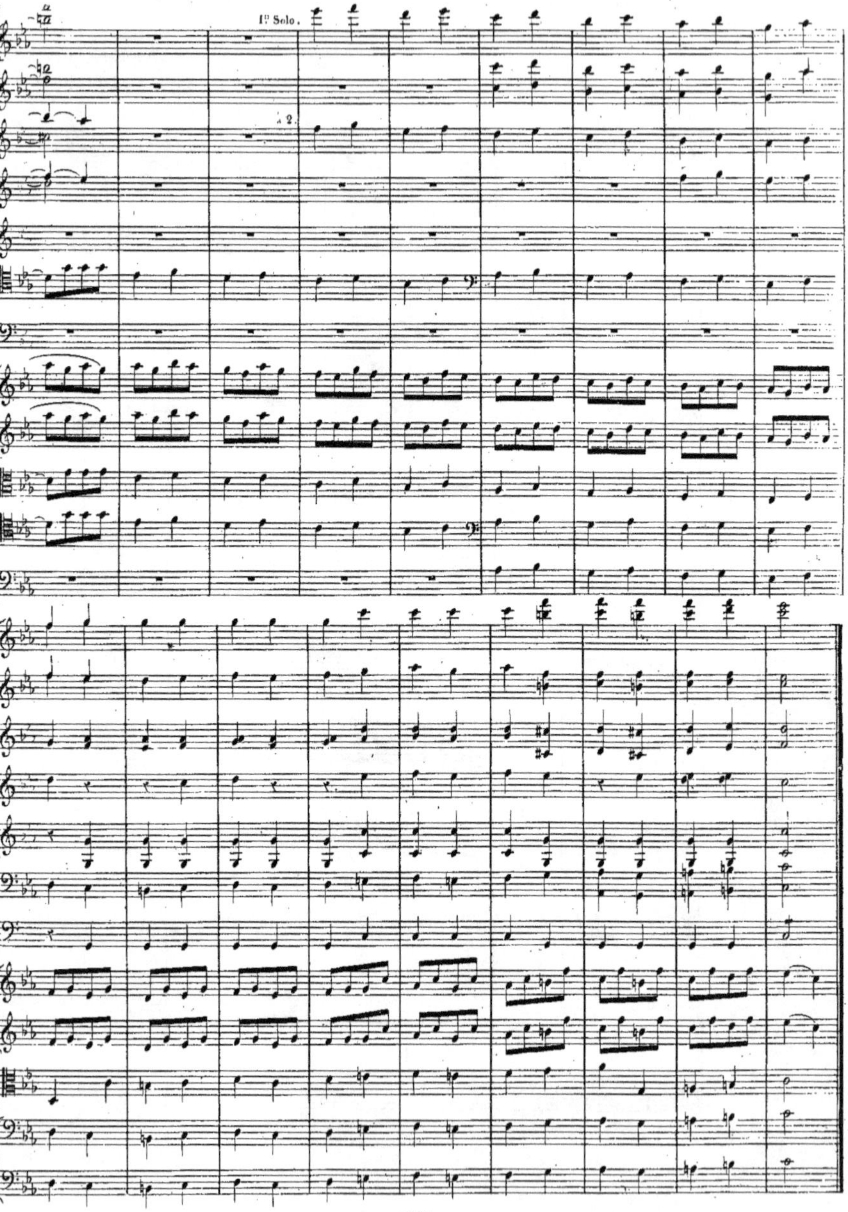

8,996.

Les Violons sont plus brillants et jouent plus aisément dans les tons qui leur laissent l'usage des cordes à vide. Le ton d'UT seulement semble faire exception à cette règle pour sa sonorité, qui est moindre évidemment que celle des tons de LA et de MI, bien qu'il garde quatre notes à vide, tandis qu'on n'en conserve que trois en LA et deux seulement en MI.

On peut, je crois caractériser ainsi le timbre des divers tons, pour le violon, en indiquant les plus ou moins grandes facilité d'exécution.

MAJEURS.

Ton	Facilité	Caractère
UT	Facile.	Grave mais sourd et terne.
UT♯	Très difficile.	Moins terne et plus distingué.
RÉ♭	Difficile, mais moins que le précédent.	Majestueux.
RÉ♮	Facile.	Gai, bruyant, un peu commun.
RÉ♯	A peu près impraticable.	Sourd.
MI♭	Facile.	Majestueux, assez sonore, doux, grave.
MI♮	Peu difficile.	Brillant, pompeux, noble.
FA♭	Impraticable.	--------
FA♮	Facile.	Énergique, vigoureux.
FA♯	Très difficile.	Brillant, incisif.
SOL♭	Très difficile.	Moins brillant, plus tendre.
SOL♮	Facile.	Un peu gai, avec une tendance commune.
SOL♯	A peu près impraticable.	Sourd mais noble.
LA♭	Peu difficile.	Doux, voilé, très noble.
LA♮	Facile.	Brillant, distingué, joyeux.
LA♯	Impraticable.	--------
SI♭	Facile.	Noble mais sans éclat.
SI♮	Peu difficile.	Noble, sonore, radieux.
UT♭	Presque impraticable.	Noble mais peu sonore.

MINEURS.

Ton	Facilité	Caractère
UT	Facile.	Sombre, peu sonore.
UT♯	Assez facile.	Tragique, sonore, distingué.
RÉ♭	Très difficile.	Sombre, peu sonore.
RÉ♮	Facile.	Lugubre, sonore, un peu commun.
RÉ♯	A peu près impraticable.	Sourd.
MI♭	Difficile.	Très terne et très triste.
MI♮	Facile.	Criard, avec une tendance commune.
FA♭	Impraticable.	--------
FA♮	Un peu difficile.	Peu sonore, sombre, violent.
FA♯	Moins difficile.	Tragique, sonore, incisif.
SOL♭	Impraticable.	--------
SOL♮	Facile.	Mélancolique, assez sonore, doux.
SOL♯	Très difficile.	Peu sonore, triste, distingué.
LA♭	Très difficile, presque impraticable.	Très sourd, triste, mais noble.
LA♮	Facile.	Assez sonore, doux, triste, assez noble.
LA♯	Impraticable.	--------
SI♭	Difficile.	Sombre, sourd, rauque, mais noble.
SI♮	Facile.	Très sonore, sauvage, âpre, sinistre, violent.
UT♭	Impraticable.	--------

Les instruments à archet, dont la réunion forme ce qu'on appelle assez improprement le *quatuor*, sont la base, l'élément constitutif de tout orchestre. A eux se trouve dévolue la plus grande puissance expressive, et une incontestable variété de timbres. Les Violons surtout peuvent se preter à une foule de nuances en apparence inconciliables. Ils ont (en masse,) la force, la légèreté, la grace, les accents sombres et joyeux, la rêverie et la passion. Il ne s'agit que de savoir les faire parler. On n'est pas obligé d'ailleurs de calculer pour eux, comme pour les instruments à vent, la durée d'une *tenue*, de leur ménager de temps en temps des silences; on est bien sur que la respiration ne leur manquera pas. Les violons sont des serviteurs fidèles, intelligens, actifs et infatigables.

Les mélodies tendres et lentes, confiées trop souvent aujourd'hui à des instruments à vent, ne sont pourtant jamais mieux rendues que par une masse de violons. Rien n'égale la douceur pénétrante d'une vingtaine de chanterelles mises en vibration par vingt archets bien exercés. C'est là la vraie voix féminine de l'orchestre, voix passionnée et chaste en même temps, déchirante et douce, qui pleure et crie et se lamente, ou chante et prie et rêve, ou éclate en accents joyeux, comme nulle autre ne le pourrait faire. Un imperceptible mouvement du bras, un sentiment inaperçu de celui qui l'éprouve, qui ne produirait rien d'apparent dans l'exécution d'un seul violon, multiplié par le nombre des unissons, donne des nuances magnifiques, d'irrésistibles élans, des accents qui pénètrent jusqu'au fond du cœur.

L'ALTO.

CHAPITRE 3ᵐᵉ.

Les quatre cordes de l'Alto sont accordées ordinairement en quintes comme celles du Violon et à la quinte au-dessous d'elles.

EXEMPLE.

Son étendue ordinaire est de trois octaves au moins.

EXEMPLE.  Avec les intervalles chromatiques.

Il s'écrit sur la clef d'Ut (3ᵐᵉ ligne), et sur la clef de Sol quand il s'étend beaucoup à l'aigu.

Ce que nous avons dit au chapitre 2ᵐᵉ relativement aux trilles, coups d'archets, accords plaqués ou arpégés, sons harmoniques etc. est de tout point applicable à l'Alto, en le considérant comme un violon plus grave d'une quinte.

De tous les instruments de l'orchestre, celui, dont les excellentes qualités ont été le plus longtemps méconnues, c'est l'Alto. Il est aussi agile que le Violon, le son de ces cordes graves a un mordant particulier, ses notes aiguës brillent par leur accent tristement passionné, et son timbre en général, d'une mélancolie profonde, diffère de celui des autres instruments à archet. Il a été longtems inoccupé cependant, ou appliqué à l'emploi obscur autant qu'inutile, le plus souvent, de doubler à l'octave supérieure la partie de Basse. Il y a plusieurs causes à l'injuste servage de ce noble instrument. D'abord la plupart des Maîtres du siècle dernier, dessinant rarement quatre parties réelles, ne savaient qu'en faire; et quand ils ne trouvaient pas tout de suite à lui donner quelques notes de remplissage dans les accords, ils se hataient d'écrire le fatal col Basso, avec tant d'inattention quelquefois, qu'il en résultait un redoublement à l'octave des Basses, inconciliable, soit avec l'harmonie, soit avec la mélodie, soit avec toutes les deux ensemble. Ensuite il était malheureusement impossible d'écrire alors pour les Altos des choses saillantes exigeant un talent ordinaire d'exécution. Les Joueurs de *Viole*, (ancien nom de l'Alto) étaient toujours pris dans les rebuts des Violonistes. Quand un musicien se trouvait incapable de remplir convenablement une place de Violon, il se mettait à l'Alto. D'où il résultait que les Violistes ne savaient jouer ni du Violon ni de la Viole. Je dois même avouer que de notre temps, ce préjugé contre la partie d'Alto n'est pas entièrement détruit, et qu'il y a encore, dans les meilleurs orchestres, des Joueurs d'Alto qui ne possèdent pas mieux l'art de l'Alto que celui du Violon. Mais on sent de jour en jour davantage l'inconvénient qui résulte de cette tolérance à leur égard, et peu à peu l'Alto comme les autres instruments ne sera plus confié qu'à des mains habiles. Son timbre attire et captive tellement l'attention qu'il n'est pas nécessaire d'en avoir dans les orchestres un nombre tout à fait égal à celui des seconds violons, et les qualités expressives de ce timbre sont si saillantes que, dans les très rares occasions où les anciens compositeurs le mirent en évidence, il n'a jamais manqué de répondre à leur attente. On sait l'impression profonde qu'il produit toujours dans le morceau d'*Iphigénie en Tauride*, où Oreste abymé de fatigue, haletant, dévoré de remords, s'assoupit en répétant: *Le calme rentre dans mon cœur!* pendant que l'orchestre, sourdement agité, fait entendre des sanglots, des plaintes convulsives, dominés incessamment par l'affreux et obstiné grondement des Altos. Bien que, dans cette inqualifiable inspiration, il n'y ait pas une note de la voix ni des instruments dont l'intention ne soit sublime, il faut pourtant reconnaître que la fascination exercée par elle sur les auditeurs, que la sensation d'horreur qui fait les yeux de quelques uns s'ouvrir plus grands en s'emplissant de larmes, sont dues principalement à la partie d'Alto, au timbre de sa 3ᵉᵐᵉ corde, à son rhythme syncopé et à l'étrange effet d'unisson résultant de sa syncope du *La* brusquement coupée par le milieu par un autre *La* des basses marquant un rhythme différent.

IPHIGÉNIE EN TAURIDE. (GLUCK.) N.° 7.

Dans l'ouverture d'*Iphigénie en Aulide*, Gluck a su les employer encore à tenir seuls la partie grave de l'harmonie, non pour produire cette fois un effet résultant de la spécialité de leur timbre, mais pour accompagner aussi doucement que possible le chant des premiers Violons et rendre plus terrible l'attaque des Basses rentrant au *forté* après un assez grand nombre de pauses. Sacchini a fait aussi jouer la partie grave aux altos seuls dans l'air d'Œdipe: « *Votre cour devint mon azyle* » sans se proposer pour but, toute fois, de préparer une explosion. Au contraire, cette instrumentation donne ici à la phrase de chant qu'elle accompagne une fraicheur et un calme délicieux. Les chants des altos sur les cordes hautes font merveille dans les scènes d'un caractère religieux et antique. Spontini, le premier eut l'idée de leur confier la mélodie en quelques endroits de sas admirables prières de la Vestale. Méhul séduit par la sympathie qui existe entre le son des altos et le caractère rêveur de la poésie Ossianique, voulut s'en servir constamment et à l'exclusion entière des Violons, dans son opéra d'*Uthal*. Il en résulta, disent les critiques du temps, une insupportable monotonie qui nuisit au succès de l'ouvrage. Ce fut à ce sujet que Grétry s'écria: *Je donnerais un louis pour entendre une chanterelle!* Ce timbre, si précieux quand il est bien employé et habilement mis en opposition avec les timbres des Violons et des autres instruments, doit effectivement lasser très vite; il est trop peu varié et trop empreint de tristesse pour qu'il en puisse être autrement. On divise souvent aujourd'hui les altos en premiers et en seconds; dans les orchestres comme celui de l'opéra, où ils sont en nombre à peu près suffisant, il n'y a pas d'inconvénient à écrire ainsi; dans tous les autres où l'on compte à peine quatre ou cinq altos, cette division ne peut que nuire beaucoup à un groupe instrumental déjà si faible en lui même et que les autres groupes tendent sans cesse à écraser. Il faut dire encore que la plus part des altos dont on se sert aujourd'hui dans nos orchestres français n'ont pas la dimension voulue; ils n'ont ni la grandeur, ni conséquemment la force de son des véritables Violes, ce sont presque des Violons montés avec des cordes d'altos. Les directeurs de musique devraient proscrire absolument l'usage de ces instruments bâtards, dont le peu de sonorité décolore une des parties les plus intéressantes de l'orchestre en lui ôtant beaucoup d'énergie, surtout dans les sons graves.

Quand les Violoncelles chantent, il est quelque fois excellent de les doubler à l'unisson par les Altos. Le son des Violoncelles acquiert alors beaucoup de rondeur et de pureté, sans cesser d'être prédominant. Exemple: le Thême de l'adagio de la Symphonie en Ut mineur de Beethoven.

SIMPHONIE EN UT MINEUR. (BEETHOVEN.)

N.º 8.

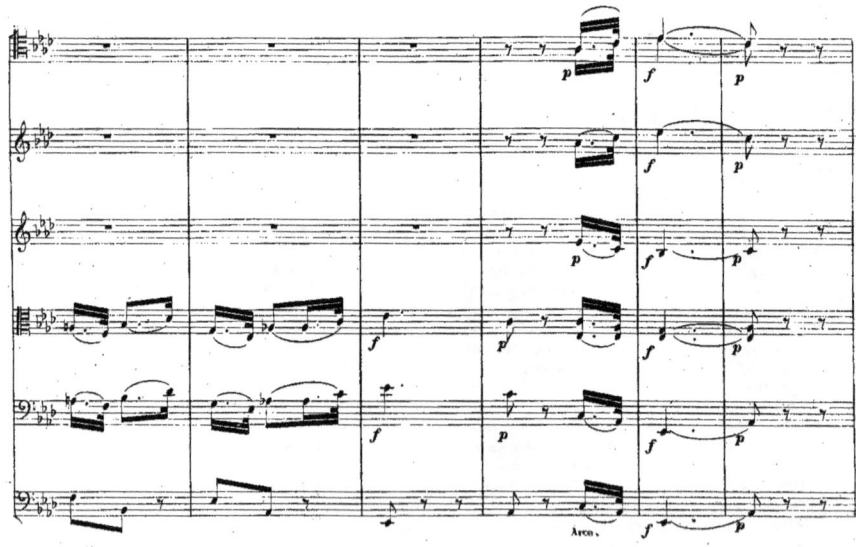

CHAPITRE 4.ᵐᵉ

LA VIOLE D'AMOUR.

Cet instrument est un peu plus grand que l'alto. Il est presque partout tombé en désuétude et sans M.͏ Urhan le seul artiste qui en joue à Paris, il ne nous serait connu que de nom.

Il a *sept cordes* en boyau dont les trois plus graves sont, comme l'ut et le sol de l'alto, recouvertes d'un fil d'argent. Au dessous du manche et passant sous le chevalet se trouvent sept autres cordes *de métal* accordées à l'unisson des premières pour vibrer avec elles *Sympathiquement*, et donner en conséquence à l'instrument une seconde résonnance pleine de douceur et de mystère. On l'accordait autrefois de plusieurs manières fort bizarres, M.͏ Urhan a adopté l'accord suivant en tierces et quartes, comme le plus simple et le plus rationnel. **EXEMPLE.**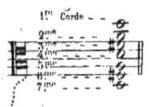

L'étendue de la viole d'amour est de trois octaves et demie, au moins. On l'écrit, comme l'alto, sur deux clefs.

EXEMPLE. Avec les intervalles Chromatiques.

On voit que, par la disposition de ses cordes, la viole d'amour est essentiellement propre aux accords de trois ou quatre notes et plus, arpégés ou frappés ou soutenus et surtout aux mélodies en double corde. Seulement il est évident que, dans la disposition des *harmonies* qu'on écrit pour elle, il faut suivre un système différent de celui employé pour les violons, altos et violoncelles, accordés par quintes, et qu'on doit se garder d'écarter les notes des accords au delà d'une tierce et d'une quarte en général, à moins qu'on ait pour corde inférieure une corde à vide.

Ainsi le LA de la seconde octave donne toute latitude au RÉ aigu d'étendre sa gamme audessus de lui: **EXEMPLE.**

Il est inutile, je pense, de désigner les accords de tierce mineure et de seconde comme impraticables au grave, puisque les sons qui les composent se trouvent tous les deux forcément sur la corde Ré. En y réfléchissant un instant on trouvera des impossibilités analogues sur la corde grave de tous les instruments à archet.

Les sons harmoniques sont d'un admirable effet sur la viole d'amour; ils s'obtiennent absolument par le même procédé que ceux du Violon et de l'alto; seulement la disposition en accord parfait de ses sept cordes à vide donne toutes facilités à la Viole d'Amour pour produire assez rapidement les arpèges de son accord de *Ré* majeur à l'octave et à la double octave supérieures, ceux de l'accord de *La* majeur à la *douzième* supérieure, et ceux de l'accord de *Fa dièze* majeur à la *dix-septième* supérieure.

On voit par ces exemples que, si l'on se proposait d'utiliser ces charmants arpèges des Violes d'amour, les tons de Ré, de Sol, de La, de Fa dièze ou de Si naturel, sont ceux qui permettraient de les placer le plus souvent. Comme ces trois accords ne suffiraient pas sans doute pour accompagner sans interruption un chant un peu modulé il n'y aurait aucune raison pour ne pas avoir une partie des Violes d'amour accordées d'une autre manière; en *Ut* par exemple, ou en *Ré bémol*, selon les accords dont le compositeur aurait besoin pour son morceau. Le charme extrême de ces *harmoniques* en arpèges sur les cordes à vide mérite bien qu'on prenne tous les moyens possibles pour en tirer parti.

La viole d'amour a un timbre faible et doux; elle a quelque chose de *Séraphique* qui tient à la fois de l'alto et des sons harmoniques du *violon*. Elle convient surtout au style lié, aux mélodies rêveuses, à l'expression des sentiments extatiques et religieux. Mʳ Meyerbeer l'a placée avec bonheur dans la romance de Raoul au 1.ᵉʳ acte des Huguenots.

Mais c'est là un effet de solo; quel ne serait pas dans un andante celui d'une masse de *Violes d'amour* chantant une belle prière à plusieurs parties, ou accompagnant de leurs harmonies soutenues un chant d'altos, ou de violoncelles, ou de cor anglais, ou de cor, ou de flûte dans le médium, mêlé à des arpèges de harpes!!! Il serait vraiment bien dommage de laisser se perdre ce précieux instrument, dont tous les violonistes pourraient jouer après quelques semaines d'études.

CHAPITRE 5.

LE VIOLONCELLE.

Ses quatre cordes sont accordées en quinte et précisément à l'octave basse des quatre cordes de l'Alto. .... EXEMPLE.

Son étendue peut être, même à l'orchestre, de trois octaves et-demie. EXEMPLE

Les grands virtuoses montent encore plus haut, mais, en général, ces notes suraigues, qui n'ont de charme que dans la conclusion des phrases lentes, ne s'emploient guères en sons naturels; on les prend ordinairement en sons harmoniques qui sortent plus aisément et dont le timbre est beaucoup meilleur.

Il n'est pas inutile, avant d'aller plus loin, de prévenir le lecteur du double sens donné à la clef de sol dans la musique de violoncelle. Quand on l'écrit dès le début d'un morceau, ou immédiatement après la clef de fa, elle présente aux yeux l'octave haute des sons réels.

EXEMPLE.    EFFET Unisson des Violons.

Ou bien.

Elle n'a toute sa valeur que si on la fait succéder à la clef d'ut (4.eme ligne;) alors seulement elle représente les sons réels et non point leur octave Supérieure.

EXEMPLE.    EFFET Unisson des Violons.

Cet usage, que rien ne justifie, amène des erreurs d'autant plus fréquentes que certains Violoncellistes ne s'y conforment pas et conservent à la clef de sol sa véritable acception. Pour éviter toute fausse interprétation nous ne l'emploierons ici qu'après la clef d'ut et lorsque celle-ci nous entrainerait trop au dessus des portées, la clef de sol alors représentera toujours des sons réels comme dans le dernier exemple.

Ce que nous avons dit pour les *doubles cordes*, les *arpèges*, les *trilles*, les *coups d'archet* du violon est entièrement applicable au violoncelle. Il ne faut jamais perdre de vue seulement que ses cordes, étant plus longues que celles du violon, exigent un écartement des doigts de la main gauche plus considérable, d'où il suit que les passages de dixièmes en double corde, praticables sur le violon et l'alto ne le sont pas sur le violoncelle, et qu'il ne faut frapper isolément une dixième que si la note inférieure est sur une corde à vide.

EXEMPLE.    Les dixièmes suivantes seraient impossibles.

Le Violoncelle eu égard à la gravité de son timbre et à la grosseur de ses cordes ne saurait avoir non plus l'extrême agilité du violon et de l'alto.

Quant aux sons harmoniques naturels et artificiels dont on fait un fréquent usage sur le violoncelle dans le solo, on les obtient par le même procédé que ceux du violon et de l'alto. La longueur des cordes de l'instrument rend même les notes harmoniques naturelles sur-aiguës qui naissent près du chevalet beaucoup plus faciles et plus belles que celles du violon. Voici le tableau de celles qui sortent le mieux sur chaque corde.

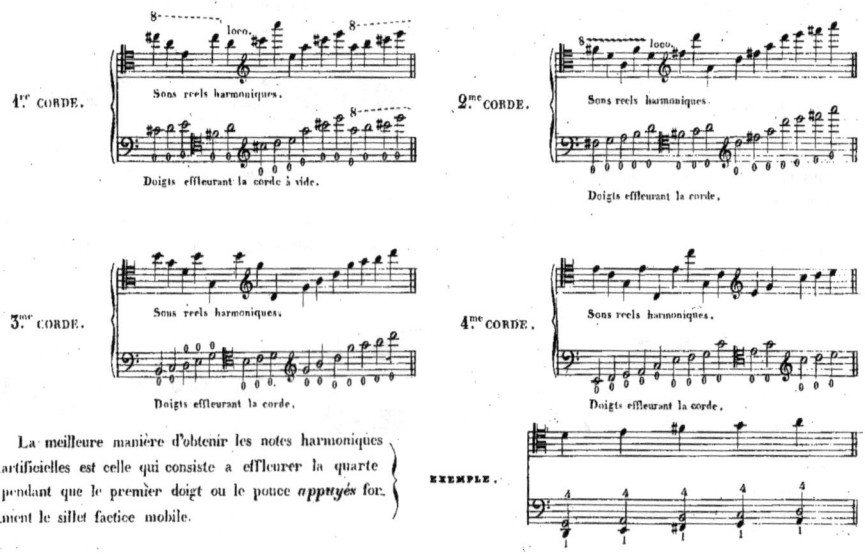

La meilleure manière d'obtenir les notes harmoniques artificielles est celle qui consiste à effleurer la quarte pendant que le premier doigt ou le pouce *appuyés for_ment* le sillet factice mobile.

Ce doigté est même à peu près le seul praticable sur le violoncelle, on ne pourrait guère employer la position de la *quinte effleurée* que dans la partie supérieure des cordes, parce que les distances et les proportions devenant beaucoup plus petites que dans le grave et l'extension de la main gauche moindre, également, elles permettent alors d'effleurer la quinte avec le quatrième doigt pen_dant que le pouce sert de sillet.

(Le signe ○ indique qu'il faut placer le pouce transversalement sur les cordes.)

Gamme en sons harmoniques naturels et artificiels.

Les harmonies de sons harmoniques de violoncelles seraient sans doute d'un charmant effet à l'orchestre dans un morceau doux et lent; cependant il est plus aisé, et par conséquent moins dangereux d'obtenir le même résultat au moyen de violons divisés jouant dans le haut de la chanterelle *avec des sourdines*. Ces deux timbres se ressemblent à tel point qu'il est presque impossible de distinguer l'un de l'autre.

EXEMPLE en sons harmoniques.

Même passage reproduit exactement et plus aisément en sons ordinaires de Violons.

On donne ordinairement aux violoncelles, à l'orchestre, la partie de contre-basse, qu'ils doublent alors à l'octave supérieure ou à l'unisson, mais dans une foule d'occasions il est bon de les en séparer; soit qu'on leur donne à chanter, dans les cordes hautes, une mélodie ou un dessin mélodique, soit, que pour profiter de la sonorité particulière d'une corde à vide ou produire un effet d'harmonie spécial, on les écrive *au dessous* des contre-basses, soit enfin qu'on dessine leur partie à peu près comme celle des contre-basses, mais en lui donnant des notes rapides que celles-ci exécuteraient mal.

EXEMPLE.

Ici la partie des violoncelles, plus agitée, plus troublée dans son mouvement, fait cependant entendre à peu près les mêmes notes que celle des contre-basses dont elle suit presque partout le dessin.

Dans l'exemple suivant, au contraire, les violoncelles se séparent tout à fait des contre-basses, et se placent au dessous d'elles pour obtenir le conflit terrible de la seconde mineure au grave et en même temps la rude vibration de l'*ut*, quatrième corde à vide du violoncelle, pendant que les contre-basses font grincer contre l'octave haute de cet ut, le si naturel qu'elles prennent avec force sur leur première corde.

46

Il ne faut jamais, sans une très bonne raison, c'est à dire sans être sûr de produire ainsi un effet saillant se
-parer tout à fait les violoncelles des contre-basses, ni même les écrire, comme l'ont fait quelques auteurs, à la double
octave au dessus d'elles. Ces procédés ont pour résultat d'affaiblir beaucoup la sonorité des notes fondamentales de
l'harmonie. La partie de Basse ainsi abandonnée des violoncelles devient sourde, rude, d'une lourdeur extrême et mal
liée avec les parties supérieures dont l'extrême gravité du son des contre-basses tient celles-ci trop éloignées.

Quand on veut produire une harmonie très douce d'instruments à cordes, il est souvent bien, au contraire, de donner
la Basse aux violoncelles en supprimant les contre-basses; c'est ce qu'a fait Weber dans l'accompagnement de l'Andante
de l'air sublime d'Agathe au second acte du Freyschütz. Il faut même remarquer dans cet exemple que les Altos seuls font d'a_
_bord entendre la Basse sous une harmonie de violons à quatre parties; les violoncelles ne viennent qu'un peu plus tard
doubler les altos.

N.º 11.
DER FREYSCHÜTZ. (WEBER)

Les violoncelles unis au nombre de huit ou dix, sont essentiellement chanteurs; leur timbre sur les deux cordes supé-
-rieures, est un des plus expressifs de l'orchestre. Rien n'est plus voluptueusement mélancolique et plus propre à bien ren-
-dre les thèmes tendres et langoureux qu'une masse de violoncelles jouant à l'unisson *sur la chanterelle*.

Ils sont excellents aussi pour les chants d'un caractère religieux; c'est alors au compositeur, a choisir les cordes sur
lesquelles la phrase sera exécutée. Les deux inférieures *l'ut* et *le sol*, surtout dans les tons qui permettent de les employer
souvent *à vide*, sont d'une sonorité onctueuse et grave parfaitement convenable en pareil cas; mais leur gravité même ne
permet guère de leur donner que des basses plus ou moins mélodiques, les véritables dessins chantants devant être réservés
pour les cordes supérieures. Weber, dans l'ouverture d'Oberon, a fait avec un rare bonheur chanter les violoncelles dans le haut
pendant que deux clarinettes en *La* à l'unisson font entendre au dessous d'eux leurs notes graves. C'est neuf et saisissant.

Bien que nos violoncellistes soient très habiles aujourd'hui, et qu'ils puissent exécuter sans peine toutes sortes de difficultés, il est fort rare que des traits rapides de violoncelles ne produisent pas au grave un peu de confusion. Quant à ceux qui exigent le placement du pouce et qui roulent dans les notes aiguës, il y a moins encore à en attendre; ils sont peu sonores et toujours d'une justesse fort contestable. Des traits placés sur ces degrés de l'échelle musicale conviennent évidemment mieux aux altos ou aux seconds violons. Dans les orchestres modernes très riches, où les violoncelles sont en grand nombre, on les divise souvent en premiers et seconds; les premiers exécutent une partie spéciale, mélodique ou harmonique, et les seconds, doublent les contre basses, à l'octave ou à l'unisson.

Quelquefois même, pour des accompagnements d'un caractère mélancolique, voilé, mystérieux, laissant la basse aux contre basses seules, on dessine au dessus d'elles deux parties différentes de violoncelles, qui jointes à la partie d'alto donnent un quatuor d'harmonies graves. Ce moyen est rarement bien motivé, il faut se garder d'en abuser.

N° 43 — ROMEO et JULIETTE. (BERLIOZ.)

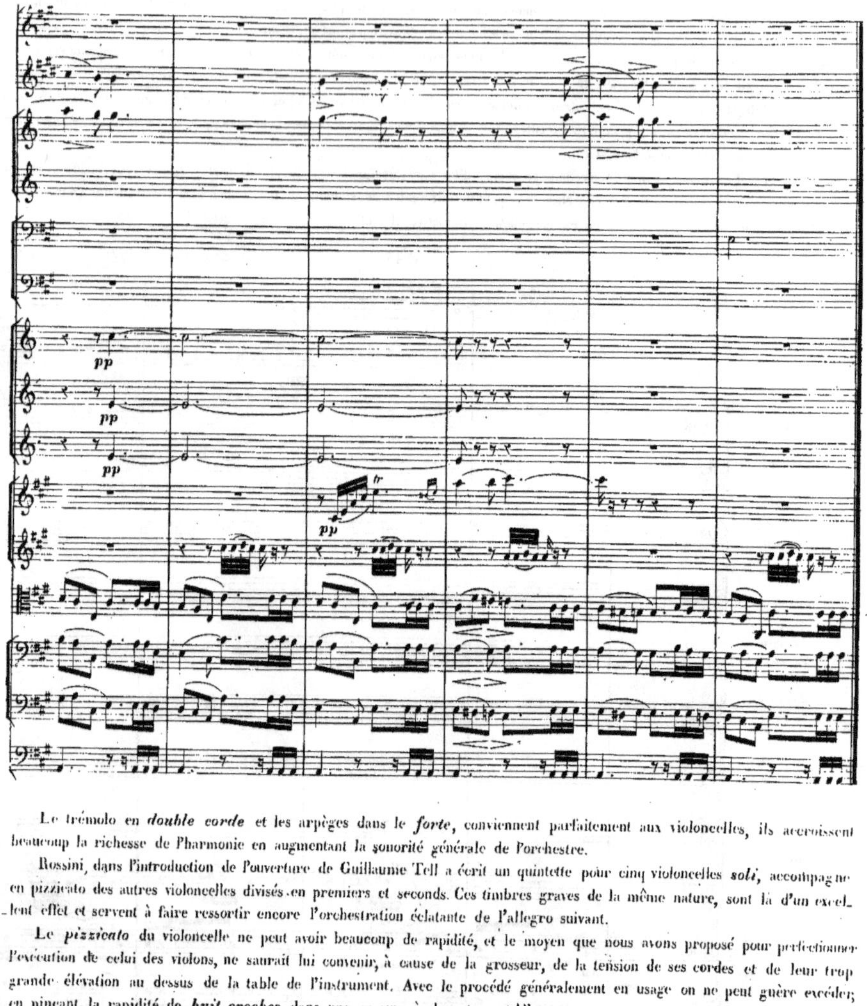

Le trémolo en ***double corde*** et les arpèges dans le ***forte***, conviennent parfaitement aux violoncelles, ils accroissent beaucoup la richesse de l'harmonie en augmentant la sonorité générale de l'orchestre.

Rossini, dans l'introduction de l'ouverture de Guillaume Tell a écrit un quintette pour cinq violoncelles *soli*, accompagné en pizzicato des autres violoncelles divisés en premiers et seconds. Ces timbres graves de la même nature, sont là d'un excellent effet et servent à faire ressortir encore l'orchestration éclatante de l'allegro suivant.

Le *pizzicato* du violoncelle ne peut avoir beaucoup de rapidité, et le moyen que nous avons proposé pour perfectionner l'exécution de celui des violons, ne saurait lui convenir, à cause de la grosseur, de la tension de ses cordes et de leur trop grande élévation au dessus de la table de l'instrument. Avec le procédé généralement en usage on ne peut guère excéder; en pinçant, la rapidité de ***huit croches*** dans une mesure à deux temps (Allegro non troppo) ou celle de ***douze doubles croches*** en arpèges, dans une mesure à $\frac{6}{8}$ (Andantino.)

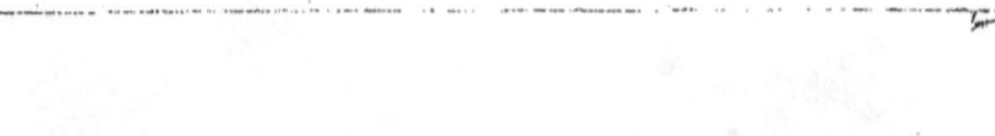

EXEMPLE.

LES CONTRE-BASSES.

CHAPITRE VI.

Il y en a de deux espèces; à trois et à quatre cordes.

Celles à trois cordes, sont accordées en quintes.

Celles à quatre sont accordées en quartes.

Le son des unes et des autres est plus grave d'une octave que la note écrite. Leur étendue à l'orchestre est de deux octaves et une quarte, en comptant toutefois pour les contrebasses à trois cordes deux notes de moins au grave.

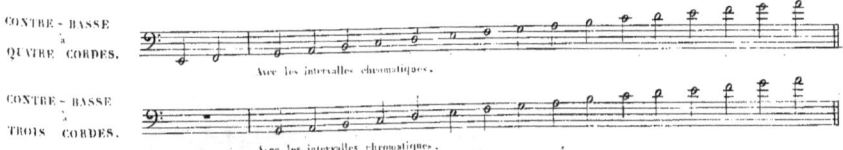

La Contrebasse à quatre cordes me parait préférable à l'autre, d'abord pour la facilité de l'exécution, l'accord en quartes n'obligeant pas l'exécutant à *démancher* pour faire la gamme, puis à cause de la grande utilité des trois sons graves *Mi, Fa, Fa dièze* qui manquent sur les contrebasses accordées en quintes et dont l'absence vient à chaque instant déranger l'ordonnance des basses les mieux dessinées, en amenant forcément, pour ces quelques notes, une disgracieuse et intempestive transposition à l'aigu. Ces observations sont plus applicables encore aux contrebasses anglaises qui, bien qu'accordées en quartes, n'ont cependant que trois cordes, *La, Ré, Sol*. Exemple. Dans un orchestre bien composé on devrait avoir plusieurs contrebasses à quatre cordes accordées en tierces et quintes. Exemple. on aurait ainsi, avec les autres contrebasses accordées en quartes, un croisement de cordes à vide très favorable à la sonorité.

Les contre-Basses sont destinées, dans l'orchestre, aux sons les plus graves de l'harmonie. J'ai dit au chapitre précédent, dans quel cas on pouvait les isoler des Violoncelles; on peut alors pallier, *jusqu'à un certain point*, le défaut qui nait pour les Basses de cette disposition, en les doublant à l'octave ou à l'unisson avec des Bassons, des Cors de Basset, des Clarinettes Basses, ou des Clarinettes ordinaires, dans les sons extrêmes du grave; mais je trouve détestable l'emploi que certains musiciens font aussi dans cette occasion, des Trombones et des Ophicléides, dont le timbre n'a ni sympathie ni analogie avec celui des Contre-Basses et s'unit conséquemment fort mal avec lui.

Il n'est pas impossible que l'occasion se présente d'employer avec succès les sons harmoniques des contre-basses. L'extrême tension des cordes, leur longueur, et leur éloignement de la touche ne permettent pas, en tous cas, d'avoir recours aux sons harmoniques artificiels; quant aux notes harmoniques naturelles elles sortent fort bien, surtout à partir de la première octave, occupant le milieu de la corde; ce sont les mêmes, à l'octave inférieure, que celles des violoncelles.

On peut à la rigueur faire usage des accords et arpèges sur la contre-basse, mais en ne leur donnant que deux ou trois notes au plus, dont une seule peut n'être pas à vide.

EXEMPLE.
Contre-Basses accordées en Quartes.
Contre-Basses accordées en Quintes.

On obtient très aisément le *tremolo intermittent*, grâce à l'élasticité de l'archet qui le fait rebondir plusieurs fois sur les cordes après un seul coup frappé sur elles un peu vivement.

EXEMPLE.

Il n'en est pas de même du passage suivant; on ne peut le rendre qu'au moyen du *tremolo* continu, avec assez de peine, et en attaquant les cordes avec le bout de l'archet qui manque de force et obtient peu de son.

EXEMPLE.

Le *tremolo* continu des contre-basses, un peu moins serré que ce dernier, est pourtant d'un effet dramatique excellent; rien ne donne à l'orchestre une physionomie plus menaçante; mais il ne faut pas qu'il dure longtemps autrement la fatigue qu'il occasionne aux exécutans *qui veulent se donner la peine* de le bien faire, le rendrait bientôt impossible. Quand on a besoin pour un long passage, de troubler ainsi les profondeurs de l'orchestre, il vaut mieux alors en divisant les contre-basses, ne pas leur donner un véritable *tremolo*, mais seulement des répercussions précipitées qui ne s'accordent pas entre elles comme valeurs rythmiques, pendant que les violoncelles font le vrai *tremolo*.

EXEMPLE.
VIOLONCELLE.
1er CONTRE-BASSE.
2me CONTRE-BASSE.

Les doubles croches ne se rencontrant que sur le commencement de chaque temps avec les croches en triolets de l'autre partie, produisent un murmure sourd à peu près semblable au *tremolo* qui se trouve de la sorte assez bien remplacé. Dans beaucoup d'occasions, je crois même que ces rythmes différents entendus ensembles, lui sont préférables.

Les groupes diatoniques rapides de quatre ou cinq notes sont très souvent d'un admirable effet et s'exécutent fort bien, pourvu que le trait contienne au moins une corde à vide.

Si l'on voulait absolument employer un grand trait rapide de contre-basses, le mieux serait de les diviser, en leur appliquant le procédé de morcellement que j'ai indiqué pour les violons, mais en ayant grand soin de ne pas éloigner les premières contre-basses des secondes.

On a le tort, aujourd'hui, d'écrire pour le plus lourd de tous les instruments des dessins d'une telle rapidité que les violoncelles eux mêmes ont de la peine à les rendre. Il en résulte un inconvénient très grand; les contre-bassistes paresseux ou réellement incapables de lutter avec des difficultés pareilles, y renoncent de prime abord, et s'attachent à *simplifier* le trait, mais la simplification des uns n'étant pas celle des autres, puisqu'ils n'ont pas tous les mêmes idées sur l'importance harmonique des notes diverses contenues dans le trait, il s'en suit un désordre, une confusion horribles. Ce cahos bourdonnant, plein de bruits étranges, de grognements hideux, est complété et encore accru par les autres contre-bassistes plus zélés ou plus confiants dans leur habileté, qui se consument en efforts inutiles pour arriver à l'exécution intégrale du passage écrit.

Les compositeurs doivent donc bien prendre garde à ne demander aux contre-basses que des choses possibles, et dont la bonne exécution ne puisse être douteuse. C'est assez dire que le vieux système des contre-bassistes *simplificateurs*, système généralement adopté dans l'ancienne école instrumentale, et dont nous venons de montrer le danger, est à présent tout à fait repoussé. Si l'auteur n'a écrit que des choses convenables à la nature de l'instrument, l'exécutant doit les faire entendre, rien de plus, rien de moins. Quand le tort est au compositeur, c'est lui et les auditeurs qui en supportent les conséquences, l'exécutant alors n'a plus à répondre de rien.

Les *fusées* en petites notes placées avant les grosses notes

s'exécutent en glissant rapidement sur la corde, sans tenir compte de la justesse d'aucun des sons intermédiaires, et l'effet en peut être extrêmement heureux. On sait la furieuse secousse que donnent à l'orchestre les contre-basses attaquant le *fa* haut précédé des quatre petites notes Si, Ut, Ré, Mi, dans la scène infernale d'Orphée, sous les vers:

A l'affreux hurlement

De Cerbère écumant

Et rugissant!

Ce rauque aboiement, l'une des plus hautes inspirations de Gluck, est ici d'autant plus terrible que l'auteur l'a placé sur le troisième renversement de l'accord de septième diminuée (Fa, Sol dièze, Si, Ré,) et que pour donner à sa pensée tout le relief et toute la véhémence possibles, il a doublé à l'octave les contre-basses, non seulement par les violoncelles, mais par les altos et par la masse entière des violons.

Beethoven a également tiré parti de ces notes à peine articulées, mais à l'inverse de l'exemple précédent, en accentuant la première note du groupe plus que la dernière. Tel est ce passage de l'orage de la simphonie Pastorale, qui donne si bien l'idée des efforts d'un vent violent chargé de pluie, et des sourds grondements d'une rafale. Remarquons que Beethoven dans cet exemple et dans beaucoup d'autres passages, a donné aux contrebasses des notes graves qu'elles ne peuvent exécuter; ce qui ferait supposer que l'orchestre pour lequel il écrivit possédait des contrebasses descendant jusqu'à l'Ut octave basse de l'Ut des violoncelles, et qu'on ne trouve plus aujourd'hui.

N.° 15.   SYMPHONIE PASTORALE. (BEETHOVEN)

Quelquefois, il devient dramatique et beau, en donnant aux violoncelles la vraie basse, ou du moins, les notes qui déterminent les accords et frappent les temps forts de la mesure, de dessiner au-dessous d'eux une partie de contre-basse isolée, dont le dessin, entrecoupé de silences, permet à l'harmonie de se poser sur les Violoncelles. Beethoven, dans son admirable scène de Fidelio, où Léonore et le geôlier creusent la tombe de Florestan, a montré tout le pathétique et la sombre tristesse de ce mode d'instrumentation. Il a donné toutefois, en ce cas, la vraie basse aux contrebasses.

N° 16.   *FIDELIO.* (BEETHOVEN.)

fp
sfp
pp
decres.
Ne tardons point travaillons vi - te
le gouverneur bientot vien

C'est dans le but d'exprimer un lugubre silence que, dans une cantate, j'ai essayé de diviser les contre-basses en quatre parties, et de leur faire soutenir ainsi de longs accords pianissimo, au dessous d'un decrescendo de tout le reste de l'orchestre.

Le 5 Mai,
OU LA MORT DE L'EMPEREUR. (BERLIOZ.)

N.° 17.

Loin de ce roc nous fuyons en si_len_ce l'astre du jour abandonne les

Le *Pizzicato* des contre-basses, fort ou doux, est d'une bonne sonorité, à moins qu'on ne l'emploie sur des sons très élevés; mais il change de caractère, suivant les harmonies sous lesquelles il se trouve placé. Ainsi le fameux *la pizzicato* de l'ouverture du Freyschutz, n'est ainsi gros de menaces et d'accents infernaux que par le reflet de l'accord de septième diminuée (Fa dièze, La, Ut, Mi bémol) dont il détermine, au temps faible, le premier renversement. Qu'il devienne tonique majeure, ou dominante, pincé demi fort, comme dans le cas dont il s'agit, ce *La* n'aura plus rien d'étrange.

On emploie les sourdines sur les contre-basses comme sur les autres instruments à archet, mais l'effet qu'elles y produisent est assez peu caractérisé; elles diminuent seulement un peu la sonorité des contre-basses en la rendant plus sombre et plus terne.

Un artiste Piémontais, M! Langlois, qui s'est fait entendre à Paris, il y a une quinzaine d'années, obtenait, avec l'archet, en serrant la corde haute de la contre-basse entre le pouce et l'index de la main gauche, aulieu de la presser sur la touche, et en montant ainsi jusqu'auprès du chevalet, des sons aigus très singuliers et d'une force incroyable. Si l'on avait besoin de faire produire à l'orchestre un grand cri féminin, aucun instrument ne le pourrait jeter mieux que les contre-basses employées de la sorte. Je doute que nos artistes connaissent le mécanisme de M! Langlois pour les sons aigus, mais il leur serait facile de se le rendre familier en peu de temps.

INSTRUMENTS À CORDES PINCÉES.

LA HARPE.

Cet instrument est essentiellement antichromatique, c'est à dire que les successions par demi tons lui sont à peu près interdites. Nous en donnerons tout à l'heure la raison.

Son étendue n'était autrefois que de cinq octaves et une sixte.

EXEMPLE.

On voit que cette gamme appartient au ton de *Mi* ♭; c'est en effet dans ce ton que toutes les harpes étaient accordées, quand l'habile facteur Erard, cherchant à remédier aux inconvénients de ce système, imagina le mécanisme qui les fit disparaître et proposa l'accord de la harpe en *Ut* ♭, que presque tous les harpistes ont adopté aujourd'hui.

Les intervalles chromatiques ne se peuvent obtenir sur l'ancienne Harpe qu'au moyen de sept pédales, que l'exécutant fait mouvoir et peut fixer *l'une après l'autre* avec le pied, et dont chacune hausse d'un demi-ton la note à laquelle son mécanisme s'applique, mais dans toute l'étendue de la gamme et non pas isolément. Ainsi la pédale *Fa*♯ ne peut dièzer un *Fa*, sans que tous les autres *Fa*, dans l'échelle entière, ne soient dièzés du même coup. Il en résulte d'abord que toute gamme chromatique (à moins d'un mouvement excessivement lent) toute progression d'accords procédant chromatiquement ou appartenant à des tonalités différentes, la plupart des broderies contenant des appogiatures altérées ou des petites notes chromatiques, sont impraticables ou, par exception, excessivement difficiles et d'un détestable effet. Il y a même sur la harpe en *Mi* ♭ quatre accords de septième majeure et quatre accords de neuvième mineure, totalement impossibles et qu'on doit en conséquence bannir de son répertoire harmonique; ce sont les suivants:

Il est évident en effet que tout accord dans lequel *Ut bémol* doit être entendu en même temps que *Si bémol* n'est pas possible, puisque, (la harpe se trouvant accordée en *Mi bémol* et les pédales ne haussant chaque corde que d'un demi-ton) on ne peut produire l'*Ut bémol* qu'en prenant la pédale du *Si* ♮ qui détruit aussitôt tous les *Si* ♭ de la gamme. Il en est de même pour le *Ré bemol* qui résulte de l'exhaussement de l'*Ut naturel*, et du *Sol bémol* produit par l'exhaussement du *Fa*.

Le mécanisme des Pédales de la harpe en Mi bémol ne pouvant que rendre à leur état naturel les trois notes bémolisées (*Si, Mi, La*.) et dièzer quatre autres notes (*Fa, Ut, Sol, Ré*.) il s'en suit que cette harpe ne peut être établie que dans huit tons, savoir *Mi* ♭, *Si* ♭, *Fa*, *Ut*, *Sol*, *Ré*, *La*, *Mi*.

Les tons bémolisés, ne sont produits que par des enharmoniques et en prenant et quittant aussitôt une ou plusieurs Pédales. En *La bémol* par exemple, le *Ré bémol* n'est autre que l'enharmonique de l'*Ut dièze*, et l'exécutant doit quitter cette pédale *Ut* ♯ aussitôt après l'avoir prise, autrement il ne pourrait plus faire entendre l'*Ut naturel*, tierce majeure du ton dans lequel il joue; il faut en outre qu'il saute une corde (*Ré* ♮) en montant diatoniquement ce qui est tellement incommode qu'on peut considérer l'usage de pareilles gammes comme impraticable.

Cet inconvénient et cette difficulté deviennent doubles en *Ré bemol* et en *Sol bémol*, tous à peu près inabordables excepté pour quelques accords. Encore le ton de *Sol bémol*, comme celui d'*Ut bémol*, présente une nouvelle difficulté, c'est d'obliger l'exécutant à une véritable transposition pour une partie des notes de sa gamme, puisqu'il doit faire vibrer la corde de Fa ♯ quand la note écrite est Sol ♭, la corde Si ♮ quand la note est Ut ♭ et la corde Ut ♯ quand la note est Ré ♭. Pour le ton d'Ut ♭, il devient moins inabordable en l'écrivant sous son autre forme, celle de Si naturel, mais toutes les pédales étant prises, on n'a pas moins à vaincre pour cette gamme, comme pour celle de La bémol, l'horrible difficulté de sauter une corde et de quitter une Pédale en la reprenant après, pour la note sensible (enharmonique) et la tonique qui se retrouvent sur la même corde. Exemple ....

On concevra que pour exécuter une gamme chromatique de deux octaves d'étendue comme celle ci:

il faut faire mouvoir très vite, successivement, cinq pédales, pour la première octave seulement; qu'il faut les quitter toutes très promptement aussi, afin de remettre dans leur état primitif les notes qu'elles avaient haussées et qui vont se représenter dans l'octave supérieure, et les reprendre encore une fois comme on avait fait pour la première octave. Une gamme pareille est donc, dans un mouvement même très modéré, impossible *sur toutes les harpes*.

S'il s'agit d'une succession d'accords appartenant à des tonalités différentes, l'impossibilité deviendra plus évidente encore, puisqu'on aurait, en ce cas, plusieurs pédales à prendre à la fois et successivement

Certaines appogiatures et broderies contenant des successions chromatiques, peuvent, à la vérité, s'exécuter tant bien que mal, mais le plus grand nombre de ces ornements, je l'ai déjà dit, n'est guère praticable et ceux qu'on peut ranger parmi les exceptions produisent encore un assez mauvais effet à cause de l'altération que le mouvement de la pédale prise et quittée au même instant fait subir à la sonorité de la corde.

L'exemple suivant au contraire et tous ceux qui réunissent comme lui plusieurs demi-tons dans un petit espace et un mouvement vif sont à peu près impossibles:

Il faut dire maintenant que la harpe étant pincée par les deux mains, s'écrit en conséquence sur deux lignes. La ligne inférieure porte ordinairement la clef de Fa et la ligne supérieure la clef de Sol; selon l'élévation des notes basses ou la gravité des notes hautes la clef de Sol ou la clef de Fa peuvent se trouver aussi sur les deux lignes à la fois.

On va voir que cette disposition rend les passages inexécutables bien plus nombreux encore pour la harpe en Mi bémol, puisque telle phrase, facile pour la main droite, devient impossible si la main gauche veut faire entendre certaines notes d'accompagnement qui se trouvent altérées par une Pédale dans la mélodie, mais que l'harmonie n'admet qu'à leur état ordinaire.

Les deux accords marqués d'une croix ne peuvent se faire, puisqu'ils contiennent un *Fa* naturel, dièzé dans la partie aigüe. Il faut donc en pareil cas supprimer dans l'une ou l'autre partie la note qui se présente sous ce double aspect. Dans l'exemple précédent il vaut mieux mutiler l'accord de la main gauche et retrancher le Fa naturel.

Quand une mélodie déjà exécutée par d'autres instruments vient à être reproduite par la harpe, et contient des passages chromatiques impossibles ou seulement dangereux, il faut la modifier adroitement en remplaçant une ou plusieurs des notes altérées par d'autres notes prises dans l'harmonie. Ainsi, au lieu de donner à la harpe le chant suivant, tel que viennent de l'exécuter les violons.

VIOLONS.

L'auteur a dû l'écrire de la manière suivante:

HARPE.

La nature du mécanisme de la harpe indiquait ce sacrifice des quatre demi-tons successifs de la troisième mesure.

Frappé des graves inconvéniens que nous venons de signaler M. Erard imagina, il y a quelques années, le mécanisme d'après lequel les Harpes ont été nommées *à double mouvement*. Voici en quoi il consiste et comment il permet à la harpe, sinon de faire des successions chromatiques, au moins de jouer dans tous les tons et de plaquer ou arpéger tous les accords.

La Harpe à double mouvement est accordée en *Ut bémol*, son étendue est de six octaves et une quarte:

EXEMPLE.

Les sept pédales dont elle est pourvue sont faites de manière à ce que l'exécutant puisse au moyen de chacune d'elles, hausser à volonté chaque corde *d'un ton*, ou d'un *demi ton* seulement. En prenant successivement les sept pédales du demi ton la harpe en *Ut bémol* sera donc établie et fixée: en *Sol bémol*, en *Ré bémol*, en *La bémol*, en *Mi bémol*, en *Si bémol*, en *Fa* et enfin en *Ut ♮*. En exhaussant maintenant chaque corde d'un autre demi ton par le moyen du second mouvement des Pédales, les sept notes de la gamme naturelle vont se trouver dièzées, puisque les sept pédales produiront Fa ♯, Ut ♯, Sol ♯, Ré ♯, La ♯, Mi ♯, Si ♯, ce qui donne à la harpe les tonalités de Sol Ré La Mi Si Fa ♯, Ut ♯.

Voilà donc tous les tons accessibles à la harpe; les gammes mineures seulement ne pourront être *fixes* que dans le cas où on les traiterait en montant comme en descendant, sans tenir compte de l'usage adopté à l'égard des 6ème et 7ème degrés; dans le cas contraire, il faudrait encore prendre et quitter deux Pédales.

EXEMPLE.

En adoptant l'intervalle de seconde augmentée entre le sixième et le septième degré, la gamme mineure pourrait être fixée et l'emploi accidentel des Pédales ne serait pas nécessaire; ce qui est un avantage considérable et devrait suffire pour faire préférer cette gamme.

EXEMPLE.

Quand aux accords interdits à la harpe en *Mi bémol*, nous allons voir que le double mouvement les rend possibles.

Pour produire [notation] rien de plus aisé, ces quatre notes sont dans la gamme de la harpe en *Ut bémol*.

L'accord [notation] n'exige que l'emploi des deux pédales du demi ton (Ré ♮, Fa ♮,) [notation] n'en demande que deux également, (Fa ♮, et Ut ♮) [notation] en fait prendre trois, (Ut ♮, Mi ♮, Sol ♮) [notation] n'en fait prendre qu'une (Fa ♮) et [notation] en demande trois (Fa ♮, La, Ut ♮)

78

Tout cela se fait sans difficulté. L'accord même qui semble présenter à la fois l'Ut naturel et l'Ut bémol est également praticable:

Le *Ré double bémol* (ou Ut naturel) se fait au moyen de la pédale haussant l'*Ut bémol* d'un *demi-ton*, et l'*Ut bémol* est produit par la pédale qui hausse d'un *demi-ton* le *Si bémol*; le *La double bémol* vient du *Sol bémol* haussé d'un demi-ton, le *Fa bémol* n'a pas besoin de pédale, il est dans la gamme de la harpe en *Ut bémol*. Cet accord, tel que je viens de l'écrire, serait donc exécuté sous cette forme singulière: d'où il suit qu'il vaudrait mieux l'écrire en Ut ♮ majeur et sous l'aspect suivant: Si on avait à employer des Harpes à double mouvement dans un morceau d'orchestre établi pour les autres instruments, en Si ♮ majeur, il vaudrait incomparablement mieux pour la sonorité et pour la commodité de l'exécution, les écrire en transposant dans leur ton d'*Ut bémol*

Les compositeurs doivent avoir soin, en écrivant les parties de harpes, de prévenir un peu d'avance l'exécutant du changement qu'il va avoir à faire, de la pédale qu'il aura bientôt à prendre, par ces mots placés quelques mesures avant l'endroit de la modulation: *Préparez le Sol ♯, Préparez le ton d'Ut ♮*, etc.

La nature de l'instrument étant expliquée, nous parlerons maintenant de son doigté que beaucoup de compositeurs ont le tort de confondre avec celui du Piano qui ne lui ressemble nullement.

On peut frapper avec chaque main des accords de quatre notes,

dont les deux notes extrêmes ne sortent pas de l'étendue d'une octave.

On peut cependant aussi, par le grand écartement du pouce et du petit doigt, atteindre aux accords de dixième et conséquemment plaquer des accords ainsi disposés:

Mais cette position est moins commode, moins naturelle et, par suite, moins sonore, puisque chaque doigt ne peut attaquer la corde avec autant de force que dans la position ordinaire.

Signalons en passant les accords dans l'extrémité inférieure de l'instrument comme des groupes sans sonorité et produisant des harmonies confuses qu'il faut éviter: Exemple: Ces sons graves ne sont propres qu'à doubler une basse à l'octave inférieure: Ex:

L'exécution successive des notes d'un accord, en montant ou en descendant, est tout à fait dans la nature de la harpe; c'est même d'après son nom italien *arpa* que ces dessins harmoniques ont reçu le nom d'*arpèges*. Il faut aussi en général, qu'ils n'excèdent pas l'étendue d'une octave, surtout si le mouvement est vif, autrement ils nécessiteraient un changement de position d'une extrême difficulté.

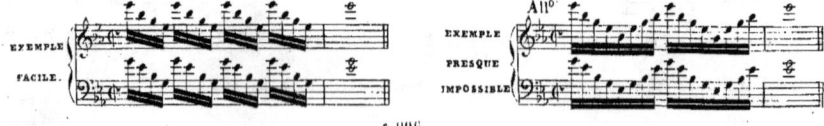

Il ne faut écrire la note en dehors de l'étendue de l'octave que pour une terminaison de phrase:..............

EXEMPLE. BON.

Exemple très aisé, parceque le changement de disposition se faisant du grave à l'aigu n'oblige pas d'employer le petit doigt dont on ne se peut guère servir, ou de faire deux notes consécutives avec le quatrième.

Il faut avoir soin en général de ne pas écrire les deux mains trop près l'une de l'autre et de les tenir séparées par une octave ou une sixte au moins, sans quoi elles se gênent mutuellement.

De plus, si les deux mains arpègent un accord à la tierce l'une de l'autre, la même corde étant reprise par le doigt d'une main, au moment où celui de l'autre main vient de la pincer, il s'en suit nécessairement qu'elle n'a pas le temps de vibrer et que le son est étouffé dès sa naissance.

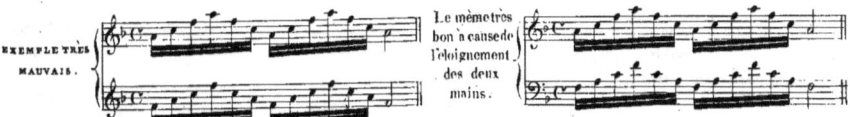

EXEMPLE TRÈS MAUVAIS.

Le même très bon à cause de l'éloignement des deux mains.

Toutes les successions qui obligent les mêmes doigts à sauter d'une corde à l'autre ne se peuvent écrire que dans un mouvement très modéré.

Quand on veut obtenir une suite rapide d'*octaves* diatoniques, il faut en général l'écrire pour les deux mains. Les séries de sixtes sont dans le même cas. Elles sont toutefois, ainsi que les gammes en tierces, praticables pour une seule main, mais en *descendant* seulement, le pouce alors glissant de l'une à l'autre des notes supérieures pendant que les notes inférieures sont exécutées par les trois autres doigts.

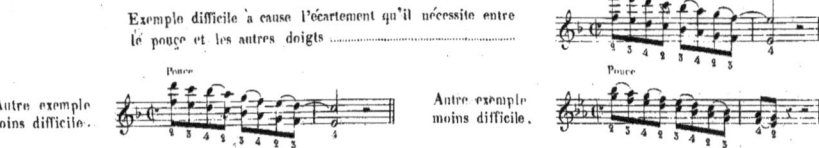

Exemple difficile à cause l'écartement qu'il nécessite entre le pouce et les autres doigts ....

Autre exemple moins difficile.

Autre exemple moins difficile.

Par exception à ce que nous avons dit plus haut relativement à l'écartement des parties, ces mêmes gammes en tierces sont praticables à deux mains, parceque dans le mouvement diatonique, l'inconvénient de la corde prise par un doigt et reprise par un autre est beaucoup moins grand, la note intermédiaire lui laissant un peu plus de temps pour vibrer. Il est encore mieux toutefois, ou d'écrire ces suites de tierces pour deux harpes, en donnant la partie haute à l'une et la partie basse à l'autre, ou si on n'a qu'une harpe et qu'on veuille obtenir beaucoup de son, d'écarter les parties d'une octave, et d'écrire alors des suites de dixièmes.

EXEMPLE.

S'il s'agit de faire entendre rapidement un arpège ascendant ou descendant qui excède l'étendue d'une octave, il faut, au lieu de l'écrire à deux parties, le morceler, en donnant un fragment à une main pendant que l'autre change de position, et réciproquement. Le passage s'écrit alors ainsi:

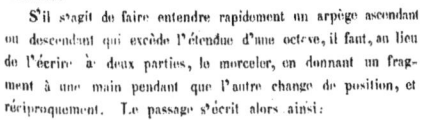

Si on le doublait à l'octave il serait impraticable

EXEMPLE. { Impraticable dans un mouvement vif, mais possible dans un mouvement lent. }

Le *trille* existe sur la harpe, mais son effet n'est tolérable que sur les notes hautes seulement. Le *martellement* de la même note, disgracieux et difficile sur les anciennes harpes, à cause du petit grincement produit sur la corde par le second doigt qui venait l'attaquer après le premier et interrompait sa vibration...

Est facile et d'une bonne sonorité sur les nouvelles, le double mouvement des pédales permettant de baisser *d'un ton* la corde voisine de celle qui représente le son martelé, et le martellement s'exécutant alors sur deux cordes à l'unisson...................... EX:

On obtiendra en outre et plus simplement le martellement à deux ou à quatre parties, très utile quelquefois à l'orchestre, en employant deux ou plusieurs harpes, et en écrivant des *batteries croisées* qui ne présentent aucune difficulté d'exécution et produisent exactement l'effet désiré.

EXEMPLE. { 1ᵉ HARPE. 2ᵐᵉ HARPE. }

Résultat pour l'auditeur.

L'effet des harpes, (quand il ne s'agit pas d'une musique intime destinée à être écoutée de près, dans un salon,) est d'autant meilleur qu'elles sont en plus grand nombre.

Les notes, les accords, les arpèges qu'elles jettent alors au travers de l'orchestre et du chœur, sont d'une splendeur extrême. Rien de plus sympathique avec les idées de fêtes poétiques, de pompes religieuses, que les sons d'une grande masse de harpes ingénieusement employée. Isolément ou par groupes de deux, trois ou quatre, elles sont encore d'un très heureux effet, soit pour s'unir à l'orchestre, soit pour accompagner des voix ou des instruments solos. De tous les timbres connus, il est singulier que ce soit le timbre des Cors, des Trombones, et en général des instruments de cuivre, qui se marie le mieux avec le leur. Les cordes inférieures (en exceptant les cordes molles et sourdes de l'extrémité grave) dont le son est si voilé, si mystérieux et si beau, n'ont presque jamais été employées que pour les basses d'accompagnement de la main gauche; c'est à tort. Il est vrai que les harpistes se soucient peu de jouer des morceaux entiers dans ces octaves assez éloignées du corps de l'exécutant, pour obliger celui-ci à se pencher en avant en étendant les bras, et à conserver ainsi plus ou moins longtemps une posture gênante; mais cette raison a dû être de peu de poids pour les compositeurs. La véritable, c'est qu'ils n'ont pas songé à tirer parti de ce timbre spécial.

Exemple d'une belle et douce sonorité dans les cordes basses.

Les cordes de la dernière octave supérieure, ont un son délicat, cristallin, d'une fraîcheur voluptueuse, qui les rend propres à l'expression des idées gracieuses, féeriques, et à murmurer les plus doux secrets des riantes mélodies; à condition, cependant, qu'elles ne seront jamais attaquées avec force par l'exécutant, car, dans ce cas, elles rendent un son sec, dur, assez semblable à celui d'un verre qu'on brise, désagréable et irritant.

Les *sons harmoniques* de la harpe, et surtout de plusieurs harpes à l'unisson, ont bien plus de magie encore. Les solistes les emploient souvent dans des points d'orgues de leurs fantaisies, variations, et concertos. Mais rien ne ressemble à la sonorité de ces notes mystérieuses unies à des accords de flûtes et de clarinettes jouant dans le médium; il est vraiment étrange qu'on n'ait encore qu'une fois, et il y a trois ans à peine rendu sensible l'affinité de ces timbres et la poésie de leur association (1).

Les meilleurs sons harmoniques et les seuls à peu près à employer sur la Harpe, sont ceux qu'on obtient en effleurant avec la partie inférieure et charnue de la main le milieu de la corde, et en pinçant avec le pouce et les deux premiers doigts de cette même main; ce qui produit l'octave haute du son ordinaire. On peut faire des sons harmoniques des deux mains.

EXEMPLE.   EFFET.

Il est même possible d'en produire deux ou trois à la fois, avec une seule main, mais alors il est prudent de ne donner à l'autre qu'une seule note.

EXEMPLE

Toutes les cordes de la harpe ne sont pas propres aux notes harmoniques; il ne faut employer à cet usage que les deux avant dernières octaves graves; ce sont les seules dont les cordes soient assez longues pour pouvoir être divisées en les effleurant au milieu, et assez tendues pour produire nettement les harmoniques. EXEMPLE.

Dans le cas où le mouvement de la composition et le parti pris de l'instrumentation exigent la transition subite d'une partie de harpe d'un ton dans un autre, fort éloigné de celui qui le précède (de *Mi* bémol en *Mi* natural, par exemple) elle ne peut se faire sur le même instrument; il faut alors avoir une autre harpe accordée dans le ton *dièze*, pour succéder immédiatement à celle qui jouait dans le ton *bémolisé*. Si la transition n'est pas soudaine, et qu'on n'ait qu'un harpiste à sa disposition, encore faut-il que le compositeur donne à l'exécutant un assez grand nombre de pauses pour que celui-ci ait le temps d'accrocher toutes les pédales nécessaires à la modulation. Quand les harpes sont nombreuses, traitées en parties intégrantes de l'orchestre, et non destinées à accompagner un solo vocal ou instrumental, on les divise ordinairement en premières et secondes, en écrivant des parties distinctes, ce qui ajoute beaucoup à la richesse de leur effet. Un plus grand nombre de parties différentes peut être sans doute, fort bien motivé; il est même indispensable, on vient de le voir lorsqu'il s'agit de rendre possible, sans interruption du jeu des harpes, un déplacement soudain de la tonalité.

Les bas reliefs de Thèbes, où l'on trouve une minutieuse représentation des harpes antiques, prouvent qu'elles n'avaient pas de pédales, et que par conséquent elles ne modulaient jamais.

Celles, non moins antiques, employées de nos jours, par les Bardes Gallois et Irlandais, ont plusieurs rangs de cordes; sans doute cette disposition leur rend plus ou moins accessible le style chromatique, et les modulations.

(1) Voyez l'Exemple N° 2 des Sons Harmoniques de Violons où se trouvent employés en même temps ceux des Harpes.

J'ai signalé plus haut, en parlant du *martellement*, l'avantage inhérent aux nouvelles harpes de pouvoir, au moyen du double mouvement des pédales, accorder deux cordes à l'unisson:

L'un de ces Ut♭ étant produit par la corde d'*ut*♭ et l'autre par celle du Si♭ haussée d'un demi ton; ou bien l'un de ces Mi♭ étant produit par la corde de *Mi*♭ et l'autre par celle de *Ré*♭ haussée de DEUX demi-tons. On ne saurait croire les ressources que les grands Harpistes savent maintenant tirer de ces doubles notes qu'ils ont nommées *synonimes*. M⁰. Parish Alvars le virtuose le plus extraordinaire peut être qu'on ait jamais entendu sur cet instrument, exécute des traits et des arpèges qui à l'inspection paraissent absolument impossibles et dont toute la difficulté, cependant, ne consiste que dans l'emploi ingénieux des pédales. Il fait, par exemple, avec une rapidité extraordinaire des traits comme le suivant:

On concevra combien un trait pareil est facile, en considérant que l'artiste n'a qu'à glisser trois doigts du haut en bas sur les cordes de la Harpe, sans doigté, et aussi vite qu'il veut, puisqu'au moyen des synonimes l'instrument se trouve accordé exclusivement en suites de tierces mineures produisant l'accord de *septième diminuée*, et qu'au lieu d'avoir pour gamme  il a:

Il faut remarquer seulement le La♮, qui ne peut être doublé, et n'a en conséquence point de répercussion. Il n'est pas possible en effet d'avoir quatre synonimes à la fois, puisqu'il n'y a que sept notes dans la gamme et que les quatre synonimes supposeraient huit cordes. En outre disons que le La♮ ne peut s'obtenir que sur *une* corde (le La♭) et n'existe pas sur sa corde voisine (le Sol♭) celle-ci ne pouvant être haussée par les deux mouvements de la pédale que de deux demi-tons, qui ne la font arriver qu'au La♭. Cet inconvénient se rencontre encore sur deux autres cordes: Ut♭ et Fa♭.

Il manque donc actuellement sur la Harpe, trois synonimes, Ré♮, Sol♮ et La♮; mais ce défaut, car c'en est un grave, disparaîtra quand les facteurs voudront, ainsi que M⁰. Parish Alvars le propose, adapter à la Harpe pour les pédales des trois notes Ut♭, Fa♭, Sol♭, un triple mouvement qui permette de les hausser de trois demi-tons.

M⁰. Erard aurait bien tort de laisser subsister sur cet instrument une pareille lacune; il serait digne d'un si habile facteur d'être le premier à la combler.

Evidemment si l'on veut ne pas employer toutes les cordes synonimes à la fois, on aura d'autres accords que ceux de *Septième diminuée*; et ces combinaisons diverses que chacun peut faire, en se rendant exactement compte de l'action des pédales sur les cordes, seront encore bien plus nombreuses quand le triple mouvement des pédales Ut♭, Fa♭, Sol♭, aura donné les trois synonimes dont la Harpe est à cette heure dépourvue.

LA GUITARE.

Est un instrument propre à accompagner la voix et à **figurer** dans quelques compositions instrumentales peu bruyantes, comme aussi à exécuter seul des morceaux plus ou moins compliqués et à plusieurs parties, dont le charme est réel lorsqu'ils sont rendus par de véritables virtuoses.

Elle a six cordes accordées en quartes et en tierces, comme il suit:

On l'accorde aussi quelquefois de la manière suivante, surtout pour les morceaux écrits dans le ton de *Mi* ....

Les trois cordes graves sont en soie recouverte d'un fil d'argent, les trois autres sont en boyau. La Guitare est un instrument transpositeur de trois octaves et une quinte d'étendue, et qu'on écrit sur la clé de Sol, une octave au dessus du son réel.

EXEMPLE.

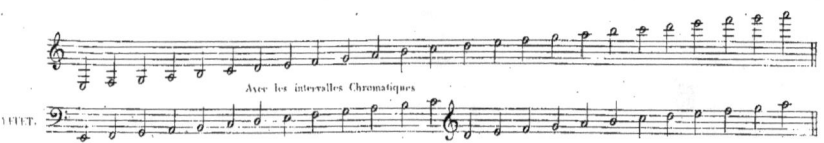

Les trilles majeurs et mineurs se font sur toute l'étendue de cette gamme.

Il est presque impossible de bien écrire la Guitare sans en jouer soi-même. La plupart des compositeurs qui l'emploient sont pourtant loin de la connaître, aussi lui donnent-ils à exécuter des choses d'une excessive difficulté sans sonorité et sans effet.

Nous allons essayer néanmoins d'indiquer la manière d'écrire pour elle de simples accompagnements.

Dans la position ordinaire de la main droite, le petit doigt étant appuyé sur la caisse de l'instrument, le pouce est destiné à pincer les trois cordes graves 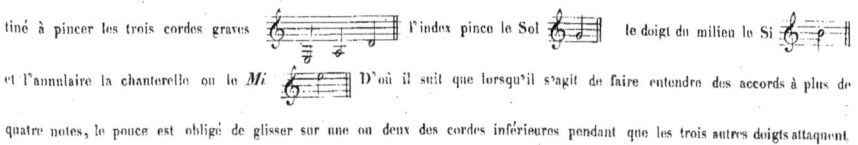 l'index pince le Sol, le doigt du milieu le Si et l'annulaire la chanterelle ou le *Mi*. D'où il suit que lorsqu'il s'agit de faire entendre des accords à plus de quatre notes, le pouce est obligé de glisser sur une ou deux des cordes inférieures pendant que les trois autres doigts attaquent directement les trois cordes hautes. Dans les accords de quatre notes chaque doigt attaque seulement la corde qui lui est destinée, les doigts changent de cordes seulement lorsqu'il s'agit de plaquer des accords graves comme ceux-ci:

La Guitare étant surtout un instrument d'harmonie, il est très important de connaître les accords et par suite les arpèges qu'elle peut faire. En voici un certain nombre dans différens tons.

Nous commencons par les plus aisés, par ceux qui se font sans employer le *Barrage*, procédé au moyen duquel l'index de la main gauche placé transversalement sur le manche, sur deux, trois, ou quatre cordes, sert de *Sillet* factice. (On sait que le sillet est la petite pièce transversale du manche, sur laquelle reposent les cordes, et qui en détermine la longueur, propre à être mise en vibration.)

Et tous les fragmens de ces accords.

84

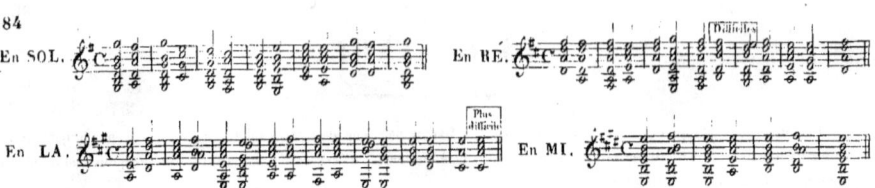

Les tons qui amènent des bémols à la clé sont incomparablement plus difficiles que les précédens et nécessitent tous le Barrage. Les accords les plus faciles sont les suivants.

Il faut éviter dans tous les accords d'employer en même tems la première et la troisième des cordes graves *sans la seconde*, parceque le pouce serait obligé alors de sauter par dessus cette seconde corde pour aller de la première à la troisième............ EXEMPLES.

Il est impossible de plaquer ces accords; mais en leur ajoutant la seconde corde grave ils deviennent aisés............ EXEMPLES.

Il faut aussi se garder d'écrire les accords de septième dominante dans la position ordinaire de trois tierces superposées, comme:

Ils sont presque impossibles; celui ci est difficile mais praticable: à cause du Sol qui se fait à vide. Le suivant seul est très aisé et sonore à cause du Mi à vide.

Les trois accords suivants sont aisés et s'enchaînent bien ensemble dans tous les tons:............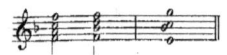

De même en *Fa* ♯, en *Sol*, en *La* ♭ etc.

EXEMPLE.

On conçoit que ces accords peuvent avoir quelquefois plus de quatre notes, dans les tons qui permettent de leur ajouter une corde grave à vide, en La ♮ par exemple, en Mi ♭, en Sol, en Fa, partout enfin où l'on peut faire entrer l'une de ces trois notes pour basse............

Cette succession qui exige le Barrage de quatre cordes est également praticable sur les deux tiers inférieurs du manche de la Guitare.  et ensuite en montant par demi tons jusqu'à qui est le point extrême à l'aigu où ce doigté peut être employé.

Les arpèges suivants sont d'un excellent effet sur la Guitare:

Dans ce dernier arpège les deux notes aiguës liées se font en accrochant la chanterelle avec le petit doigt de la main gauche.
Les arpèges se dirigeant de haut en bas sont assez incommodes quoique très exécutables.

EXEMPLE.

Les mêmes en sens inverse sont au contraire très aisés.
A cause du mouvement rétrograde du pouce sur les deux notes graves, les suivants sont beaucoup plus difficiles et moins avantageux..........

Les gammes liées de deux en deux avec la répercussion d'une note sont élégantes et assez sonores, surtout dans les tons brillants de l'instrument........... EXEMPLE.

Les gammes en tierces quoique difficiles à leurs deux extrémités peuvent s'employer dans un mouvement modéré.

EXEMPLE.

Les suites de sixtes et d'octaves sont dans le même cas.
Les notes répercutées deux, trois, quatre et même six ou huit fois se font aisément; les roulements prolongés sur la même note ne sont guères bons que sur la chanterelle ou tout au moins sur les trois cordes hautes.

EXEMPLE.

Les notes marquées d'un P se pincent avec le pouce, les autres avec le premier et le second doigt successivement.
Pour les roulements il faut faire succéder le pouce aux second et premier doigts sur la même corde.

EXEMPLES.

PLUS AISÉ.

Les sons harmoniques sortent très bien sur la Guitare et on en fait en mainte occasion un très heureux usage. Les meilleurs sont ceux qu'on produit en effleurant l'octave, la quinte, la quarte et la tierce majeures des cordes à vide.

Ainsi que nous l'avons expliqué aux chapitres des instruments à archet, l'octave effleurée fait entendre cette même octave.

Ces derniers sons harmoniques sont les moins-sonores et sortent difficilement. Il est bien entendu que cette expression de *sons réels* est relative au diapason propre à la Guitare et non point au diapason général; car absolument parlant, ces *sons réels* sont entendus à l'octave inférieure comme tous les autres sons de cet instrument.

On peut encore produire sur chaque corde des gammes chromatiques et diatoniques en sons harmoniques artificiels. Il s'agit pour cela d'appuyer avec les doigts de la main gauche sur les notes qu'on veut faire entendre à l'octave supérieure, d'effleurer ensuite le *milieu* de la corde avec l'index de la main droite et de pincer derrière l'index avec le pouce de cette même main.

On ne peut, je le répète, sans en jouer écrire pour la Guitare des morceaux à plusieurs parties, chargés de traits et dans lesquels toutes les ressources de l'instrument sont mises en œuvre. Il faut, pour se faire une idée de ce que les virtuoses savent produire en ce genre, étudier les compositions des célèbres guitaristes tels que Zanni de Ferranti, Huerta, Sor, etc.

Depuis l'introduction du Piano dans toutes les maisons où existe la moindre velléité musicale, la Guitare est devenue d'un usage assez rare, partout ailleurs qu'en Espagne et en Italie. Quelques virtuoses l'ont cultivée et la cultivent encore comme un instrument solo, de manière à en tirer des effets délicieux autant qu'originaux. Les compositeurs ne l'emploient guère à l'église, au concert. La faible sonorité dont elle est pourvue, et qui ne permet pas de l'associer à d'autres instruments ni à plusieurs voix douées d'un éclat ordinaire, en est sans doute la cause. Son caractère mélancolique et rêveur pourrait néanmoins être plus souvent mis en évidence; le charme en est réel, et il n'est pas impossible d'écrire de manière à le laisser apercevoir. La Guitare, à l'inverse de la plupart des instruments, perd à être employée collectivement. Le son de douze Guitares jouant à l'unisson est presque ridicule.

LA MANDOLINE.

Est à peu près tombée en désuétude aujourd'hui, et c'est dommage, son timbre, tout grêle et nazillard qu'il est a quelque chose de piquant et d'original dont on pourrait très souvent faire une heureuse application.

Il y a plusieurs espèces de Mandolines; la plus connue a quatre cordes doubles, c'est à dire, quatre fois deux cordes à l'unisson, et accordées en quinte comme le Violon.

On l'écrit sur la clef de Sol.

Les *Mi* sont des cordes à boyau, les *La* sont en acier, les *Ré* en cuivre, et les *Sol* en boyau recouvert d'un fil d'argent. L'étendue de la Mandoline est de près de trois octaves.

C'est un instrument plutôt mélodique qu'harmonique; ses cordes étant mises en vibration par un bec de plume ou d'écorce, que l'exécutant tient de la main gauche, peuvent faire entendre sans doute des accords de quatre notes, tels que ceux-ci:

qu'on obtient en passant rapidement le bec de plume sur les quatre doubles cordes; mais l'effet de ces groupes de notes simultanées est assez mesquin et la Mandoline n'a son vrai caractère et son effet que dans des accompagnements mélodiques de la nature de celui qu'a écrit Mozart au deuxième acte de Don Juan.

La Mandoline est aujourd'hui tellement abandonnée, que, dans les théâtres où l'on monte *Don Juan* on est toujours embarrassé pour exécuter ce morceau de la sérénade. Bien qu'au bout de quelques jours d'étude un Guitariste ou même un Violoniste ordinaire puisse se rendre familier le manche de la mandoline, on a si peu de respect en général pour les intentions des grands maîtres, dès qu'il s'agit de déranger en la moindre chose de vieilles habitudes, qu'on se permet presque partout, et même à l'Opéra (le dernier lieu du monde où l'on devrait prendre une pareille liberté), de jouer la partie de Mandoline de *Don Juan* sur des Violons en pizzicato ou sur des Guitares. Le timbre de ces instruments n'a point la finesse mordante de celui auquel on le substitue, et Mozart savait bien ce qu'il faisait en choisissant la Mandoline pour accompagner l'érotique chanson de son héros.

INSTRUMENT À CORDES
À CLAVIER.

LE PIANO.

Est un instrument à clavier et à cordes métalliques mises en vibration par des marteaux. Son étendue actuelle est de six octaves et une quarte. Il s'écrit sur deux clefs différentes à la fois: la clef de Fa est affectée à la main gauche et la clef de Sol à la main droite. Quelques fois aussi selon le degré de gravité ou d'acuité des passages confiés aux deux mains on écrit sur deux clefs de Fa ou sur deux clefs de Sol.

EXEMPLE.

Le trille est praticable sur tous les degrés de la gamme. On peut plaquer ou arpéger de toutes les manières et de chaque main un accord de quatre et même de cinq notes, en les écrivant toutefois aussi rapprochées que possible.   Exemple :

Des accords plaqués, embrassant un intervalle de dixième sont possibles cependant, mais en supprimant la tierce et même l'octave pour plus de facilité. On les présente alors ainsi.

On peut écrire à quatre et même à cinq parties réelles, pour le piano, en ayant soin de ne pas mettre entre les deux parties extrèmes de chaque main, un espace plus grand que l'octave ou la neuvième tout au plus ; à moins d'employer la grande pédale qui *lève les etouffoirs* et qui, permettant aux sons de se prolonger sans que le doigt de l'exécutant reste sur la touche, laisse la liberté d'écarter alors beaucoup plus les parties.

EXEMPLE SANS EMPLOYER LA PÉDALE.
à 4 Parties.

EXEMPLE EN EMPLOYANT LA GRANDE PÉDALE.

Le signe ✢ indique qu'il faut remettre les étouffoirs en quittant la Pédale; on le place aussi souvent qu'on peut au moment où l'harmonie change, afin d'empêcher que la vibration des notes du dernier accord ne se prolonge pendant l'accord suivant. Eu égard à cette prolongation excessive du son de chaque note, il faut le plus possible, lorsqu'on emploie la grande Pédale, éviter les appogiatures altérées et les notes de passage dans le medium de l'instrument, car ces notes se prolongeant comme les autres et s'introduisant par là dans l'harmonie, à laquelle cependant elles sont étrangères, produisent d'intolérables discordances. Dans l'extrémité supérieure du clavier seulement où les cordes très courtes résonnent moins long temps, ces broderies mélodiques sont praticables.

On fait quelquefois les mains se croiser, soit en obligeant la main droite à passer au dessous de la gauche, soit en faisant la gauche passer au dessus de la droite.

EXEMPLE.

Le nombre des combinaisons de cette nature, entre les diverses parties exécutables sur le Piano, est fort considérable, il serait vraiment impossible de les indiquer toutes ici; c'est en étudiant les compositions des grands virtuoses, celles de Liszt surtout, qu'on pourra se former une idée juste du point où l'art du Piano est parvenu aujourd'hui.

On y verra que les bornes du possible sur cet instrument sont inconnues, et que chaque jour, des prodiges nouveaux accomplis par les exécutants, semblent les reculer.

Comme pour la Harpe, il est mieux dans certains cas, dans les arpèges par exemple, ne pas trop rapprocher les deux mains. Un arpège comme le suivant serait assez incommode:

Il vaut donc incomparablement mieux l'écrire ainsi;

Les gammes diatoniques et chromatiques à deux mains en tierces sont faciles cependant:

EXEMPLE.

Ces mêmes gammes à deux parties, sont praticables par une seule main, quoique difficiles dans un mouvement vif. On peut en outre, dans les tons peu chargés de dièses ou de bémols, écrire pour les deux mains des suites de sixtes-tierces à trois parties.

EXEMPLE.

Le Piano, d'ailleurs, au point de perfectionnement où nos habiles facteurs l'ont porté aujourd'hui, peut être considéré sous un double point de vue: comme instrument d'orchestre ou comme étant lui-même un petit orchestre complet. On n'a qu'une seule fois encore jugé à propos de l'employer dans l'orchestre au même titre que les autres instruments, c'est à dire pour apporter à l'ensemble les ressources qui lui sont propres, et que rien ne pourrait remplacer. Certains passages des concertos de Beethoven auraient dû cependant attirer de ce côté l'attention des compositeurs. Sans doute ils ont tous admiré le merveilleux effet produit, dans son grand Concerto en *Mi* bémol, par les batteries lentes des deux mains du Piano en octaves à l'aigu, pendant le chant de la Flûte, de la Clarinette et du Basson, et sur les *contretemps* des instruments à cordes. Ainsi entourée, la sonorité du Piano est on ne peut plus séduisante; c'est plein de calme et de fraîcheur; c'est le type de la grâce.

Le parti qu'on en a tiré, dans le cas unique dont je parlais tout à l'heure, est tout différent. L'auteur, dans un chœur d'esprits aériens, a employé deux Pianos à quatre mains pour accompagner les voix. Les mains inférieures exécutent, de *bas en haut*, un arpège rapide en triolets, auquel répond, sur la seconde moitié de la mesure, un autre arpège à trois parties exécuté de *haut en bas* par une petite Flûte, une grande Flûte et une Clarinette, sur lequel frémit un double trille en octaves des deux mains supérieures du Piano. Aucun autre instrument connu ne produirait cette sorte de grésillement harmonieux que le Piano peut rendre sans difficulté et que l'intention sylphidique du morceau rendait là convenable.

Dès que le Piano veut, au contraire, sortir des effets doux et lutter de force avec l'orchestre, il disparait complètement. Il faut qu'il accompagne ou qu'il soit accompagné; à moins d'en venir, comme pour les Harpes, à l'employer par masses. Cela ne serait pas à dédaigner, j'en suis persuadé; mais on aurait toujours, eu égard à la place énorme qu'ils occuperaient, beaucoup de peine à réunir une douzaine de grands pianos à un orchestre un peu nombreux.

Considéré comme un petit orchestre indépendant le Piano doit avoir son instrumentation propre. Il l'a évidemment, et cet art fait partie de celui du pianiste. C'est au pianiste, dans beaucoup d'occasions, à juger s'il doit rendre saillantes certaines parties, pendant que les autres demeurent dans la pénombre; s'il faut jouer fort un dessin intermédiaire, en donnant de la légèreté aux broderies supérieures et moins de force aux basses; c'est lui qui est juge de l'opportunité des changements de doigts ou de la convenance qu'il peut y avoir à ne se servir, pour telle ou telle mélodie, que du pouce; il sait, en écrivant pour son instrument, quand il faut serrer ou écarter l'harmonie, les divers degrés d'écartement que peuvent avoir les notes d'un arpège et la différence de sonorité qui en résulte. Il doit savoir surtout n'employer qu'à propos les Pédales. A ce sujet, nous devons dire que les principaux compositeurs qui ont écrit pour le piano n'ont jamais manqué de marquer avec autant de soin que d'à propos les endroits où la grande pédale doit être prise et quittée. C'est donc bien à tort que beaucoup de virtuoses, et des plus habiles, s'obstinent à ne point observer ces indications, et à garder presque partout les étouffoirs levés, oubliant complètement que dans ce cas des harmonies dissemblables doivent nécessairement se prolonger les unes sur les autres de la façon la plus discordante. Ceci est le déplorable abus d'une chose excellente; c'est le bruit, c'est la confusion substitués à la sonorité. C'est d'ailleurs la conséquence naturelle de cette insupportable tendance des virtuoses, grands et petits, chanteurs ou instrumentistes, à mettre toujours en première ligne ce qu'ils croient être l'intérêt de leur personnalité. Ils tiennent peu de compte du respect inaltérable que tout exécutant doit à tout compositeur, et de l'engagement tacite, mais réel, que le premier prend envers l'auditeur, de lui transmettre intacte la pensée du second; soit qu'il honore un auteur médiocre en lui servant d'interprète, soit qu'il ait l'honneur de rendre la pensée immortelle d'un homme de génie. Et, dans l'un et l'autre cas, l'exécutant qui se permet ainsi, obéissant à son caprice du moment, d'aller à l'encontre des intentions du compositeur, devrait bien penser que l'auteur de l'œuvre telle qu'elle qu'il exécute, a probablement mis cent fois plus d'attention à déterminer la place et la durée de certains effets, à indiquer tel ou tel mouvement, à dessiner comme il l'a fait sa mélodie et son rhythme, et à choisir ses accords et ses instrumens, qu'il n'en met lui, l'exécutant, à faire le contraire. On ne saurait trop se récrier, en toute occasion, contre cette insensée prérogative que s'arrogent trop souvent les instrumentistes, les chanteurs et les chefs d'orchestre. Une telle manie n'est pas seulement ridicule, elle doit, si l'on n'y prend garde, amener dans l'art d'inqualifiables désordres et les résultats les plus désastreux. C'est aux compositeurs et aux critiques à s'entendre pour ne jamais la tolérer.

Une Pédale qu'on emploie beaucoup moins que celle qui lève les étouffoirs, et dont Beethoven et quelques autres ont tiré un parti délicieux cependant, c'est la Pédale unicorde. Elle est non seulement d'un excellent effet, mise en opposition avec le son ordinaire du Piano et la sonorité pompeuse que produit la grande Pédale, mais d'une utilité incontestable pour accompagner le chant, dans le cas où la voix du chanteur est faible ou dans celui, plus fréquent encore, d'un caractère de douceur et d'intimité à donner à toute l'exécution. On l'indique par ces mots: Pédale unicorde; ou en Italien: una corda. Son action consiste à empêcher les marteaux d'atteindre deux des trois cordes tendues à l'unisson pour chaque note et que possèdent aujourd'hui tous les bons instruments. Il n'y a plus alors que la troisième corde qui vibre, et il en résulte, pour le son, un affaiblissement des deux tiers et une différence de caractère fort remarquable.

INSTRUMENTS À VENT.

Avant d'étudier individuellement les membres de cette grande famille, fixons d'une manière aussi claire que possible le vocabulaire musical, au sujet des divers degrés d'acuité ou de gravité de certains instruments, des transpositions que ces différences amènent, de la manière de les écrire établie par l'usage, et des dénominations qu'on leur a appliquées.

Établissons d'abord une ligne de démarcation entre les instruments dont le son se produit tel qu'il est indiqué par les signes musicaux et ceux dont le son sort *au dessus* ou *au dessous* de la note écrite. Il résultera de ce classement les deux catégories suivantes.

INSTRUMENTS NON TRANSPOSITEURS.	INSTRUMENTS TRANSPOSITEURS.
DONT LE SON SORT TEL QU'IL EST ÉCRIT.	DONT LE SON EST DIFFÉRENT DE LA NOTE ÉCRITE.
Le Violon	
L'alto	
La viole d'amour	
Le Violoncelle	
La Flûte ordinaire	La Contre-Basse.
Le Hautbois	Toutes les Flûtes autres que la flûte ordinaire.
La Clarinette en ut	Le Cor anglais.
Le Basson	Toutes les Clarinettes autres que la Clarinette *en ut*.
Le Basson Russe	Le Basson quinte.
Le Cor *en ut aigu*	Le Contre-Basson.
Le Cornet à Pistons *en ut*	Tous les Cors autres que le Cor *en ut aigu*.
La Trompette *en ut*	Tous les Cornets à Pistons autres que le Cornet *en ut*.
Le Trombone Alto ⎫	Toutes les Trompettes autres que la Trompette *en ut*.
Le Trombone Ténor ⎬	Les Trombones altos à Pistons.
Le Trombone Basse ⎭	
L'ophicléide *en ut*	Tous les Ophicléides autres que l'Ophicléide *en ut*.
Les Bombardons	Le Serpent.
Le Bass-Tuba.	
La Harpe.	La Guitare.
Le Piano.	
L'Orgue.	
Les Voix (Quand on les écrit sur leurs Clefs respectives et non pas toutes indifféremment sur la clef de Sol.)	Les Ténors et les Basses (Quand on les écrit sur la clef de Sol, leurs sons sortant alors à l'octave au dessous de la note écrite.)
Les Timbales	
Les Cloches	
Les Cymbales antiques	
Les Jeux de Timbres	
Le Glockenspiel	Le clavier à barres d'acier.
L'Harmonica à Clavier.	

On voit par ce tableau que si tous les instruments non transpositeurs appelés *en Ut*, font entendre leurs sons tels qu'on les écrit, ceux, comme le Violon, le Hautbois, la Flûte & qui ne portent point de désignation de ton, sont absolument dans le même cas: Ils sont donc pour le compositeur semblables sur ce point aux instruments *en Ut*. Or la dénomination de quelques instruments à vent, basée sur la résonnance naturelle de leur tube a amené les plus singulières et les plus absurdes conséquences; elle a fait de l'art d'écrire les instruments transpositeurs une tâche fort compliquée, et rendu parfaitement illogique le vocabulaire musical. C'est donc ici le lieu de revenir sur cet usage et de remettre de l'ordre là où nous en trouvons si peu.

Les exécutans disent quelquefois: en parlant du Trombone ténor: le Trombone *en Si* b, en parlant du Trombone alto: le Trombone *en Mi* b, et plus souvent encore, en parlant de la Flûte ordinaire: la Flûte *en Ré*.

Ces désignations sont justes en ce sens que le tube de ces deux trombones avec la coulisse fermée, fait entendre en effet pour l'un, les notes de l'accord de *Si* b, pour l'autre, celles de l'accord de *Mi* b; la flûte ordinaire avec ses trous bouchés et toutes ses clefs fermées, donne également la note *Ré*. Mais comme les exécutants, n'ont aucun égard à cette résonnance du tube, comme ils produisent réellement les notes écrites, comme l'*Ut* d'un trombone ténor est un *Ut* et non un *Si* b, comme celui du trombone alto est encore un *Ut* et non un *Mi* b, comme celui de la Flûte est également un *Ut* et non un *Ré*, il s'ensuit évidemment que ces instruments ne sont pas, ou ne sont plus dans la catégorie des instruments *transpositeurs*, qu'ils appartiennent en conséquence à celle des *non transpositeurs*, et qu'ils sont censés *en Ut*, comme les Hautbois, comme les Clarinettes, les Cors, Cornets et Trompettes en *Ut*, et qu'il ne faut leur appliquer aucune désignation de ton, ou leur donner celle d'*Ut*. Ceci établi, on concevra de quelle importance il était de ne pas appeler la flûte ordinaire, flûte en *Ré*; les autres flûtes, plus aigues que celle ci, ayant été désignées d'après la différence existant entre leur diapason et celui de la flûte ordinaire, on en est venu, au lieu de dire simplement; Flûte tierce, Flûte neuvième, ce qui au moins n'eût point mis de confusion dans les termes, à appeler ces instruments, Flûte en *Fa*, Flûte en *Mi* b. Et voyez où cela conduit! dans une partition, la petite Clarinette en *Mi* b, dont l'*Ut* fait bien réellement *Mi* b, peut exécuter la même partie qu'une flûte tierce que vous appelez en *Fa*, et ces deux instruments, portant des noms de tons divers, sont cependant à l'unisson. La dénomination de l'un ou de l'autre n'est-elle pas fausse? et n'est-il pas absurde d'adopter uniquement *pour les flûtes* un mode d'apellation et de désignation de tons, différents de celui en usage pour *tous les autres instruments?*

De là le principe que je propose et qui rend impossible toute fausse interprétation: Le ton d'*Ut* est le point de comparaison qu'on doit prendre pour spécifier les tons des instruments transpositeurs. La résonnance naturelle du tube des instruments à vent non transpositeurs ne peut jamais être prise en considération.

Tout instrument non transpositeur ou ne transposant qu'à l'octave, dont par conséquent l'*Ut* écrit donne *Ut*, est considéré comme étant en *Ut*.

Par suite, si un instrument de la même espèce est accordé au dessus ou au dessous du diapason de l'instrument type, cette différence sera désignée d'après le rapport qui existe entre elle et le ton d'*Ut*. En conséquence le Violon, la Flûte, le Hautbois, qui jouent à l'unisson de la Clarinette en *Ut*, de la trompette en *Ut*, du cor en *Ut*, sont en *Ut* et si l'on emploie un violon, une flûte, un hautbois, accordés plus haut d'un ton que les instruments ordinaires de ce nom, ce Violon, cette Flûte, ce Hautbois, jouant alors à l'unisson des Clarinettes en *Ré* et des Trompettes en *Ré*, sont en *Ré*.

D'où je conclus qu'il faut, pour les flûtes, abolir l'ancienne manière de les désigner, ne plus appeler Flûte en *Fa* la Flûte tierce, mais bien flûte en *Mi* b, puisque son *Ut* fait *Mi* b, ni flûtes en *Mi* b, les flûtes neuvième et seconde mineure, mais bien grande ou petite flûte en *Ré* b, puisque leur *Ut* fait *Ré* b; et ainsi de suite pour les autres tons.

INSTRUMENTS À ANCHE.

Il faut distinguer la famille des instruments à anche double de celle des instruments à anche simple. La première se compose de cinq membres: Le hautbois, le Cor anglais, le Basson, le Basson quinte et le contre-Basson.

LE HAUTBOIS

Il a pour étendue deux octaves et une sixte. On l'écrit sur la clef de sol.

Les deux dernières notes aiguës doivent être employées avec beaucoup de réserve; le Fa surtout n'est pas sans danger, quand il se présente brusquement. Quelques hautbois possèdent le *Si* ♭ grave mais cette note n'étant pas généralement acquise à l'instrument, il vaut mieux l'éviter. Le système de Boëhm fera disparaître les difficultés de doigté qu'offre encore le hautbois dans l'état où il est aujourd'hui, et qu'on rencontre aux passages rapides de l'*Ut* ♯ du médium à la note supérieure,

Les trilles formés de ces divers intervalles et de quelques autres encore sont donc impossibles ou fort difficiles et d'un mauvais effet, comme on va le voir par le tableau suivant.

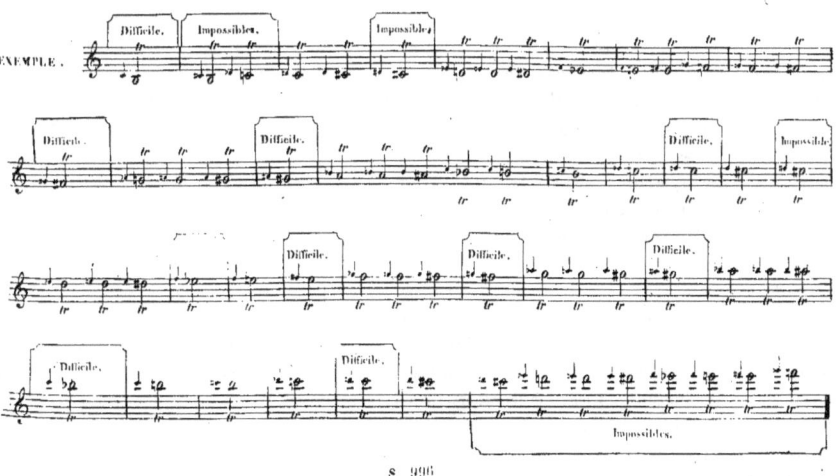

Les hautbois sont, comme tous les autres instruments, beaucoup plus à leur aise dans les tons peu chargés de dièzes ou de bémols. Il ne faut guère les faire chanter hors de cette étendue:

Les sons qui l'excèdent au grave et à l'aigu étant flasques ou grêles, durs ou criards, et tous d'une assez mauvaise qualité. Les traits rapides, chromatiques ou diatoniques, peuvent s'exécuter assez bien sur le hautbois, mais ils ne produisent qu'un effet disgracieux et presque ridicule; les arpèges sont dans le même cas.

L'opportunité de pareilles successions ne peut être qu'excessivement rare, nous avouons même ne l'avoir pas encore rencontrée. Ce que tentent en ce genre les virtuoses, dans leurs fantaisies ou airs variés, est peu propre à prouver le contraire. Le hautbois est avant tout un *instrument mélodique*; il a un caractère agreste, plein de tendresse, je dirai même de timidité.

On l'écrit cependant toujours, dans les tutti, sans tenir compte de l'expression de son timbre, parce qu'il se perd alors dans l'ensemble et que la spécialité de cette expression ne peut plus être distinguée. Il en est de même, disons le tout de suite, de la plupart des autres instruments à vent. Il ne doit y avoir d'exception que pour ceux dont la sonorité est excessive ou le timbre trop remarquable par son originalité. Il est réellement impossible, sans fouler aux pieds l'art et le bon sens, d'employer ceux là comme de simples instruments d'harmonie. Tels sont les trombones, les ophicléides, les contre-bassons, et, dans beaucoup de cas, les trompettes et les cornets. La candeur, la grâce naïve, la douce joie, ou la douleur d'un être faible, conviennent aux accents du hautbois: Il les exprime à merveille dans le cantabile.

Un certain degré d'agitation lui est encore accessible, mais il faut se garder de le pousser jusqu'aux cris de la passion, jusqu'à l'élan rapide de la colère, de la menace ou de l'héroïsme, car sa petite voix aigre-douce devient alors impuissante et d'un grotesque parfait. Quelques grands maîtres, Mozart entre autres, n'ont pas évité ce défaut. On trouve dans leurs partitions des passages dont l'intention passionnée et l'accent martial contrastent étrangement avec le son des hautbois qui les exécutent; et de là résultent, non seulement des effets manqués, mais des disparates choquantes entre la scène et l'orchestre, entre la mélodie et l'instrumentation. Le thème de marche le plus franc, le plus beau, le plus noble, perd sa noblesse, sa franchise et sa beauté, si les hautbois le font entendre; il en peut conserver encore un peu si on le donne aux flûtes, il n'en perdra presque pas à être exposé par les clarinettes. Dans le cas où, pour donner plus de corps à l'harmonie et plus de force au groupe d'instruments à vent mis en action, on aurait absolument besoin des hautbois dans un morceau de la nature de ceux que je viens de désigner, au moins faudrait il les écrire alors de manière à ce que leur timbre, antipathique avec un pareil style, fût complètement couvert par celui des autres instruments et se fondît dans la masse de manière à ne pouvoir plus y être remarqué. Les sons graves du hautbois, disgracieux lorsqu'ils sont à découvert, peuvent convenir dans certaines harmonies étranges et lamentables, unis aux notes graves des clarinettes, et au *Ré*, *Mi*, *Fa* et *Sol* bas des flûtes et des cors anglais.

Gluck et Beethoven ont merveilleusement compris l'emploi de cet instrument précieux; c'est à lui qu'ils doivent l'un et l'autre les émotions profondes produites par plusieurs de leurs plus belles pages. Je n'ai besoin de citer, pour Gluck, que le solo de hautbois de l'air d'Agamemnon dans *Iphigénie en aulide*:«Peuvent ils ordonner qu'un père»Ces plaintes d'une voix innocente, ces supplications incessantes et toujours plus vives, pouvaient-elles convenir à aucun autre instrument autant qu'au hautbois?...Et la fameuse ritournelle de l'air d'*Iphigénie en Tauride*:«O malheureuse Iphigénie!» Et ce cri enfantin de l'orchestre, lorsqu' Alceste saisie, au milieu de l'enthousiasme de son héroïque dévouement, par le souvenir soudain de ses jeunes fils, interrompt brusquement la phrase du thème: «Eh pourrai je vivre sans toi?» Pour répondre à ce touchant appel instrumental par la déchirante exclamation«O mes enfants!» Et la dissonance de seconde mineure placée dans l'air d'Armide, sous le vers: » Sauvez moi de l'amour...Tout cela est sublime, non seulement par la pensée dramatique, par la profondeur de l'expression, par la grandeur et la beauté de la mélodie, mais aussi par l'instrumentation et par le choix admirable que l'auteur a fait des hautbois, par mi la foule des autres instruments, insuffisants ou inhabiles à produire des impressions pareilles.

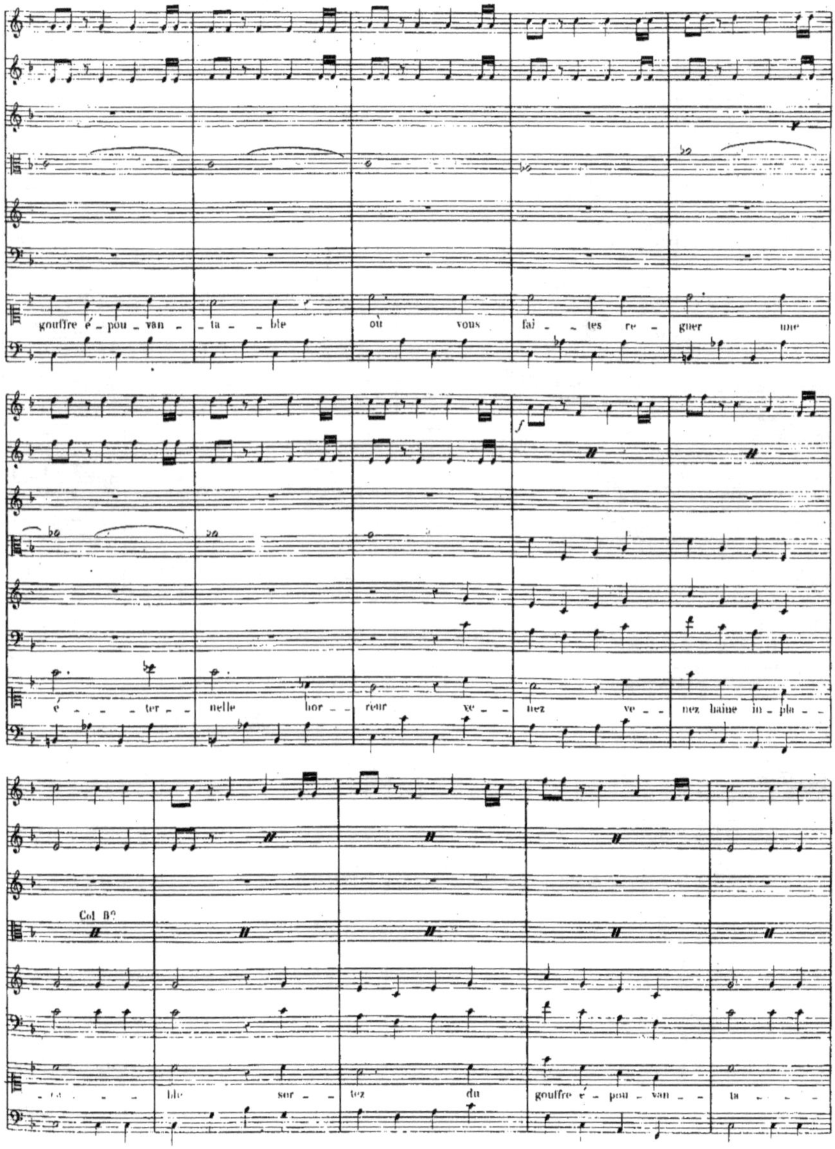
gouffre é _ pou _ van _ _ ta _ _ ble où vous fai _ tes re _ gner une
é _ _ _ ter _ _ nelle hor _ _ reur ve _ _ nez ve _ _ nez haine im _ pla _ _
_ ca _ _ _ ble sor _ _ tez du gouffre é _ pou _ van _ _ ta _ _ _
Col B°.
f

Beethoven a demandé davantage à l'accent joyeux des hautbois; témoin le solo du scherzo de la symphonie pastorale, celui du scherzo de la symphonie avec chœurs, celui du premier morceau de la symphonie en *Si* bémol etc.; mais il n'a pas moins bien réussi en leur confiant des phrases tristes ou désolées. On le voit dans le solo mineur de la seconde reprise du 1.er morceau de la symphonie en *La*, dans l'andante épisodique du finale de la symphonie héroïque, et surtout dans l'air de Fidelio, où Florestan, mourant de faim, se croit, dans sa délirante agonie, entouré de sa famille en larmes, et mêle ses cris d'angoisse aux gémissements entrecoupés du hautbois.

N.º 26.   FIDELIO. (BEETHOVEN)

122

LE COR ANGLAIS.

Cet instrument est pour ainsi dire l'alto du hautbois, dont il possède toute l'étendue; on l'écrit sur la clef de sol comme un hautbois en fa grave, et conséquemment une quinte au dessus du son réel.

Plusieurs cors anglais possèdent aussi le *Si* ♭ grave.

Si l'orchestre joue en *Ut* le cor anglais doit donc être écrit en *Sol* s'il joue en *Ré* le cor anglais sera écrit en *La*.

Ce que nous venons de dire pour les difficultés du doigté du hautbois dans certaines rencontres de notes dièzées ou bémolisées, est applicable au cor anglais; pour lui les successions rapides sont d'un plus mauvais effet encore; son timbre moins perçant, plus voilé et plus grave que celui du hautbois, ne se prête pas comme lui à la gaîté des refrains rustiques. Il ne pourrait non plus faire entendre des plaintes déchirantes; les accents de la douleur vive lui sont à peu près interdits. C'est une voix mélancolique, rêveuse, assez noble, dont la sonorité a quelque chose d'effacé, de *Lointain*, qui la rend supérieure à toute autre, quand il s'agit d'émouvoir en faisant renaître les images et les sentiments du passé, quand le compositeur veut faire vibrer la corde secrète des tendres souvenirs. M. Halévy a employé avec un bonheur extrême deux cors anglais dans la ritournelle de l'air d'Eléazar, au 4.ème acte de la Juive.

124

Dans l'Adagio d'une de mes Symphonies, le Cor anglais, après avoir répété à l'octave Basse les phrases d'un haut_bois, comme ferait dans un dialogue pastoral la voix d'un adolescent répondant a celle d'une jeune fille, en redit les fragments (à la fin du 'morceau) avec un sourd accompagnement de quatre timbales, pendant le silence de tout le res_te de l'orchestre. Les sentiments d'abscence, d'oubli, d'isolement douloureux qui naissent dans l'ame de certains audi_teurs à l'évocation de cette mélodie abandonnée, n'auraient pas le quart de leur force si elle était chantée par un au_tre instrument que le cor Anglais.

Le mélange des sons graves du Cor Anglais avec des notes basses des Clarinettes et des Cors pendant un tremolo de Contre-Basses, donne une sonorité spéciale autant que nouvelle, propre à colorer de ses reflets menaçants les idées musicales où dominent la crainte, l'anxiété. Cet effet ne fut connu ni de Mozart, ni de Weber ni de Beethoven. On en trouve un magnifique exemple dans le Duo du 4.me Acte des HUGUENOTS, et je crois que M. Meyerbeer est le premier qui l'ait fait entendre au théâtre.

Dans les compositions dont la couleur générale doit être empreinte de mélancolie, l'usage fréquent du Cor Anglais, caché dans le centre de la masse instrumentale, convient parfaitement. On peut alors n'écrire qu'une partie de Hautbois et remplacer la seconde par celle du Cor Anglais. Gluck a employé cet instrument dans ses opéras Italiens TELEMACO, et ORFEO, mais sans intention saillante et sans en tirer grand parti; il ne l'écrivit jamais dans ses partitions Françaises. Ni Mozart, ni Beethoven, ni Weber ne s'en sont servis; je n'en connais pas la raison.

128

LE BASSON.

Est la basse du hautbois; il a plus de trois octaves d'étendue; on l'écrit ainsi, sur deux clefs:

mais il est plus que prudent de ne pas le faire s'élever au dessus du dernier Si♭. Les clefs dont il est aujourd'hui pour-

vu lui permettent de faire les deux notes graves qui lui étaient autrefois interdites. Son doigté est le

même que celui de la flûte.

Il y a beaucoup de Trilles impossibles aux deux extrémités de l'échelle du Basson.

Tous les autres au-dessus du Fa ♯ sont mauvais ou impossibles.

Cet instrument laisse beaucoup à désirer sous le rapport de la justesse, et gagnera peut-être plus que tout autre des instruments à vent, à être construit d'après le système de Bœhm.
Le basson est à l'orchestre d'une grande utilité dans une foule d'occasions. Sa sonorité n'est pas très forte, et son timbre, absolument dépourvu d'éclat et de noblesse, a une propension au grotesque, dont il faut toujours tenir compte quand on le met en évidence. Ses notes graves donnent d'excellentes basses au groupe entier des instruments à vent de bois. On écrit ordinairement les bassons à deux parties; mais les grands orchestres étant toujours pourvus de quatre bassons, on peut alors écrire sans inconvénient à quatre parties réelles, et, mieux encore, à trois; la partie grave étant redoublée à l'octave inférieure, pour donner plus de force à la basse. Le caractère de leurs notes hautes à quelque chose de pénible, de souffrant, je dirai même de misérable, qu'on peut placer quelquefois soit dans une mélodie lente, soit dans un dessin d'accompagnement, avec le plus surprenant effet. Ainsi les petits gloussements étranges qu'on entend dans le scherzo de la symphonie en UT mineur de Beethoven, vers la fin du decrescendo, sont produits uniquement par le son un peu forcé du LA bémol et du sol, hauts des bassons à l'unisson.

130

Quand M! Meyerbeer, dans sa résurrection des Nones, a voulu trouver une sonorité pâle, froide, cadavéreuse, c'est, au contraire, des notes flasques du medium qu'il l'a obtenue.

N.° 51.

ROBERT LE DIABLE. (MEYERBEER)

Les traits rapides en notes liées peuvent être employés avec succès; ils sortent bien quand ils ne sont écrits que dans les tons favoris de l'instrument, tels que *Ré, Sol, Ut, Fa, Si* ♭, *Mi* ♭, *La*, et leurs relatifs mineurs. Les traits suivants produisent un excellent effet dans la scène des Baigneuses au 2.° acte des Huguenots.

N° 32

LES HUGUENOTS.
(MEYERBEER)

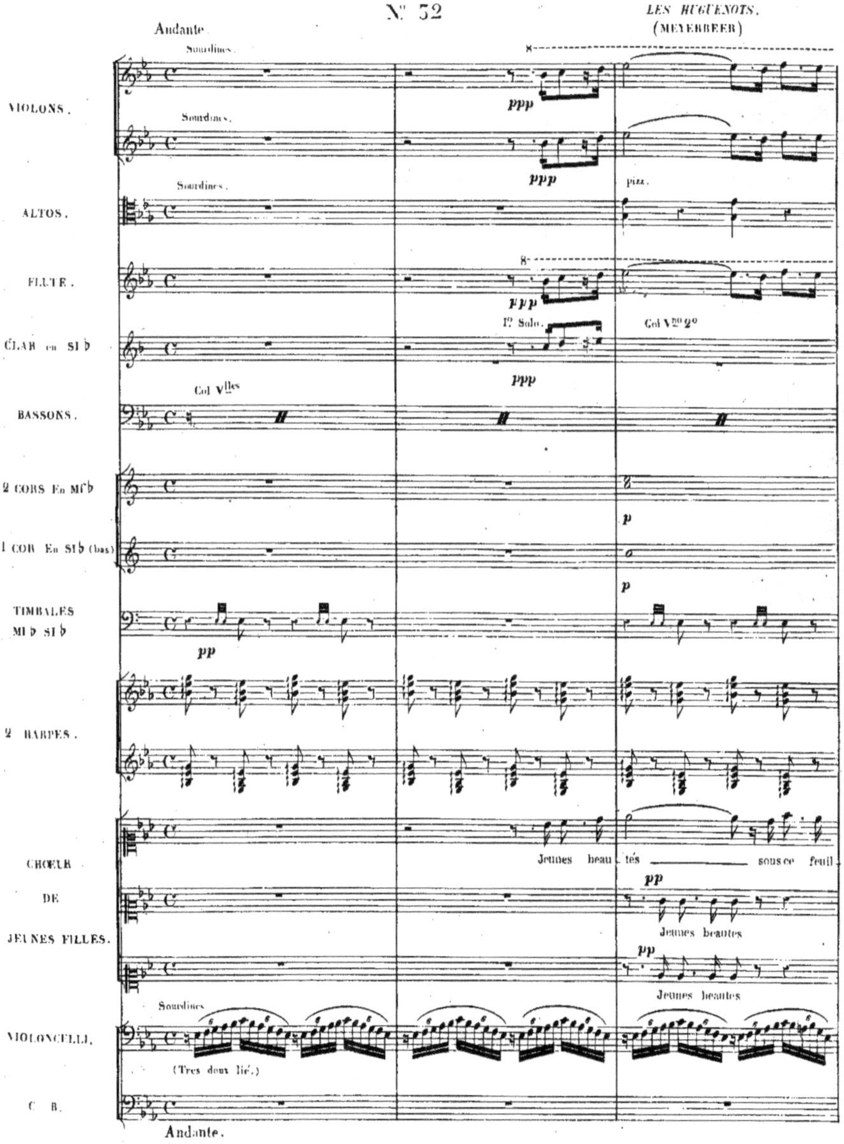

LE BASSON QUINTE.

Diminutif du précédent et dont le diapason est d'une quinte plus élevée, possède à peu près la même étendue et s'écrit comme lui sur deux clés, mais en transposant.

EXEMPLE.

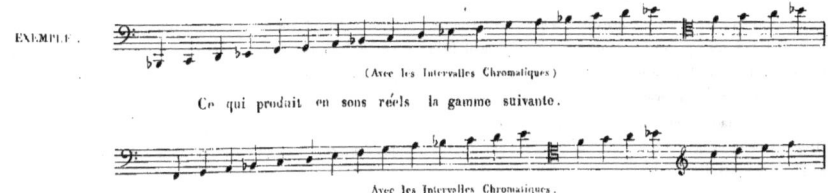

(Avec les Intervalles Chromatiques.)

Ce qui produit en sons réels la gamme suivante.

Avec les Intervalles Chromatiques.

Le Basson quinte est pour le Basson *à l'aigu* ce que le Cor anglais est pour le Hautbois *au grave*. Le Cor anglais doit être écrit à la quinte au dessus du son réel et le Basson-quinte à la quinte au dessous; le Basson-quinte jouera donc en *Fa* quand les Bassons jouent en *Ut*, en *Sol* quand ils sont en *Ré* etc. Cet instrument n'existe pas dans la plupart des orchestres, où le Cor anglais le remplace avantageusement pour ses deux octaves supérieures. Son timbre a moins de sensibilité, mais plus de force que celui du Cor anglais, et serait d'un effet excellent dans la musique militaire. Il est très fâcheux et très nuisible aux orchestres d'instruments à vent, dont les masses de Bassons grands et petits adouciraient l'âpre sonorité, qu'on soit arrivé à les en exclure presque entièrement.

LE CONTRE-BASSON.

Il est au Basson comme la contre-Basse est au Violoncelle. C'est-à-dire que le son en est plus grave d'une octave que la note écrite. On ne lui donne guère que cette étendue :

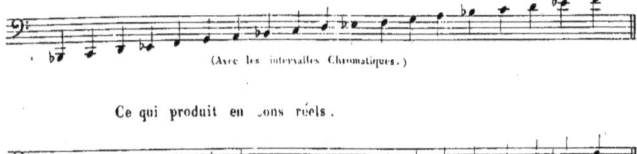

(Avec les intervalles Chromatiques.)

Ce qui produit en sons réels.

8ᵃ bassa - - - - - loco.

Les deux premières notes de cette gamme sortent difficilement et sont très peu appréciables en raison de leur extrême gravité.

Il est inutile d'ajouter que cet instrument, d'une lourdeur extrême, ne convient qu'aux grands effets d'harmonie et aux Basses d'un mouvement modéré. Beethoven l'a employé dans le final de sa symphonie en *Ut mineur* et dans celui de sa symphonie avec chœurs. Il est très précieux pour les grands orchestres d'instruments à vent; peu d'artistes se décident à en jouer cependant. On essaye quelquefois de le remplacer par l'Ophicléide, dont le son n'a pas la même gravité, puisqu'il est à l'unisson du Basson ordinaire et non à l'octave Basse, et dont le timbre d'ailleurs, n'a aucun rapport de caractère avec celui du contre-Basson. Je crois donc que, dans le plus grand nombre de cas, il vaut mieux se passer de cet instrument que de le remplacer ainsi.

LES CLARINETTES.

Les instruments à ***anche simple*** tels que les Clarinettes et le Cor de basset, constituent une famille dont la parenté avec celle du Hautbois n'est pas aussi rapprochée qu'on pourrait le croire. Ce qui l'en distingue surtout c'est la nature du son. Les Clarinettes, en effet, ont dans le ***medium*** une voix plus limpide, plus pleine, plus pure que celle des instruments à ***anche double*** dont le son n'est jamais exempt d'une certaine aigreur ou âpreté, plus ou moins dissimulées par le talent des exécutants. Les sons aigus de la dernière octave, à partir de *l'Ut* au dessus des portées, participent seuls un peu de l'aigreur des sons forts du Hautbois, pendant que le caractère des sons les plus graves se rapproche, par la rudesse des vibrations, de celui de certaines notes du Basson.

La Clarinette s'écrit sur la clé de Sol, son étendue est de trois octaves et demie, et plus:

On compte quatre régistres sur la Clarinette: le grave, le chalumeau, le médium, et l'aigu.

Le troisième occupe les degrés suivants:

Et le quatrième se trouve dans le reste de la gamme jusqu'au contre-Ré:

Un nombre considérable d'enchainements diatoniques, d'arpèges et de trilles étaient impraticables autrefois qui ne le sont plus aujourd'hui, grâce aux ingénieux mécanisme de clés ajoutés à l'instrument et qui deviendront même faciles quand le système de Sax aura été adopté par tous les facteurs. Il est prudent toutefois, ces perfectionnements n'étant pas encore généralement répandus, de ne pas écrire des passages tels que les suivants: à moins que le mouvement ne soit très lent.

Le nombre des Trilles majeurs et mineurs praticables sur la Clarinette est considérable; ceux qu'on ne peut faire avec sureté sont désignés dans la gamme ci jointe:

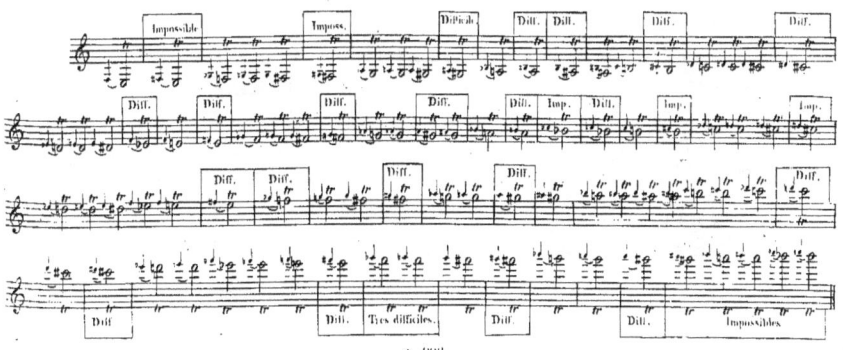

Les tons favoris de la Clarinette sont les tons *d'Ut, Fa, Sol* principalement, ensuite ceux de *Si* ♭, *Mi* ♭, *La* ♭, *Ré* ♮ majeurs, et leurs relatifs mineurs. Comme on possède des Clarinettes en différents tons on peut toujours éviter en les employant à propos, de faire jouer l'exécutant dans les tonalités chargées de dièzes et de bémols, comme *La* ♮, *Mi* ♮, *Si* ♮, *Ré* ♭, *Sol* ♭ majeurs et leurs relatifs mineurs.

Il y en a quatre d'un usage général aujourd'hui:

La *petite Clarinette en Mi* ♭ à laquelle il convient de ne donner que l'étendue de trois octaves et deux notes: EXEMPLE:

elle est à la tierce mineure au dessus de la Clarinette en Ut, et s'écrit en transposant: Ainsi pour faire entendre le passage suivant:

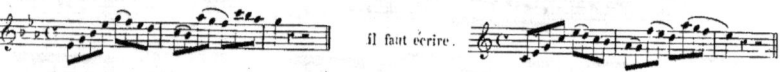

il faut écrire.

La *Clarinette en Ut* les *Clarinettes en Si* ♭ et en *La*. Ces deux dernières ont une étendue égale à celle de la Clarinette en Ut Etant l'une d'un ton et l'autre d'une tierce mineure plus graves que celle-ci, elles doivent s'écrire en conséquence un ton et une tierce mineure au dessus du son réel.

La clarinette en Ré est peu répandue, elle devrait l'être davantage; son timbre est pur, tout en ayant un mordant remarquable, et l'on peut en mainte occasion en tirer un excellent parti.

Ces expressions *Bon*, *Mauvais*, *Passable* ne s'appliquent point ici à la difficulté d'exécution des phrases même qui servent d'exemples, mais seulement à celle du ton dans lequel elles sont écrites. En outre il faut dire que les tons assez difficiles, comme *La* ♮ majeur et *Mi* ♮ majeur, ne sont pas à éviter absolument, pour des phrases simples et d'un mouvement lent.

On voit qu'indépendamment du caractère particulier de leur timbre, dont nous allons parler, ces différentes Clarinettes sont fort utiles pour la facilité de l'exécution. On doit regretter qu'il n'y en ait pas d'autres encore. Par exemple, les tons de *Si* ♮, de *Ré*, qu'on trouve rarement, pourraient dans une foule d'occasions offrir de grandes ressources aux compositeurs.

La petite Clarinette en *Fa* haut, qu'on employait beaucoup autrefois dans les musiques militaires, a été à peu près abandonnée pour celle en *Mi* bémol qu'on trouve, avec raison, moins criarde et suffisante pour les tonalités employées ordinairement dans les morceaux d'instruments à vent. Les Clarinettes ont d'autant moins de pureté, de douceur et de distinction que leur ton s'éloigne davantage, en dessus du ton de *Si* bémol, qui est l'un des plus beaux de cet instrument. La Clarinette en *Ut* est plus dure que celle en *Si* bémol, sa voix a beaucoup moins de charme. La petite Clarinette en *Mi* bémol a des sons perçants qu'il est très aisé de rendre ignobles, à partir du *La* au-dessus des portées. Aussi l'a-t-on employée, dans une symphonie moderne, pour parodier, dégrader, encanailler (qu'on me passe le mot) une mélodie; le sens dramatique de l'œuvre exigeant cette étrange transformation. La petite Clarinette en *Fa* a une tendance encore plus prononcée dans le même sens. Au fur et à mesure que l'instrument devient plus grave, au contraire, il produit des sons plus voilés, plus mélancoliques.

En général les exécutants ne doivent se servir que des instruments indiqués par l'auteur. Chacun de ces instruments ayant un caractère particulier, il est au moins probable que le compositeur a choisi l'un plutôt que l'autre, par préférence pour tel ou tel timbre, et non par caprice. S'obstiner, comme le font certains virtuoses, à tout jouer (en transposant) sur la Clarinette en *Si* bémol, est donc, à de rares exceptions près, une infidélité d'exécution. Et cette infidélité deviendra bien plus manifeste et plus coupable s'il s'agit par exemple, de la Clarinette en *La*. Il se peut, en effet, que le compositeur ne l'ait écrite que pour avoir son *Mi* grave, qui donne l'*Ut* dièze.

EXEMPLE. { Clarinette En LA.   Son réel.

Comment fera alors le joueur de Clarinette en *Si* ♭ dont le *Mi* grave ne donne que le *Ré*

EXEMPLE. { Clarinette En SI ♭.   Son réel.

Il transposera donc la note à l'octave! et détruira ainsi l'effet voulu par l'auteur!... c'est intolérable.

Nous avons dit que la Clarinette avait quatre registres; chacun de ces registres a aussi un timbre distinct: celui du registre aigu a quelque chose de déchirant qu'on ne doit employer que dans les fortissimo de l'orchestre (quelques notes très hautes peuvent cependant être soutenues *Piano* quand l'attaque du son a été préparée convenablement.) ou dans les traits hardis d'un solo brillant; ceux du *médium* et du *chalumeau* qui conviennent aux mélodies, aux arpèges et aux traits; et celui du *grave*, propre, surtout dans les tenues, à ces effets *froidement menaçants*, à ces noirs accents de *rage immobile* dont Weber fut l'ingénieux inventeur. Quand on veut employer d'une façon saillante les cris perçants des notes sur-aiguës, et si l'on redoute pour l'exécutant la brusque attaque de la note dangereuse, il faut cacher cette entrée de la Clarinette sous un accord fort de toute la masse de l'orchestre, qui s'interrompant dès que le son a eu le temps de se bien poser et de s'épurer, la laisse alors sans danger à découvert.

138

Les occasions de placer à propos ces tenues sur-aiguës sont assez rares.

Le caractère des sons du *médium* empreint d'une sorte de fierté que tempère une noble tendresse, les rend favorables à l'expression des sentiments et des idées les plus poétiques. La frivole gaîté, et même la joie naïve, paraissent seules ne lui point convenir. La Clarinette est peu propre à l'*Idylle* c'est un instrument *Épique* comme les Cors, les Trompettes, et les Trombones. Sa voix est celle de l'héroïque amour; et si les masses d'instruments de cuivre, dans les grandes symphonies militaires, éveillent l'idée d'une troupe guerrière couverte d'armures étincelantes, marchant à la gloire ou à la mort, les nombreux unissons de Clarinettes, entendus en même temps, semblent représenter les femmes aimées, les amantes à l'œil fier, à la passion profonde, que le bruit des armes exalte, qui chantent en combattant, qui couronnent les vainqueurs ou meurent avec les vaincus. Je n'ai jamais pu entendre de loin une musique militaire sans être vivement ému par ce timbre féminin des Clarinettes, et préoccupé d'images de cette nature, comme après la lecture des antiques épopées. Ce beau soprano instrumental, si retentissant, si riche d'accents pénétrants quand on l'emploi par masses, gagne dans le *solo* en délicatesse, en nuances fugitives, en affectuosités mystérieuses ce qu'il perd en force et en puissants éclats. Rien de virginal, rien de pur comme le coloris donné à certaines mélodies par le timbre d'une Clarinette jouée dans le *médium* par un virtuose habile.

C'est celui de tous les instruments à vent, qui peut le mieux faire naître, enfler, diminuer et perdre le son. Delà la faculté précieuse de produire le *lointain*, l'*écho*, l'écho de *l'écho*, le son *crépusculaire*. Quel plus admirable exemple pourrai-je citer de l'application de quelques unes de ces nuances, que la phrase rêveuse de Clarinette, accompagnée d'un tremolo des instruments à cordes, dans le milieu de l'Allegro de l'ouverture du *Freyschutz*!!! n'est-ce pas la vierge isolée, la blonde fiancée du chasseur, qui les yeux au ciel, mêle sa tendre plainte au bruit des bois profonds agités par l'orage?.... O Weber!!!....

142

144

Je me permettrai de citer encore, dans mon monodrame, l'effet, sinon semblable, au moins analogue d'un chant de Clarinette, dont les fragments interrompus par des silences, sont également accompagnés du tremolo d'une partie des instruments à cordes, pendant que les contre-Basses pincent, de temps en temps, une note grave, produisant sous l'harmonie une lourde pulsation, et qu'une Harpe fait entendre des débris d'arpèges à peine indiqués. Mais dans ce cas, pour donner au son de la Clarinette un accent aussi vague, aussi lointain que possible, j'ai fait envelopper l'instrument d'un sac de peau remplissant l'office de la sourdine. Ce triste murmure et la sonorité à demi effacée de ce solo reproduisant une mélodie déjà entendue dans un autre morceau, ont toujours vivement impressionné les auditeurs. Cette ombre de musique fait naître un accablement triste et provoque les larmes, comme ne le pourraient faire les accents les plus douloureux; cela donne le spleen autant que les tremblantes harmonies de la Harpe Eolienne.

(1) Il faut envelopper l'instrument dans un sac de toile ou de peau.

Beethoven, ayant égard au caractère mélancolique et noble de la mélodie en **La** majeur de l'immortel Andante de sa 7e symphonie, et pour mieux rendre tout ce que cette phrase contient en même temps de regrets passionnés, n'a pas manqué de la confier au médium de la Clarinette. Gluck, pour la ritournelle de l'air d'Alceste: « Ah! malgré moi mon faible cœur partage, » avait d'abord écrit une Flute, mais s'appercevant sans doute que le timbre de cet instrument était trop faible, et manquait de la noblesse nécessaire à l'exposition d'un thème empreint d'une telle désolation et d'une si triste grandeur, il le donna à la Clarinette. Ce sont encore les Clarinettes qui chantent en même temps que la voix, cet autre air d'**Alceste** à l'accent si douloureusement résigné: « Ah! divinités implacables. »

Un effet d'une autre nature résulte de trois notes lentes des Clarinettes en tierces dans l'air d'Oedipe: «Votre cœur devint mon azile. » C'est après la conclusion du thème, Polynice, avant de continuer son chant, se tourne vers la fille de Thésée, puis ajoute en la regardant: « Je connus, j'adorai la charmante Eryphile. » Ces deux Clarinettes en tierce, descendant doucement jusqu'à l'entrée de la voix, au moment où les deux amants échangent un tendre regard, sont d'une intention dramatique excellente, et donnent un résultat musical exquis. Les deux voix instrumentales sont là un emblème d'amour et de pureté. On croit, à les entendre, voir Eryphile baisser pudiquement les paupières. C'est admirable!

Mettez deux Hautbois à la place des deux Clarinettes, et l'effet sera détruit.

Ce délicieux effet d'orchestre manque cependant dans la partition gravée du chef-d'œuvre de Sacchini; mais je l'ai trop souvent remarqué à la représentation, pour m'être pas certain de ma mémoire.

Ni Sacchini, ni Gluck, ni aucun des grands maitres de cette époque ne tirèrent parti des notes graves de l'instrument. Je n'en devine pas la raison. Mozart parait être le premier qui les ait utilisées, pour des accompagnements d'un caractère sombre tels que celui du trio des masques, dans **Don Juan**. C'était à Weber qu'il était réservé de découvrir tout ce que le timbre de ces sons graves à d'effrayant quand on s'en sert à soutenir des harmonies sinistres. Il vaut mieux en pareil cas, les écrire à deux parties que de mettre les Clarinettes à l'unisson ou à l'octave. Plus les notes harmoniques sont alors nombreuses, plus l'effet est saillant. Si l'on avait trois Clarinettes à sa disposition pour l'accord: **Ut dièze, Mi, Si bémol**, par exemple, cette septième diminuée bien motivée, bien amenée et instrumentée de la sorte, aurait une physionomie terrible qu'on assombrirait encore en ajoutant un contre **Sol** grave donné par une Clarinette-Basse.

LA CLARINETTE ALTO.

N'est autre qu'une Clarinette en *Fa bas* où en *Mi♭ bas*, à la quinte au dessous, par conséquent, des Clarinettes en *Ut* ou en *Si♭* dont elle a toute l'étendue. On l'a écrit donc, en transposant, soit à la quinte, soit à la sixte majeure au dessus du son réel.

EXEMPLE.

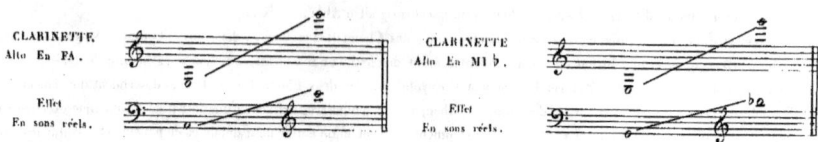

C'est un très bel instrument qu'on regrette de ne pas trouver dans tous les orchestres bien composés.

LA CLARINETTE BASSE.

Plus grave encore que la précédente, est à l'octave basse de la Clarinette en *Si♭*; il y en a une autre en *Ut* cependant (à l'octave basse de la Clarinette en *Ut*) mais celle en *Si♭* est beaucoup plus répandue. Comme c'est toujours le même instrument, construit sur de plus grandes dimensions, que la Clarinette ordinaire, son étendue reste à peu près la même. Son anche est un peu plus faible et plus couverte que celle des autres Clarinettes. La Clarinette Basse n'est point destinée évidemment à remplacer à l'aigu les Clarinettes hautes, mais bien à continuer leur étendue au grave. Il résulte cependant de très beaux effets du redoublement à l'octave inférieure des notes aiguës de la Clarinette en *Si♭* par une Clarinette basse. Elle s'écrit comme les autres Clarinettes, sur la clé de Sol.

EXEMPLE.

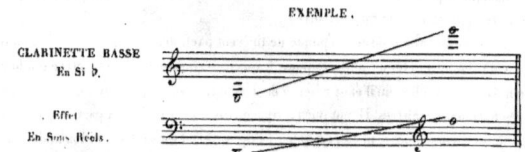

Les notes les meilleures sont les plus graves, mais, en égard à la lenteur des vibrations, il ne faut pas les faire se succéder trop rapidement. M. Meyerbeer à fait prononcer à la Clarinette-basse un éloquent monologue dans le trio du cinquième acte des Huguenots.

Selon la manière dont il est écrit et le talent de l'exécutant, cet instrument peut emprunter au grave le timbre sauvage des notes basses de la Clarinette ordinaire, ou l'accent calme, solennel et pontifical de certains registres de l'Orgue. Il est donc d'une fréquente et belle application; il donne d'ailleurs si on en emploie quatre ou cinq à l'unisson une sonorité onctueuse, excellente, aux Basses des orchestres d'instruments à vent.

LE COR DE BASSET.

Ne différerait de la Clarinette *Alto* en *Fa bas* que par le petit pavillon de cuivre qui allonge son extrémité inférieure, si elle n'avait en outre la faculté de descendre chromatiquement jusqu'à *l'Ut*, à la tierce au dessous de la note la plus grave de la Clarinette.

EXEMPLE.

Les notes qui excèdent à l'aigu cette étendue sont très dangereuses, il n'y a jamais d'ailleurs de raison plausible de les employer, puisqu'on a des Clarinettes hautes qui les donnent sans peine et avec bien plus de pureté.

Comme ceux des Clarinettes-Basses, les sons graves du Cor de Basset sont les plus beaux et les mieux caractérisés. Il faut remarquer seulement que tous ceux qui descendent au dessous du Mi  ne peuvent être émis que *lentement* et en les *détachant* l'un de l'autre. Un trait comme le suivant ne serait pas praticable.

Mozart a employé ce bel instrument à deux parties pour assombrir le coloris de l'harmonie dans son Requiem et lui a confié des solos importants dans son opéra *la Clemenza di Tito*.

PERFECTIONNEMENTS DES CLARINETTES.

La fabrication de ces instruments demeurée pendant si longtems presque dans l'enfance, est aujourd'hui sur une voie qui ne peut manquer d'amener de précieux résultats; déjà de grands progrès ont été obtenus par M. Adolphe Sax, ingénieux et savant facteur (de Paris.) En allongeant un peu le tube de la Clarinette vers le pavillon il lui a fait gagner un demi-ton au grave; elle peut en conséquence donner maintenant le *Mi* ♭ ou *Ré* ♯. Le *Si* ♭ du médium 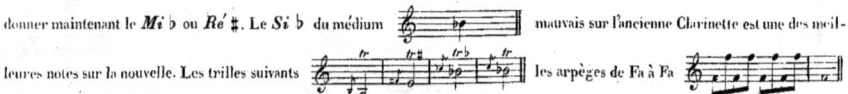 mauvais sur l'ancienne Clarinette est une des meilleures notes sur la nouvelle. Les trilles suivants, les arpèges de Fa à Fa et une foule d'autres passages inexécutables, sont devenus faciles et d'un bon effet. On sait que les notes du registre aigu sont l'épouvantail des compositeurs et des exécutants qui n'osent en faire usage que rarement et avec des précautions extrêmes. Grâce à une petite clé placée tout près du bec de la Clarinette, M. Sax a rendu ces sons aussi purs, aussi moelleux et presque aussi aisés que ceux du médium. Ainsi le contre *Si* ♭ qu'on osait à peine écrire, sort sur les Clarinettes de A. Sax sans exiger ni préparations ni efforts de la part de l'exécutant, on peut l'attaquer *Pianissimo* sans le moindre danger; et il est au moins aussi doux que celui de la Flûte. Pour remédier aux inconvénients que la sécheresse d'une part et l'humidité de l'autre amenaient nécessairement dans l'emploi des becs de bois, selon que l'instrument demeurait quelques jours sans être joué ou servait au contraire trop longtems, M. Sax a donné à la Clarinette un bec de métal doré qui augmente l'éclat du son et ne subit aucune des variations propres aux becs en bois. Cette Clarinette a plus d'étendue, d'égalité, de facilité et de justesse que l'ancienne, sans que le doigté en ait été changé, si ce n'est pour le simplifier dans un petit nombre de cas.

La nouvelle *Clarinette Basse* de M. Adolphe Sax est bien plus perfectionnée encore. Elle a 22 clés. Ce qui la distingue surtout de l'ancienne c'est une parfaite justesse, un tempérament identique dans toute l'échelle chromatique et une plus grande intensité de son.

Comme le tube est fort long, l'exécutant étant debout, le pavillon de l'instrument touche presque la terre; delà un étouffement très fâcheux de la sonorité, si l'habile facteur n'eut songé à y remédier au moyen d'un réflecteur métallique concave qui, placé au dessous du pavillon, empêche le son de se perdre, le dirige où l'on veut et en augmente considérablement le volume.

Les Clarinettes-Basses de A. Sax sont en *Si Bémol*.

INSTRUMENTS À VENT.

SANS ANCHES.

LA FLÛTE.

Cet instrument, qui pendant fort long-temps resta si imparfait sous une foule de rapports, est actuellement, grâce à l'habileté de quelques facteurs et au procédé de fabrication mis en usage par Boëhm d'après la découverte de Gordon, aussi complet, aussi juste et d'une sonorité aussi égale qu'on puisse le désirer.

Tous les instruments à vent en bois, seront bientôt au reste, dans le même cas: on conçoit que leur justesse ne pouvait être irréprochable, loin de là, puisque leurs trous avaient toujours été percés d'après l'écartement naturel des doigts de l'exécutant et non point d'après la division rationnelle du tube sonore, division basée sur les lois de la résonnance et déterminée par les *nœuds* de vibration. Gordon et après lui Boëhm, ont donc commencé par percer les trous de leurs instruments à vent aux points précis du tube indiqués par le principe physique de la résonnance, sans tenir compte de la facilité ni même de la possibilité d'application des doigts de la main sur chacun des trous; certains qu'ils étaient de la rendre ensuite possible d'une manière ou d'une autre.

L'instrument une fois percé et rendu juste par ce procédé, ils ont imaginé un mécanisme de clefs et d'anneaux placés aux endroits où les doigts de l'exécutant peuvent aisément les atteindre, et servant à ouvrir ou à boucher les trous qui se trouvent hors de la portée des doigts. Par ce moyen le doigté ancien a dû nécessairement être changé, les exécutants ont dû se livrer à de nouvelles études pratiques; mais cette difficulté en peu de temps surmontée, les nouveaux instruments leur ont bien vite offert de telles compensations, que nous ne doutons pas, à cette heure, l'exemple gagnant de proche en proche, qu'avant peu d'années tous les nouveaux instruments à vent de bois, construits d'après le système de Gordon et Boëhm ne soient adoptés à l'exclusion complète des anciens.

La flûte n'avait, il y a peu d'années encore, que l'étendue suivante.

EXEMPLE.

(Avec les intervalles Chromatiques.)

On a successivement ajouté à cette gamme deux demi-tons au grave et trois à l'aigu, ce qui donne trois octaves complètes.

EXEMPLE.

(Avec les intervalles Chromatiques.)

Cependant comme tous les exécutants n'ont pas la *patte d'Ut*, c'est à dire le petit corps de rechange qui donne à la flûte *l'Ut* ♯ et *l'Ut* ♮ graves, il est mieux, dans le plus grand nombre de cas, de s'abstenir de ces deux notes en écrivant pour l'orchestre. Les deux derniers sons aigus *Si* ♮, *Ut*, ne doivent pas non plus être employés dans le pianissimo, à cause d'une certaine difficulté qui reste dans leur émission et de leur sonorité un peu dure. Le *Si* ♭ au contraire sort sans peine et se peut soutenir aussi piano qu'on le veut sans le moindre danger. Le nombre des notes qu'on pouvait triller était assez restreint sur l'ancienne flûte, grâce aux clefs ajoutées à la nouvelle, le trille majeur et mineur est praticable sur une grande partie de l'étendue de sa gamme chromatique.

EXEMPLE.

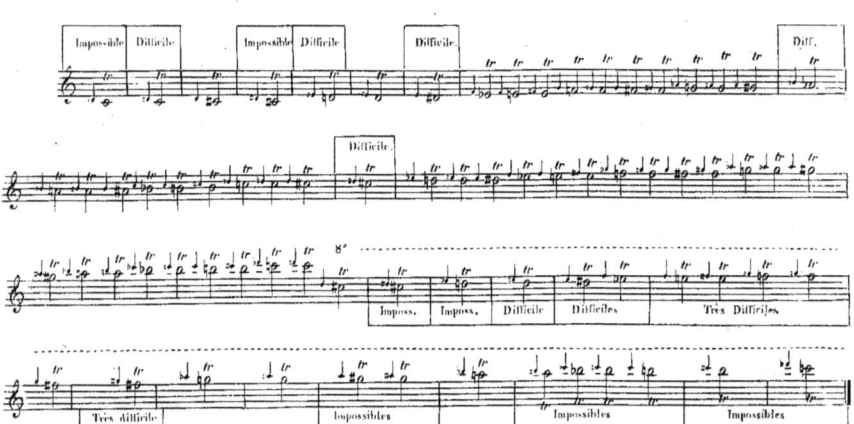

Avec les flûtes construites d'après le procédé de Boëhm, les trilles sont praticables sur les notes mêmes de l'extrémité supérieure de la gamme, et depuis le *Ré* ♭ grave jusqu'à *l'Ut* sur aigu; de plus ils sont incomparablement plus justes.

La flûte est le plus *agile* de tous les instruments à vent, elle est également propre aux traits rapides (diatoniques ou chromatiques) liés ou détachés, aux arpèges, aux batteries même très écartées comme celles-ci:

Et de plus aux notes répercutées, comme celles du staccato du violon, qu'on obtient par le *double coup de langue*.

EXEMPLE.

Les tons de *Ré, Sol, Ut, Fa, La, Mi* ♮, *Si* ♭, *Mi* ♭, et leurs relatifs mineurs, sont les tons favoris de la flûte, les autres sont beaucoup plus difficiles. Sur la flûte de Boëhm au contraire, on joue en Ré♭ presque aussi aisément qu'en *Ré naturel.*

La sonorité de cet instrument est douce dans le médium, assez perçante à l'aigu, très caractérisée au grave. Le timbre du médium et celui du haut n'ont pas d'expression spéciale bien tranchée. On peut les employer pour des mélodies ou des accents de caractères divers, mais sans qu'ils puissent égaler cependant la gaîté naïve du hautbois ou la noble tendresse de la clarinette. Il semble donc que la flûte soit un instrument à peu près dépourvu d'expression, qu'on est libre d'introduire partout et dans tout, à cause de sa facilité à exécuter les groupes de notes rapides, et à soutenir les sons élevés utiles à l'orchestre pour le complément des harmonies aiguës. En général cela est vrai, pourtant en l'étudiant bien, on reconnaît en elle une expression qui lui est propre, et une aptitude à rendre certains sentiments qu'aucun autre instrument ne pourrait lui disputer. S'il s'agit par exemple, de donner à un chant triste un accent désolé, mais humble et résigné en même tems, les sons faibles du médium de la flûte, dans les tons *d'Ut mineur* et de *Ré mineur* surtout, produiront certainement la nuance nécessaire. Un seul maître me parait avoir su tirer grand parti de ce pâle coloris: c'est Gluck. En écoutant l'air pantomime en *Ré mineur* qu'il a placé dans la scène des champs-Elysées d'Orphée, on voit tout de suite qu'une flûte devait seule en faire entendre le chant. Un hautbois eut été trop enfantin et sa voix n'eut pas semblé assez pure; le cor anglais est trop grave; une clarinette aurait mieux convenu sans doute, mais certains sons eussent été trop forts, et aucune des notes les plus douces n'eut pu se réduire à la sonorité faible, effacée, voilée *du Fa naturel* du médium, et du premier *Si bémol* au dessus des lignes, qui donnent tant de tristesse à la flûte dans ce ton de *Ré mineur,* où ils se présentent fréquemment. Enfin, ni le violon, ni l'alto, ni le violoncelle, traités en solos ou en masses, ne convenaient à l'expression de ce gémissement mille fois sublime d'une ombre souffrante et désespérée; il fallait précisément l'instrument choisi par l'auteur. Et la mélodie de Gluck est conçue de telle sorte que la flûte se prête à tous les mouvements inquiets de cette douleur éternelle, encore empreinte de l'accent des passions de la terrestre vie. C'est d'abord une voix à peine perceptible qui semble craindre d'être entendue; puis elle gémit doucement, s'élève à l'accent du reproche, à celui de la douleur profonde, au cri d'un cœur déchiré d'incurables blessures, et retombe peu à peu à la plainte, au gémissement, au murmure chagrin d'une âme résignée..... quel poète!...

N.º 56.   ORPHÉE. (GLUCK.)

156

Un effet remarquable par sa douceur est celui des deux flûtes exécutant, dans le medium, des successions de tierces, en *Mi* ♭ ou en *La* ♭, tons extrêmement favorables au velouté des sons de cet instrument. On en trouve de beaux exemples dans le chœur des Prêtres au premier acte d'Œdipe,"*O toi que l'innocence même*"et dans la cavatine du Duo de la Vestale:"*Les Dieux prendront pitié*"les notes *Si bémol, La bémol, Sol, Fa* et *Mi Bémol*, des Flûtes ont, ainsi groupées, quelque chose de la sonorité de l'harmonica. Des tierces de Hautbois, de Cors anglais ou de Clarinettes, n'y ressembleraient point.

Les sons graves de la flûte sont peu ou mal employés par la plupart des compositeurs; Weber, dans une foule de passages du Freyschutz, et, avant lui, Gluck, dans la marche religieuse d'Alceste, ont pourtant montré tout ce qu'on en peut attendre pour les harmonies empreintes de gravité et de rêverie. Ces notes basses, je l'ai déjà dit, se mêlent fort bien aux sons graves des cors anglais et des clarinettes; elles donnent la nuance adoucie d'une couleur sombre.

Voyez en outre l'exemple N° 11. tiré du Freyschutz de Weber. Il y a quelque chose d'admirablement rêveur dans ce tenues au grave des deux flûtes, pendant la prière de la mélancolique Agathe, promenant ses regards sur la cime des arbres, qu'argentent les rayons de l'astre des nuits.

En général, les maîtres modernes écrivent les flûtes trop constamment dans le haut; ils semblent toujours craindre qu'elles ne se distinguent pas assez au dessus de la masse de l'orchestre. Il en résulte qu'elles prédominent, au lieu de se fondre dans l'ensemble, et que l'instrumentation devient perçante et dure plutôt que sonore et harmonieuse.

Les flûtes ont une famille, comme les hautbois et les clarinettes, et tout aussi nombreuse. La grande flûte dont nous venons de parler est la plus usitée. Pour les orchestres ordinaires, on écrit en général que deux parties de grande flûte; souvent néanmoins, des accords doux tenus par trois flûtes seraient d'un excellent effet. Il résulte une sonorité charmante de l'association d'une flûte seule dans le haut, avec quatre violons, soutenant une harmonie aigue à cinq parties. Malgré l'usage, raisonnable cependant, qui fait donner toujours à la première flûte les notes les plus élevées de l'harmonie, il y a des occasions nombreuses de faire le contraire avec succès.

LA PETITE FLÛTE.

(EN ITALIEN PICCOLO.)

Elle est à l'octave haute de la précédente;

Elle en a toute l'étendue, en exceptant toutefois le *contre ut* aigu qui ne sort que très difficilement dont le son est presque insupportable et qu'il faut en conséquence se garder d'écrire; le *Si* naturel est déjà d'une excessive dureté et ne peut s'employer que dans un fortissimo de tout l'orchestre. Il est presque inutile, par la raison contraire, d'écrire les notes de l'octave inférieure, on les entendrait à peine; et à moins d'un effet à produire par la spécialité de leur faible timbre, il vaut mieux les remplacer par les sons qui leur correspondent dans la seconde octave de la grande flûte.

On abuse étrangement aujourd'hui des petites flûtes, comme de tous les instruments dont les vibrations frémissent, percent ou éclatent. Dans les morceaux d'un caractère joyeux, les sons de la seconde octave peuvent être très convenables, dans toutes les nuances; les notes supérieures sont excellentes (fortissimo) pour les effets violents et déchirants; dans un orage, par exemple, ou dans une scène d'un caractère féroce, infernal. Ainsi la petite flûte figure on ne peut mieux dans le quatrième morceau de la symphonie pastorale de Beethoven, tantôt seule, à découvert, au dessus du tremolo grave, des Altos et des Basses, et imitant les sifflements d'un ouragan dont la force n'est pas encore déchaînée, tantôt, sur des notes plus aigues, avec la masse entière de l'orchestre. Gluck, dans la tempête d'*Iphigénie en Tauride*, a su faire grincer plus rudement encore les sons hauts de deux petites flûtes à l'unisson, en les écrivant, dans une succession de sixtes, à la quarte au dessus des premiers violons. Le son des petites flûtes sortant à l'octave supérieure, produit par conséquent avec les premiers violons des suites de onzièmes dont l'âpreté est là on ne peut mieux motivée.

N.º 39. SYMPHONIE PASTORALE. (BEETHOVEN)

164

Dans le chœur des Scythes, du même opera, les deux petites flûtes doublent à l'octave les grupetti des Violons; ces notes sifflantes, mêlées aux aboiements de la troupe sauvage, au fracas rhythmé et incessant des cymbales et du tambourin, font frémir:

VOYEZ L'EXEMPLE N.º 54.

Tout le monde a remarqué le ricanement diabolique des deux petites flûtes en tierces, dans la chanson à boire du Freyschutz. C'est une des plus heureuses inventions de l'orchestre de Weber.

EXEMPLE.

C'est Spontini qui, dans sa magnifique bacchanale des Danaïdes (devenue depuis un chœur orgique de Nurmahal), a eu le premier l'idée d'unir un cri bref et perçant de petites flûtes à un coup de cymbales. La singulière sympathie qui s'établit, dans ce cas, entre ces deux instruments si dissemblables, n'avait pas été soupçonnée auparavant. Cela tranche et déchire instantanément comme un coup de poignard. Cet effet est très caractérisé, même en n'employant que les deux instruments désignés; mais on augmente la force au moyen d'un coup sec de timbales uni à un accord bref de tous les autres instruments.

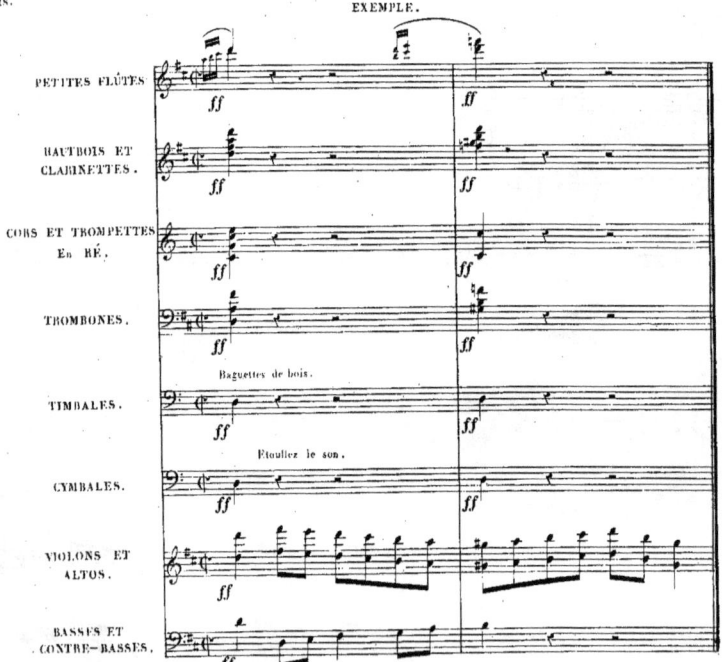

EXEMPLE.

Ces divers exemples, et d'autres encore que je pourrais citer, me semblent admirables sous tous les rapports. Beethoven, Gluck, Weber et Spontini ont ainsi fait un usage ingénieux autant qu'original et raisonnable de la petite flûte. Mais quand j'entends cet instrument employé à doubler à la triple octave le chant d'une Basse taille, à jeter sa voix stridente au milieu d'une harmonie religieuse, à renforcer, à aiguiser, pour l'amour du bruit seulement, la partie haute de l'orchestre, du commencement à la fin d'un acte d'Opéra, je ne puis m'empêcher de trouver ce mode d'instrumentation d'une platitude et d'une stupidité dignes, pour l'ordinaire, du style mélodique auquel il est appliqué.

La Petite flûte peut être d'un heureux effet dans les passages doux, et c'est un préjugé de croire qu'elle ne puisse jouer que très fort. Quelquefois elle sert à continuer l'échelle haute de la Grande flûte, en succédant à celle-ci au moment où les notes aiguës vont lui manquer. Le passage de l'un à l'autre instrument peut être alors aisément ménagé par le compositeur, de manière à ce qu'il semble qu'il n'y a qu'une seule flûte d'une étendue extraordinaire.

EXEMPLE.

Un exemple charmant de ce stratagème se trouve dans une phrase exécutée *Pianissimo* sur une tenue grave des instruments à cordes, au premier acte de l'opéra *Le Dieu et la Bayadère*, d'Auber.

On se sert avantageusement, dans les musiques militaires, de trois autres flûtes qui pourraient être aussi d'un grand secours aux orchestres ordinaires; ce sont:

1°. *La Flûte tierce* (dite en Fa) dont l'Ut fait *Mi* ♭ et qui doit, en conséquence de ce que nous avons dit en commençant ce chapitre, être rangée parmi les instruments transpositeurs en *Mi* ♭. Elle est exactement à la tierce mineure au dessus de la flûte ordinaire, dont elle ne diffère qu'en cela et par son timbre plus cristallin.

EXEMPLE.

2°. *La petite flûte neuvième mineure* (dite en Mi ♭) dont l'Ut fait *Ré* ♭ et que nous rangeons donc parmi les instruments transpositeurs en *Ré* ♭. Elle est d'un demi-ton plus élevée que la petite flûte *octave*; et il faut la traiter comme celle-ci:

166

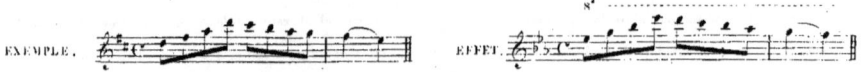

3º La *petite flûte dixième*, (dite en Fa) dont l'ut fait *Mi* ♭, que nous appèlerons petite flûte dixième *en Mi* ♭, elle est à l'octave haute de la flûte tierce et à la dixième haute de la flûte ordinaire.

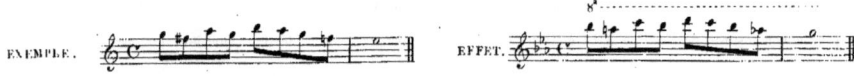

Il ne faut pas la faire monter au dessus du la aigu 𝄞 encore cette note excessivement perçante ne sort-elle qu'avec peine.

On possède aussi dans quelques orchestres une grande flûte *seconde mineure* dont l'Ut fait *Ré* ♭, qu'il faut appeler: Flûte en *Ré* ♭, et dont le diapason n'est que d'un demi-ton plus élevé que celui de la flûte ordinaire.

Toutes ces flûtes qui concourent à augmenter à l'aigu l'étendue de l'instrument et dont les timbres sont diversement caractérisés, sont utiles, en outre, pour rendre l'exécution plus facile et conserver à la flûte sa sonorité, en lui permettant de jouer dans un de ses tons brillants quand l'orchestre est écrit dans un de ses tons sourds. Évidemment il est beaucoup plus avantageux, pour un morceau en *Mi* ♭ par exemple de préférer à la *petite flûte octave*, la *petite flûte, neuvième mineure en Ré bémol*, car celle-ci joue alors dans le ton de *Ré*, qui pour elle est beaucoup plus aisé et plus retentissant.

Il est fâcheux qu'on ait laissé tomber en désuétude la *Flûte d'amour*, dont le diapason était d'une tierce mineure au dessous de la flûte ordinaire (en La par conséquent)

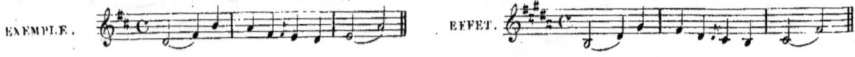

Elle complèterait au grave la famille de cet instrument, (famille qu'on peut, au reste, rendre aussi nombreuse que celle des Clarinettes quand on le voudra) et son timbre doux et moëlleux pourrait être d'un excellent effet, soit pour contraster avec les timbres des flûtes hautes, ou des hautbois, soit pour donner plus de corps et de coloris aux harmonies déjà si remarquables qui résultent des notes basses des flûtes, cors anglais, et clarinettes.

INSTRUMENT A VENT.
A CLAVIER.
L'ORGUE

Est un instrument à clavier et à tuyaux de bois et de métal mis en vibration par le vent que leur envoient des soufflets.

Le nombre plus ou moins grand de séries de tuyaux de différentes natures et de différentes dimensions que possède un orgue, lui donne une variété proportionnée de *jeux*, au moyen desquels l'organiste peut changer le timbre, la force de sonorité et l'étendue de l'instrument.

On appelle **Registre**, le mécanisme au moyen duquel, en tirant une petite pièce de bois, l'organiste fait parler tel ou tel jeu.

L'étendue de l'instrument est indéterminée, elle varie avec sa dimension, qu'on désigne ordinairement par la longueur en pieds de son plus grand tuyau formant la note la plus grave du clavier. Ainsi l'on dit: un orgue de trente deux, de seize, de huit, de quatre pieds.

L'instrument qui possède, avec le jeu le plus grave, nommé *Flûte ouverte de trente deux pieds*, la Flûte ouverte de *seize pieds*, la Flûte ouverte de *huit pieds*, le Prestant ou flûte ouverte de *quatre pieds*, et la doublette qui sonne l'octave haute du précédent, à l'étendue immense de huit octaves.

Ces cinq jeux, comme on le voit, ont chacun quatre octaves; mais beaucoup d'autres parmi ceux dont nous parlerons tout à l'heure, n'en ont que trois et même deux (aujourd'hui les facteurs d'orgues donnent à leurs claviers cinq touches de plus dans le haut. L'étendue à l'aigu se trouve ainsi portée chromatiquement jusqu'au *Fa*.)

Un grand orgue possède ordinairement cinq claviers superposés.

Le premier, le plus rapproché de l'organiste est le clavier du *Positif*;

Le deuxième, celui du *Grand orgue*;

Le troisième est le clavier de *Bombarde*;

Le quatrième, le clavier de *Récit*;

Le cinquième, le clavier d'*Écho*.

Il y a en outre un sixième clavier disposé de manière à être mis en action par les pieds de l'exécutant et que pour cette raison on appelle clavier de *Pédales*. Celui-ci est destiné aux sons les plus graves de l'orgue. Il a seulement les deux octaves de l'extrémité inférieure et manque même quelquefois de certains intervalles. Plusieurs des jeux, les huit pieds par exemple, se trouvant à la fois sur les trois claviers du Grand orgue, du Positif et des Pédales, peuvent être doublés ou triplés.

Les jeux de l'orgue se divisent en jeux à *Bouche* et en jeux d'*Anche*; ainsi nommés, les premiers, d'une sorte de bouche ouverte à l'une de leurs extrémités et qui sert à la formation du son, les seconds d'une languette de cuivre placée également à l'extrémité du tuyau et qui produit un timbre spécial.

Les jeux à *Bouche* se divisent en jeux de fond ou d'*octave* et en jeux de *mutation*. Les jeux de fond sont ouverts ou bouchés; les jeux bouchés qu'on nomme Bourdons sont à l'octave inférieure des tuyaux ouverts de même grandeur.

Les jeux de mutation ont cela d'étrange qu'ils font entendre au dessus de chaque son la tierce, la quinte, la dixième, la douzième &, de ce même son, de manière à figurer, par l'action de plusieurs petits tuyaux, les aliquotes ou sons harmoniques des grands tuyaux. Les facteurs d'orgue et les organistes s'accordent à trouver excellent l'effet produit par cette résonnance multiple, qui en définitive cependant, fait entendre simultanément plusieurs tonalités différentes. «Ce serait insupportable, disent-ils, si on distinguait les deux sons supérieurs, mais on *ne les entend pas*, le son le plus grave les absorbe.» Il reste alors à faire comprendre comment ce qu'on *n'entend pas* peut produire un bon effet sur l'oreille. En tout cas ce singulier procédé tendrait toujours à donner à l'orgue la résonnance harmonique qu'on cherche inutilement à éviter sur les grands pianos à queue, et qui, à mon sens, est un des plus terribles inconvénients de la sonorité que les perfectionnements modernes ont fait acquérir à cet instrument.

On compte parmi les jeux de mutation, le *Gros nazard* qui sonne la quinte de la flûte ouverte de huit pieds.

La grosse tierce qui sonne la quinte du Prestant.

La onzième de nazard qui est à l'unisson de la doublette.

La tierce, sonnant la tierce au dessus de la doublette.

La Fourniture ou *Plein jeu* qui se compose de trois rangées de tuyaux et de sept rangées de tuyaux aliquotes l'un de l'autre.

La Cymbale qui diffère de la fourniture seulement en ce que ces tuyaux sont moins gros.

Le Cornet, jeu très brillant de deux octaves et à cinq rangées de tuyaux; il ne se joue que dans le dessus. Les grandes orgues possèdent trois jeux de cornets, un au positif, un autre au grand orgue et le troisième au clavier de récit.

Parmi les jeux d'*Anches* signalons seulement:

1º. *La Bombarde*, jeu d'une grande puissance qu'on joue sur un clavier séparé ou à la pédale. Son premier tuyau est de seize pieds; il est à l'unisson du seize pieds ouvert.

2º. *La Trompette*, qui sonne l'unisson du huit pieds et conséquemment l'octave haute de la bombarde.

3º. *Le Clairon*, octave haute de la trompette.

4º. *Le Cromorne*, unisson de la trompette, mais moins éclatant; il se place toujours au positif.

5º. *La voix humaine*, qui sonne le huit pieds et se place dans le grand orgue.

6º. *Le Hautbois*, qui sonne l'unisson de la trompette. Il n'a ordinairement que les octaves supérieures, mais on le complète au moyen du *Basson* qui garnit les deux autres octaves.

Ces divers jeux imitent assez bien par leur timbre les instruments dont ils portent le nom. Il y a des orgues qui en possèdent beaucoup d'autres tels, que *Cor anglais*, le *Trombonne* &.

Tout orgue doit avoir un registre qui sert aux principaux sons, qui correspond à tout le clavier et que pour cette raison on nomme le *Principal*.

Le doigté de l'orgue est le même que celui du piano avec cette différence que l'émission des sons étant sur l'orgue moins instantanée on ne peut exécuter des successions aussi rapides que sur le piano, le mécanisme du clavier obligeant d'ailleurs l'organiste à appuyer ses doigts davantage sur chaque touche. Cet instrument possède la faculté de soutenir les sons aussi long temps qu'on le desire, il est donc par cela même plus propre que tout autre au genre *lié*, c'est à dire à celui dans lequel l'harmonie fait le plus souvent usage des suspensions et prolongations, et du mouvement oblique. Ce qui n'est pas, selon moi, une raison pour le renfermer invariablement dans les limites de ce style. On l'écrit quelque fois sur trois lignes; les deux supérieures sont pour les mains, la ligne inférieure est pour le clavier des pédales.

L'orgue semble pouvoir, ainsi que le piano et beaucoup mieux que lui, se présenter dans la hiérarchie instrumentale, sous deux faces: comme un instrument adjoint à l'orchestre, ou comme étant lui même un orchestre entier et indépendant. Sans doute il est possible de mêler l'orgue aux divers éléments constitutifs de l'orchestre, on l'a fait même plusieurs fois; mais c'est étrangement rabaisser ce majestueux instrument que de le réduire à ce rôle secondaire; il faut en outre reconnaître que sa sonorité plane, égale, uniforme, ne se fond jamais complètement dans les sons diversement caractérisés de l'orchestre, et qu'il semble exister entre ces deux puissances musicales une secrète antipathie. L'orgue et l'orchestre sont Rois tous les deux; ou plutôt l'un est Empereur et l'autre Pape; leur mission n'est pas la même, leurs intérêts sont trop vastes et trop divers pour être confondus. Ainsi dans presque toutes les occasions ou l'on a voulu opérer ce singulier rapprochement, ou l'orgue dominait l'orchestre de beaucoup, ou l'orchestre ayant été élevé à une puissance démesurée faisait presque disparaître son adversaire.

Les jeux très doux de l'orgue paraissent seuls convenir à l'accompagnement des voix. En général l'orgue est fait pour la domination absolue, c'est un instrument jaloux et intolérant. Dans un seul cas, ce me semble, il pourrait sans déroger se mêler aux chœurs et à l'orchestre, et encore serait-ce à la condition même de rester, lui, dans son solennel isolement. Par exemple si une masse de voix placée dans le chœur d'une église, à grande distance de l'orgue, interrompait de temps en temps ses chants pour les laisser reproduire par l'orgue, en tout ou en partie; si même le chœur, dans une cérémonie d'un caractère triste, était accompagné par un gémissement alternatif de l'orchestre, et l'orgue partant ainsi des deux points extrêmes du temple, l'orgue succédant à l'orchestre, comme l'écho mystérieux de sa lamentation, ce serait un mode d'instrumentation susceptible d'effets grandioses et sublimes: mais, en ce cas même, l'orgue ne se mêlerait point réellement aux autres instruments; il leur répondrait, il les interrogerait; il y aurait seulement entre les deux pouvoirs rivaux alliance d'autant plus sincère que ni l'un ni l'autre ne perdraient rien de leur dignité. Toutes les fois que j'ai entendu l'orgue jouer en même temps que l'orchestre, il m'a paru produire un détestable effet, et nuire à celui de l'orchestre au lieu de l'augmenter. Quant à déterminer la manière dont l'orgue doit être traité individuellement, et en le considérant comme un orchestre complet, ce n'est pas ici que nous pouvons le faire. Nous ne nous sommes point imposés la tâche de donner une suite de méthodes des divers instruments; mais bien d'étudier de quelle façon ils peuvent concourir à l'effet musical dans leur association. La science de l'orgue, l'art de choisir les différents *jeux*, de les opposer les uns aux autres, constituent le talent de l'organiste, en le supposant selon l'usage, improvisateur. Dans le cas contraire, c'est à dire en le considérant comme un simple virtuose chargé d'exécuter une œuvre écrite, il doit se conformer scrupuleusement aux indications de l'auteur, qui, dès lors, est tenu de connaître les ressources spéciales de l'instrument qu'il met en œuvre et de les bien employer. Mais ces ressources si vastes et si nombreuses, le compositeur ne les connaîtra jamais bien, nous le pensons, s'il n'est lui même organiste consommé.

Si dans une composition on associe l'orgue aux voix et aux autres instrumens il ne faut pas oublier que son diapason est *plus bas* d'un ton que le diapason actuel de l'orchestre, et qu'il faut en conséquence le traiter comme un instrument transpositeur en *Si bémol*. (L'orgue de S¹ Thomas à Leipzick est seul au contraire d'un ton *plus haut* que l'orchestre.) (1)

L'orgue a des effets de sonorité douce, éclatante, terrible, mais il n'est pas dans sa nature de les faire se succéder rapidement; il ne peut donc, comme l'orchestre, obtenir le passage subit du *Piano* au *Forte*, ou du *forte* au *piano*. Au moyen des perfectionnemens apportés récemment dans sa fabrication, il peut, en introduisant successivement différents *jeux* qui s'accumulent, produire une sorte de crescendo, et amener par conséquent le *decrescendo* en les retirant dans le même ordre. Mais la gradation et la dégradation de son ne passent pas encore, au moyen de cet ingénieux procédé, par les nuances intermédiaires qui donnent tant de puissance à ces mouvements de l'orchestre; on sent toujours plus ou moins l'action d'un mécanisme inanimé. L'instrument d'Erard, connu sous le nom d'orgue expressif, donne seul la possibilité d'enfler et diminuer réellement le son, mais il n'est point encore admis dans les églises. Des hommes graves, d'un excellent esprit d'ailleurs, en condamnent l'usage comme destructeur du caractère et de la destination religieuse de l'orgue.

Sans aborder la grande question tant de fois agitée de la convenance de l'expression dans la musique sacrée, question que le simple bon sens exempt de préjugés résoudrait de prime abord, nous nous permettrons cependant de faire observer aux partisans de la musique *Plane*, du *plain chant*, de l'orgue *inexpressif* (comme si les jeux forts ou doux et diversement timbrés n'établissaient pas déjà dans l'orgue la variété et l'expression), nous nous permettrons, dis-je, de leur faire observer qu'ils sont les premiers à se récrier d'admiration quand l'exécution d'un chœur, dans une œuvre sacrée, brille par la finesse des nuances par les effets de crescendo, de decrescendo, de clair obscur, de sons enflés, soutenus, éteints, en un mot, par toutes les qualités qui manquent à l'orgue, et que l'invention d'Erard tendrait à lui donner. Ils sont donc en contradiction évidente avec eux mêmes; à moins de prétendre (ils en sont bien capables) que les nuances expressives parfaitement convenables, religieuses et catholiques dans la voix humaine, deviennent tout d'un coup, appliquées à l'orgue, irréligieuses, hétérodoxes et impies. Il est singulier aussi, qu'on me pardonne cette digression, que ces mêmes critiques conservateurs de l'orthodoxie en matière de musique religieuse, qui veulent avec raison, que le sentiment religieux le plus vrai en dirige l'inspiration (tout en prohibant l'expression des nuances de ce sentiment), ne se soient jamais avisés de blâmer l'usage des fugues d'un mouvement vif, qui, depuis long temps, forment le fond de la musique d'orgue dans toutes les écoles. Est-ce que les thèmes de ces fugues, dont quelques uns n'expriment rien, et dont beaucoup d'autres sont d'une tournure au moins grotesque, deviennent religieux et graves par cela seul qu'ils sont traités dans le style fugué, c'est à dire dans la forme qui tend à les reproduire le plus souvent, à les mettre le plus constamment en évidence? Est-ce que cette multitude d'entrées des parties diverses, ces imitations canoniques, ces lambeaux de phrases tordues, enchevêtrées, se poursuivant, se *fuyant*, se roulant les uns sur les autres, ce tohu-bohu d'où la vraie mélodie est exclue, où les accords se succèdent si rapidement qu'on peut à peine en saisir le caractère, cette agitation incessante de tout le système, cette apparence de désordre, ces brusques interruptions d'une partie par une autre, toutes ces hideuses pasquinades harmoniques excellentes pour peindre une orgie de sauvages ou une danse de démons, se transforment en passant par les tuyaux d'un orgue, et prennent l'accent sérieux, grandiose, calme, suppliant ou rêveur de la prière sainte, de la méditation ou même celui de la terreur, de l'Epouvante religieuse?... Il y a des organisations assez monstrueuses pour que cela puisse leur paraître vrai. En tout cas, les critiques dont je parlais tout à l'heure sans dire précisément que les fugues vives d'orgue sont empreintes de sentiment religieux, n'ont jamais blâmé leur inconvenance et leur absurdité, probablement parce qu'ils en ont trouvé l'usage établi, depuis long temps, parce que les plus savants maîtres, obéissant aussi à la routine, en ont écrit un grand nombre, et enfin, parce que les écrivains qui traitent de la musique religieuse étant pour l'ordinaire fort attachés aux dogmes chrétiens, considèrent involontairement ce qui tendrait à amener un changement dans les idées consacrées comme dangereux et incompatible avec l'immutabilité de la foi. Quant à nous, et pour rentrer tout à fait dans notre sujet, nous avouerons que si l'invention d'Erard était appliquée à l'orgue ancien, seulement comme un jeu nouveau de manière à ce qu'il fût facultatif à l'organiste d'employer les sons expressifs ou de n'en pas faire usage, ou du moins de manière à pouvoir enfler et diminuer certains sons indépendamment des autres, ce serait un perfectionnement réel et tout à l'avantage du vrai style religieux. (1) Ceci n'est applicable qu'aux orgues anciennes; les facteurs aujourd'hui accordent leurs instruments au diapason de l'orchestre.

INSTRUMENTS DE CUIVRE
ET À EMBOUCHURE.

LE COR.

Cet instrument possédant un grand nombres de tons de rechange qui rendent son diapason plus ou moins grave, plus ou moins aigu, on ne peut préciser son étendue sans déterminer en même temps l'espèce de cor à laquelle elle s'applique. Il est plus aisé, en effet, de produire des sons hauts que des sons graves sur les cors dont le ton est bas; en exceptant toute-fois les tons de *La*, *Si* ♭ et *Ut* graves dont l'excessive longueur du tube rend l'émission des notes hautes fort difficile. Il est plus facile, au contraire, de donner les notes graves que les sons aigus sur les cors dont le ton est haut. En outre certains cornistes, se servant d'une embouchure large et s'étant exercés à donner surtout les sons graves, ne peuvent faire sortir les plus aigus; pendant que d'autres qui emploient une embouchure étroite et se sont exercés à donner les sons aigus ne peuvent produire les plus graves.

Il y a donc une étendue spéciale pour chaque ton de l'instrument et de plus deux autres étendues particulières propres aux exécutants qui jouent la partie haute (celle du premier cor) et la partie basse (celle du second cor).

Le cor s'écrit sur la clef de sol et sur la clef de fa, avec cette particularité établie par l'usage que la clef de sol est considérée comme étant plus grave d'une octave qu'elle ne l'est réellement. Les exemples ci-après feront comprendre ceci.

Tous les cors, à l'exception du cor en *Ut aigu*, sont des instruments transpositeurs; c'est-à-dire que leurs notes écrites ne représentent pas les sons réels.

Ils ont deux espèces de sons de caractères fort différents, les sons *ouverts*, qui, presque tous sont la résonnance naturelle des divisions harmoniques du tube de l'instrument, et sortent sans autre secours que celui des lèvres et du souffle de l'exécutant; et les sons *bouchés* qu'on n'obtient qu'en fermant plus ou moins le *pavillon* (orifice inférieur du cor) avec la main.

Voici d'abord le tableau des sons *ouverts* sur les différents cors premiers et seconds.

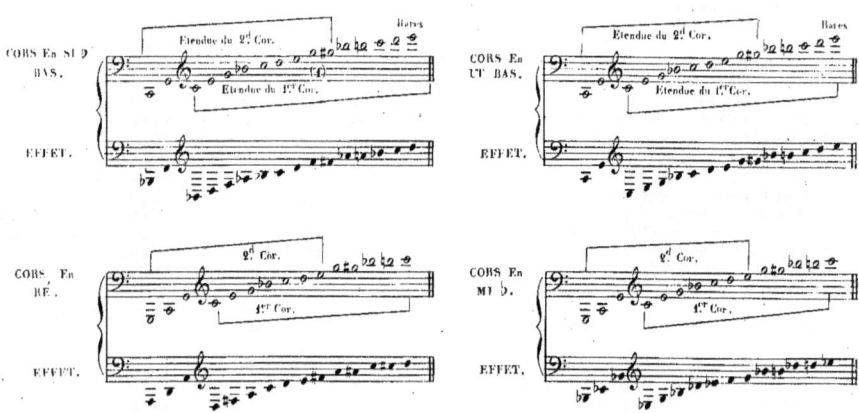

(1) Ce Sol♯ ouvert ne se peut attaquer aussi aisément que le Sol♮, mais il sort très bien si on le prépare par une note voisine comme Sol♮, ou Fa♯, ou La. Il est un peu trop haut.

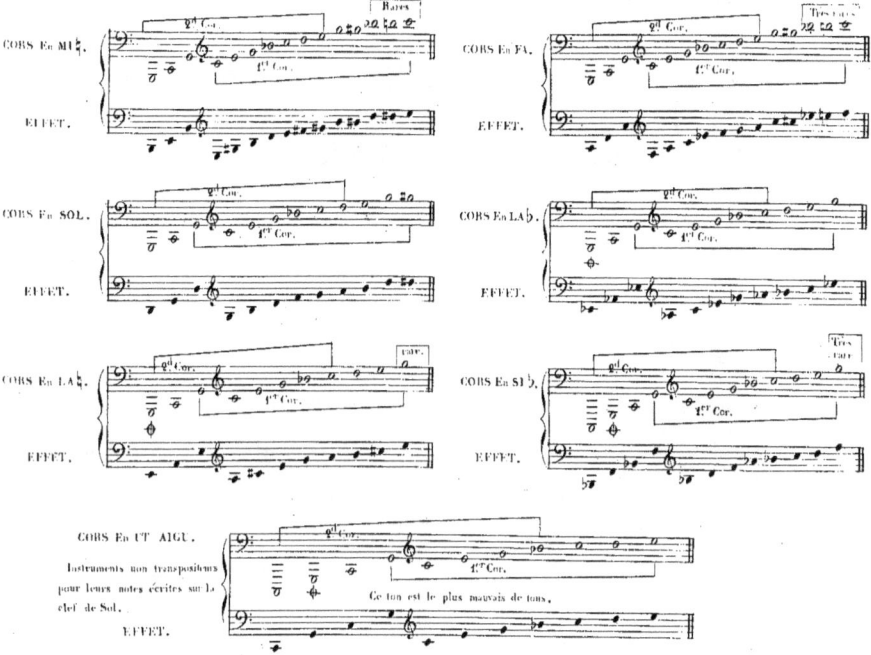

Le Contre Sol grave marqué du Signe ✛ est plus facile sur les tons aigus, mais mauvais et vacillant sur tous les tons en général.

La famille des cors est complète; il y en a dans *tous les tons*, bien qu'on croie généralement le contraire. Ceux qui paraissent manquer dans l'échelle chromatique s'obtiennent au moyen d'une rallonge qui baisse l'instrument d'un demi ton. Ainsi, nous n'avons, à la vérité, formés de toutes pièces, que des cors en *Si* bémol bas, en *Ut* en *Ré*, en *Mi* bémol, en *Mi*♮, en *Fa*, en *Sol*, en *La* bémol, en *La*♮ aigu, en *Si*♭ aigu et en *Ut* aigu; mais en ajoutant la rallonge aux tons de *Si*♭ et d'*Ut* bas, on obtient ceux de *La*♮ et de *Si*♮ bas, et, par le même moyen, on transforme le ton de *Ré* en *Ré* bémol (ou *Ut*♯) le ton de *Sol* en *Sol bémol* (ou fa♯) et le ton d'*Ut* aigu en *Si*♮ aigu (ou *Ut*♭) on obtient ce dernier ton, en tirant seulement la coulisse du cor en ut aigu.

Les sons *bouchés* offrent non seulement avec les sons *ouverts*, mais même entre eux des différences notables de timbre et de sonorité. Ces différences résultent de la plus ou moins grande ouverture laissée au *pavillon* par la main de l'exécutant. Pour certaines notes le pavillon doit être bouché d'un *quart*, d'un *tiers*, de la *moitié*; pour d'autres il faut le fermer presque entièrement. Plus l'orifice laissé au pavillon est étroit, plus le son est sourd, rauque et difficile à attaquer avec certitude et justesse. Il y a donc une distinction importante à établir parmi les sons bouchés, c'est ce que nous ferons en désignant par le signe $\frac{1}{2}$ et comme les meilleures notes, celles pour lesquelles le pavillon ne doit être bouché qu'à moitié.

Les notes blanches sont les sons ouverts dont j'ai donné le tableau ci dessus, les noirs représentent les sons bouchés.

Avant d'aller plus loin et afin de pouvoir donner le tableau de l'étendue complète du cor, nous devons dire ici qu'il y a encore quelques notes ouvertes moins connues que les précédentes, et très utiles cependant. Ce sont: *le Sol bémol* haut dont l'intonation est toujours un peu basse qui ne paraît juste que placée entre deux fa et qui ne saurait en conséquence jamais remplacer le fa ♮; le *La bémol* bas qu'on obtient en forçant un sol et en pinçant les lè_vres; et le *Fa ♮ bas* qui sort en lâchant les lèvres au contraire. Ces deux dernières notes sont fort précieuses; le la bémol surtout, produit en mainte occasion un excellent effet sur tous les tons plus aigus que le ton de ré. Quand au fa ♮ il est d'une émission plus chanceuse et on a plus de peine à le soutenir avec assurance et justesse.

Ces sons graves peuvent s'attaquer à la rigueur sans préparation, en évitant toutefois de les faire précéder de notes trop aiguës; il est cependant beaucoup mieux en général de les placer après un Sol.

EXEMPLE.

Le passage du la ♭ au fa ♮ est praticable dans un mouvement modéré.

EXEMPLE.

Certains cornistes font entendre encore, au dessous de ces notes le mi ♮ note détestable et presque ina_bordable que j'engage les compositeurs à ne jamais employer et les cinq notes graves suivantes qui sortent très rarement justes, qu'on a beaucoup de peine à fixer et qu'on ne doit tenter, en tout cas, que sur les cors moyens comme les cors en *Ré*, *Mi*, et *Fa* et dans une progression *descendante* seulement.

En réunissant l'étendue du premier cor à celle du second, et en faisant succéder aux sons *ouverts* naturels les notes factices ouvertes ou bouchées, voici l'immense échelle chromatique qui en résulte en partant du grave à l'aigu.

ÉTENDUE GÉNÉRALE DU COR.

C'est ici le lieu de faire observer que les successions rapides sont d'autant plus difficiles sur le cor que son ton est plus grave; son tube, qui est alors d'une grande longueur, ne pouvant entrer instantanément en vibration. Quant aux notes inférieures mêmes naturelles, dans presque tous les tons elles ne peuvent se succéder que dans un mouvement modéré; c'est d'ailleurs une loi générale qu'on doit observer dans l'emploi de tous les instruments, puisque les sons graves sont ceux qui résultent d'un moins grand nombre de vibrations dans un instant donné; il faut donc que le corps sonore ait le temps nécessaire à la production du son. Ainsi le passage suivant, sur un cor grave, serait impraticable et d'un mauvais effet:

Celui-ci, possible sur un cor en Fa et sur les tons plus aigus, serait également fort mauvais sur les tons d'Ut et de Si♭ bas:

Il faut autant que possible, en employant les sons bouchés, dans l'orchestre surtout, les entremêler de sons ouverts et ne pas sauter d'une note bouchée sur une autre, ou du moins d'une mauvaise note bouchée sur une autre également mauvaise. Ainsi il serait absurde d'écrire: [musical example] Au contraire, un passage comme celui-ci:

ne manque pas de sonorité et se peut exécuter aisément, parce qu'il ne contient qu'une mauvaise note bouchée (le premier la bémol); tandis que ce même trait transposé serait ridicule et d'une excessive difficulté:

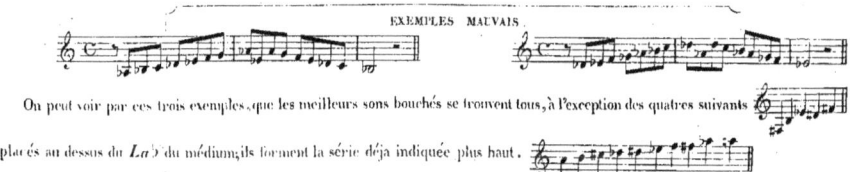

On peut voir par ces trois exemples, que les meilleurs sons bouchés se trouvent tous, à l'exception des quatres suivants placés au dessus du La♭ du médium, ils forment la série déjà indiquée plus haut.

C'est pourquoi la phrase en La bémol citée ci-dessus, bonne dans un octave, devient détestable transposée à l'octave inférieure où elle roule presque entièrement sur les notes bouchées les plus mauvaises, [musical example] bien qu'elle débute par une note ouverte le La♭. [musical example] note factice, qui ainsi attaquée rapidement sans préparation, est d'une émission assez dangereuse.

Les anciens maîtres se sont bornés, en général, à l'usage des sons ouverts, qu'ils écrivaient, en outre, il faut l'avouer, très maladroitement. Beethoven lui même est extrêmement réservé dans l'emploi de sons bouchés quand il ne traite pas les cors en Solo, les exemples en sont assez rares dans son orchestre, et quand il y a recours, c'est presque toujours pour un effet saillant. Ainsi des sons bouchés et du son factice des trois cors en Mi♭ dans le scherzo de la *Symphonie héroïque* et du Fa♯ bas du second cor en Ré dans le scherzo de la symphonie en *La*.

174 N.º 40. SIMPHONIE HÉROÏQUE.
(BEETHOVEN.)

a deux
cres.
Solo.
Dol.
sempre legato
Dol.
sempre legato
Solo.
Dol.
sempre legato

176

180

Ce système est sans doute infiniment supérieur à la méthode contraire, adoptée aujourd'hui par la plupart des compositeurs français et italiens, et qui consiste à écrire les cors absolument comme des bassons ou des clarinettes, sans tenir compte de la différence énorme qui existe entre les tons bouchés et les tons ouverts, comme aussi entre certains sons bouchés et certains autres, sans se soucier de la difficulté qu'il y a pour l'exécutant à prendre telle ou telle note après une autre qui ne l'amène pas naturellement, de la justesse douteuse, du peu de sonorité ou du caractère rauque, étrange des intonations qu'on prend en bouchant les deux tiers ou les trois quarts du pavillon, sans avoir l'air de se douter enfin qu'une connaissance approfondie de la nature de l'instrument, le goût et le bon sens puissent avoir quelque chose à démêler avec l'emploi des sons que ces maîtres écoliers jettent ainsi à tout hazard dans l'orchestre. La pauvreté même des anciens est évidemment préférable à cet ignorant et odieux gaspillage. Quand on n'écrit pas les sons bouchés pour un effet particulier il faut au moins éviter ceux dont la sonorité est trop faible et trop dissemblable des autres sons du cor.

Tels sont *de Ré* ♮ et le *Ré* ♭ en dessous des portées. [music] le *la* ♮ et le *si* ♭ bas [music] et le *la* ♭ du médium [music]

qui ne devraient jamais être employés comme notes de remplissage, mais seulement, afin de produire des effets inhérents à leur timbre sourd, rauque et sauvage. Pour un dessin mélodique dont la forme exige impérieusement la présence de cette note, j'excepterais seulement le *La bémol* du médium : EXEMPLE. [music]

Le *Si bémol* bas [music] a été placé une fois avec une excellente intention dramatique par Weber dans la scène du Freyschutz où Gaspard conjure Samiel; mais ce son est tellement bouché et conséquemment tellement sourd qu'on ne l'entend pas; il ne pourrait être remarqué que si l'orchestre entier se taisait au moment de son émission. Ainsi, le *La bémol* du médium, écrit par Meyerbeer dans la scène des nones de *Robert le Diable*, quand Robert s'approche du tombeau pour cueillir le rameau enchanté n'attire tellement l'attention que grâce au silence de presque tous les autres instruments; et cependant cette note est beaucoup plus sonore que le *Si bémol* bas. Il peut résulter dans certaines scènes d'horreur silencieuse, un très grand effet de ces notes bouchées à plusieurs parties; Méhul est le seul, je crois qui l'ait entrevu, dans son opéra de *Phrosine et Mélidore*.

N.º 42.   *PHROSINE ET MÉLIDORE.*
(MÉHUL.)

[musical score]

Les Trilles majeurs et mineurs sont praticables sur le Cor, mais dans une petite partie de sa gamme seulement. Voici les meilleurs:

EXEMPLE.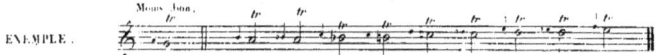

On écrit ordinairement les cors, quelque soit leur ton et celui de l'orchestre, sans dièzes ni bémols à la clef. Lorsqu'on traite un cor en partie récitante, cependant, il est mieux, si l'instrument n'est pas dans le même ton que l'orchestre, d'indiquer à la clef les dièzes ou les bémols que la tonalité exige; mais il faut toujours s'arranger de manière à en employer très peu. Ainsi le cor en *Fa* est très bien choisi pour exécuter un solo quand l'orchestre joue en *Mi bémol*, d'abord parce que c'est un des meilleurs tons de l'instrument, ensuite parceque cette combinaison n'amène pour la partie du cor que deux bémols (si et mi) à la clef, dont l'un (le si), étant, dans le médium et dans le haut, une note ouverte, ne diminue pas la sonorité de cette partie de sa gamme qui doit être le plus souvent employée en pareil cas.

EXEMPLE.

Il est vrai qu'un cor en mi ♭, pour un passage comme celui-ci, eut été tout aussi avantageux.

EXEMPLE.

Mais si la mélodie amenait fréquemment le quatrième et le sixième degré de cette gamme (*La* ♭ et *Ut*) le cor en fa vaudrait mieux alors que le cor en mi ♭, ses deux notes qui produisent étant beaucoup meilleures que celles du cor en mi ♭: représentant les mêmes sons.

Les anciens orchestres ne possédaient que deux cors, partout aujourd'hui les compositeurs en trouvent quatre. Avec deux cors seulement, tout en utilisant les sons *bouchés*, lorsqu'il s'agira de moduler un peu loin de la tonalité principale, les ressources de l'instrument seront assez bornées; avec quatre au contraire, et lors même qu'on ne voudrait se servir que des sons ouverts, il est facile d'y parvenir par le *Croisement des tons*.

Le compositeur qui prend quatre cors dans le même ton fait presque toujours preuve d'une insigne maladresse. Il vaut incomparablement mieux employer deux cors dans un ton et deux dans un autre; ou le premier et le second cor dans le même ton, le troisième dans un autre et le quatrième dans un autre, procédé préférable encore; ou enfin, quatre cors dans quatre tons différents; ce qu'il faut faire surtout dans le cas où l'on aurait besoin d'une grande quantité de sons *ouverts*.

182

L'orchestre jouant, par exemple, en *La bémol*, ces quatre cors pourraient être: 1.er en *La bémol* – 2.me en *Mi* ♮ .. (à cause de son mi, produisant sol ♯ qui donne enharmoniquement le la♭) 3.me en *Fa*, 4.me en *Ut*. Ou bien 1.er en *La* ♭, 2.me en *Ré* ♭ 3.me en *Mi* ♮, 4.me en *Si* ♮ bas, (à cause de son mi produisant ré ♯ qui donne enharmoniquement mi bémol). On peut encore selon la contexture du morceau combiner les quatre tons de plusieurs autres manières, c'est au compositeur à calculer les exigences de ses harmonies et à leur subordonner le choix de ses cors.

Par ce moyen il y a très peu d'accords où l'on ne puisse introduire quatre, ou trois, ou au moins deux notes ouvertes.

Quand on se sert de plusieurs tons différents à la fois il vaut mieux donner les tons aigus aux premiers cors et les tons graves aux seconds.

Une autre précaution que beaucoup de compositeurs négligent à tort, est celle de ne pas faire l'exécutant changer dans le même morceau un ton très haut contre un autre ton très grave, et réciproquement. Le corniste trouve fort incommode le passage subit du ton de *La* haut, par exemple, à celui de *Si bémol* bas, et au moyen des quatre cors qui se trouvent aujourd'hui dans tous les orchestres, il n'y a jamais nécessité de faire, pour les changements de tons, des sauts aussi disproportionnés.

Le cor est un instrument noble et mélancolique; l'expression de son timbre et sa sonorité ne sont pas telles cependant qu'il ne puisse figurer dans toute espèce de morceaux. Il se fond aisément dans l'ensemble harmonique; et le compositeur même le moins habile, peut, à volonté, le mettre en évidence ou lui faire jouer un rôle utile mais inaperçu. Aucun maître, à mon avis, n'a su en tirer un parti plus original, plus poétique en même temps et plus complet que Weber. Dans ses trois chefs d'œuvre, *Oberon*, *Euryante* et *le Freyschutz*, il leur fait parler une langue admirable autant que nouvelle, que Méhul et Beethoven seuls semblent avoir comprise avant lui, et dont Meyerbeer, mieux que tout autre, a maintenu la pureté. Le cor est de tous les instruments de l'orchestre, celui que Gluck écrivit le moins bien; la simple inspection d'un de ses ouvrages suffit pour mettre à nu son peu d'adresse à cet égard: il faut pourtant citer comme un éclair de génie les trois notes de cor imitant la conque de Caron dans l'air d'*Alceste* « Caron t'appelle! » ce sont des *Ut* du médium, donnés à l'unisson par deux cors en *Ré*; mais l'auteur ayant imaginé de faire aboucher l'un contre l'autre les pavillons, il en résulte que les deux instruments se servent mutuellement de sourdine et que les sons en s'entrechoquant prennent un accent lointain et un timbre caverneux de l'effet le plus étrange et le plus dramatique.

EXEMPLE.

Je crois pourtant que Gluck eût obtenu à peu près le même résultat avec le *La bémol* bouché du médium de deux cors en *Sol bémol*.

EXEMPLE.

Mais peut-être, à cette époque, les exécutants n'étaient-ils pas assez sûrs de prendre des intonations pareilles, et l'auteur fit-il bien d'user de ce singulier procédé pour assombrir et éloigner le son le plus ouvert du cor en *Ré*.

Rossini, dans la chasse du second acte de *Guillaume Tell*, a eu l'idée de faire exécuter un trait diatonique par quatre cors en *Mi Bémol* à l'unisson. C'est fort original. Quand on veut ainsi réunir les quatre cors, soit sur un chant soutenu, soit sur une phrase rapide qui nécessite l'emploi des sons bouchés et des sons ouverts, il vaut incomparablement mieux (à moins d'une idée basée sur la différence même et l'inégalité de ces sons) les mettre dans des tons différents; les notes ouvertes des uns, compensant ainsi le peu de sonorité des notes bouchées qui leur correspondent chez les autres, rétablissent l'équilibre, et donnent à la gamme entière des quatre cors unis une sorte d'homogénéité. Ainsi, pendant que le cor en *Ut* donne le *Mi bémol* (bouché), si le cor en *Mi bémol* donne l'*Ut* (ouvert) le cor en *Fa* le *Si bémol* (ouvert), et un cor en *Si bémol* bas le *Fa* (bouché), il résulte de ces quatre timbres différents un quadruple *Mi bémol* d'une fort belle sonorité; et l'on comprend qu'il en soit à peu près de même pour les autres notes.

184

EXEMPLE.

Un procédé avantageux dont je ne connais qu'un seul exemple, consiste à faire trois ou quatre cors en différents tons se succéder pour l'exécution *d'un solo* chantant. Chacun d'eux prenant ainsi dans la phrase les notes qui correspondent à ses sons ouverts, il en résulte, si les fragments mélodiques sont adroitement enchaînés les uns aux autres, un chant qui a l'air d'être exécuté par un seul cor dont presque toutes les notes sont égales et ouvertes.

EXEMPLE.

J'ai dit que le cor était un instrument noble et mélancolique, malgré ces *Joyeuses fanfares* de chasse qu'on cite si souvent. En effet, la gaîté de ces airs résulte plutôt de la mélodie elle-même que du timbre des cors; les fanfares de chasse ne sont vraiment *joyeuses* que si elles sont jouées sur des *trompes*, instrument peu musical, dont le son strident, tout en dehors, ne ressemble point à la voix chaste et réservée des cors. En forçant d'une certaine manière l'émission de l'air dans le tube du cor, on arrive cependant à le faire ressembler à la trompe; c'est ce qu'on appelle faire *cuivrer* les sons. Cela peut être quelquefois d'un excellent effet, même sur des notes bouchées. Quand il s'agit de forcer des notes ouvertes, les compositeurs exigent ordinairement, pour donner au son toute la rudesse possible, que les exécutants lèvent les pavillons; ils indiquent alors la position de l'instrument par ces mots: *Pavillons en l'air*. On trouve un magnifique exemple de l'emploi de ce moyen, dans l'explosion finale du duo d'*Euphrosine et Coradin*, de Méhul «*Gardez vous de la jalousie!*» Encore sous l'impression de l'horrible cri des cors, Gretry répondit un jour à quelqu'un qui lui demandait son opinion sur ce foudroyant duo: «C'est à ouvrir la voûte du théâtre avec le crâne des auditeurs!»

LE COR A 3 PISTONS.
ET A CYLINDRES.

Il peut faire toutes les notes ouvertes au moyen d'un mécanisme particulier dont l'action consiste à changer instantanément le ton du Cor. Ainsi l'emploi de tel ou tel piston transforme le cor en *Fa* en un cor en *Mi♮,* ou en *Mi♭,* ou en *Ré,* etc.etc; d'où il suit que les notes ouvertes d'un ton se trouvant ajoutées à celles des autres tons, on obtient en sons ouverts la gamme chromatique complète. L'emploi des trois pistons a d'ailleurs pour résultat d'ajouter à l'échelle de l'instrument SIX DEMI-TONS au-dessous du son naturel le plus grave. Ainsi, en prenant *Ut* comme le point extrême de l'étendue au grave du cor, les pistons lui donneront encore les notes suivantes.

Il en est de même pour tous les instruments de cuivre, Trompettes, Cornets, Bugles et Trombones auxquels le mécanisme des pistons est appliqué. L'étendue du cor à trois Pistons, dans un ton mixte tel que le Ton de *Mi ♭* serait donc celle-ci :

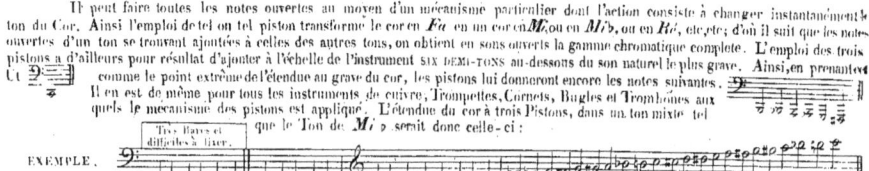

EXEMPLE.

Ce système présente surtout des avantages pour les seconds cors, eu égard aux lacunes considérables qu'il remplit entre ses notes naturelles graves, à partir du dernier Ut bas en montant. mais le timbre du cor à pistons diffère un peu de celui du cor ordinaire; il ne saurait donc le remplacer dans tous les cas. Je crois qu'il faut le traiter à peu près comme un instrument spécial, propre surtout à donner de bonnes basses, vibrantes et énergiques, qui n'ont pas cependant autant de force que les sons graves du trombone ténor auxquels les siens ressemblent beaucoup. Il peut aussi chanter fort bien une mélodie, surtout si elle roule principalement sur les notes du médium.

Les meilleurs tons à employer pour le cor à pistons, les seuls même qui ne laissent rien à désirer sous le rapport de la justesse sont les tons intermédiaires. Ainsi les cors en *Mi ♮*, *Fa*, *Sol* et *La ♭* sont de beaucoup préférables aux autres.

Plusieurs compositeurs se montrent hostiles à ce nouvel instrument parce que, depuis son introduction dans les orchestres, certains cornistes employant les pistons pour jouer des parties de cor ordinaire, trouvent plus commode de produire en sons ouverts par ce mécanisme, les notes bouchées écrites *avec intention* par l'auteur. Ceci est en effet un abus dangereux; mais c'est aux chefs d'orchestre à en empêcher la propagation, et il ne faut pas perdre de vue en outre que le cor à pistons entre les mains d'un artiste habile peut rendre tous les sons bouchés du cor ordinaire et *plus encore*, puisqu'il pourrait exécuter toute la gamme sans employer une seule note ouverte. Voici comment: l'usage des pistons ayant pour résultat, en changeant le ton de l'instrument d'ajouter des notes ouvertes des divers tons à celles du ton principal, il est clair qu'il doit amener aussi la réunion des notes bouchées de tous les tons. Ainsi, le cor en *Fa* donne naturellement cet *Ut* ouvert qui produit *Fa*, et, au moyen des pistons ce re ouvert qui produit *Sol*, mais si on emploie la main dans le pavillon, de manière à baisser ces deux notes d'un ton, la première deviendra un si♭ produisant *Mi ♭* bouché, et la seconde un ut produisant *Fa*, également bouché.

C'est au compositeur à désigner par le mot *Bouché* et par les chiffres 1/2 ou 2/3, indiquant de combien le pavillon doit être fermé, les notes qu'il ne veut pas qu'on produise *ouvertes*.

Pour une gamme écrit comme la suivante :

L'exécutant prendra donc les pistons propres à la gamme ouverte d'ut :

et l'emploi de la main fermant aux deux tiers le pavillon sur chaque note, en fera une gamme de *Si ♭*, dont tous les sons seront les plus sourds et les plus bouchés qu'on puisse obtenir sur le cor. C'est ainsi qu'on peut, sur le cor à pistons après avoir fait entendre une phrase en sons ouverts, la produire en sons bouchés comme un écho très éloigné.

Le Cor à Cylindres ne diffère du précédent que par la nature de son mécanisme.
Cette différence est tout à son avantage pour l'agilité et pour le timbre. Les sons du Cor à Cylindres ne diffèrent réellement pas de ceux du Cor ordinaire. Cet instrument est déjà d'un usage général en Allemagne, et, sans doute il en sera de même partout avant peu.

LA TROMPETTE.

Son étendue est à peu près la même que celle du cor, dont elle possède (à l'octave supérieure) toutes les notes ouvertes naturelles; on l'écrit sur la clef de sol.

Quelques artistes réussissent passablement à produire certains sons bouchés sur la trompette, en introduisant, comme pour le cor, la main dans le pavillon; mais l'effet de ces notes est si mauvais et leur intonation si incertaine, que l'immense majorité des compositeurs s'est abstenue et s'abstient encore, avec raison, d'en faire usage. Il faut excepter de cette proscription et considérer comme une note ouverte le fa aigu: il sort avec l'aide des lèvres seulement, mais son intonation est toujours trop haute; on ne doit l'écrire que comme note de passage placée entre un sol et un mi, et il faut se garder de l'attaquer ou de le soutenir.

Le si ♭ du médium au contraire est toujours un peu trop bas.

Il est bon d'éviter l'emploi de l'ut grave sur les trompettes plus graves que la trompette en *Fa*, cette note est d'une sonorité faible, d'un timbre commun, sans être propre à aucun effet bien caractérisé; on peut facilement la remplacer par un son de cor, incomparablement meilleur sous tous les rapports.

Les trois notes de l'extrême aigu déjà fort dangereuses sur les trompettes en *La bas*, *Si ♭* et *Ut*, sont impraticables sur les tons plus hauts. On pourrait cependant arriver à l'ut, même sur le ton de *Mi ♭*, s'il était ainsi amené, avec force: EXEMPLE. Un passage semblable, que la plupart des exécutants allemands et anglais aborderaient sans hésiter, paraîtrait toutefois fort dangereux en France, où l'on a, en général, dans la pratique des instruments de cuivre, beaucoup de peine à monter.

Il y a des trompettes formées de toutes pièces, en *Si ♭*, en *Ut*, en *Ré*, en *Mi ♭*, en *Mi ♯*, en *Fa*, et *En Sol*, très rarement en *La bémol* haut. Au moyen de la rallonge dont nous avons parlé pour les cors et qui baisse l'instrument d'un demi ton, on produit des trompettes en *La*, en *Si ♮*, en *Ré ♭* (ou *Ut ♯*) en *Sol ♭* (ou *Fa ♯*). Au moyen d'une rallonge double qui baisse la trompette d'un ton on obtient même le ton de *La bémol* bas; mais ce ton est le plus mauvais de tous. Le plus beau timbre au contraire, est celui de la trompette en *Ré ♭*, instrument plein d'éclat, d'une grande justesse et qu'on n'emploie presque jamais, parce que la plupart des compositeurs ignorent son existence.

D'après ce que j'ai dit plus haut des notes des deux extrémités de l'échelle de la trompette, il est aisé de conclure que l'étendue de cet instrument n'est pas la même pour tous ses tons. Les trompettes basses, comme tous les autres instruments de cette espèce, doivent éviter la note la plus grave et les trompettes hautes ne peuvent atteindre aux sons les plus aigus.

Voici le Tableau de l'étendue des différents tons.

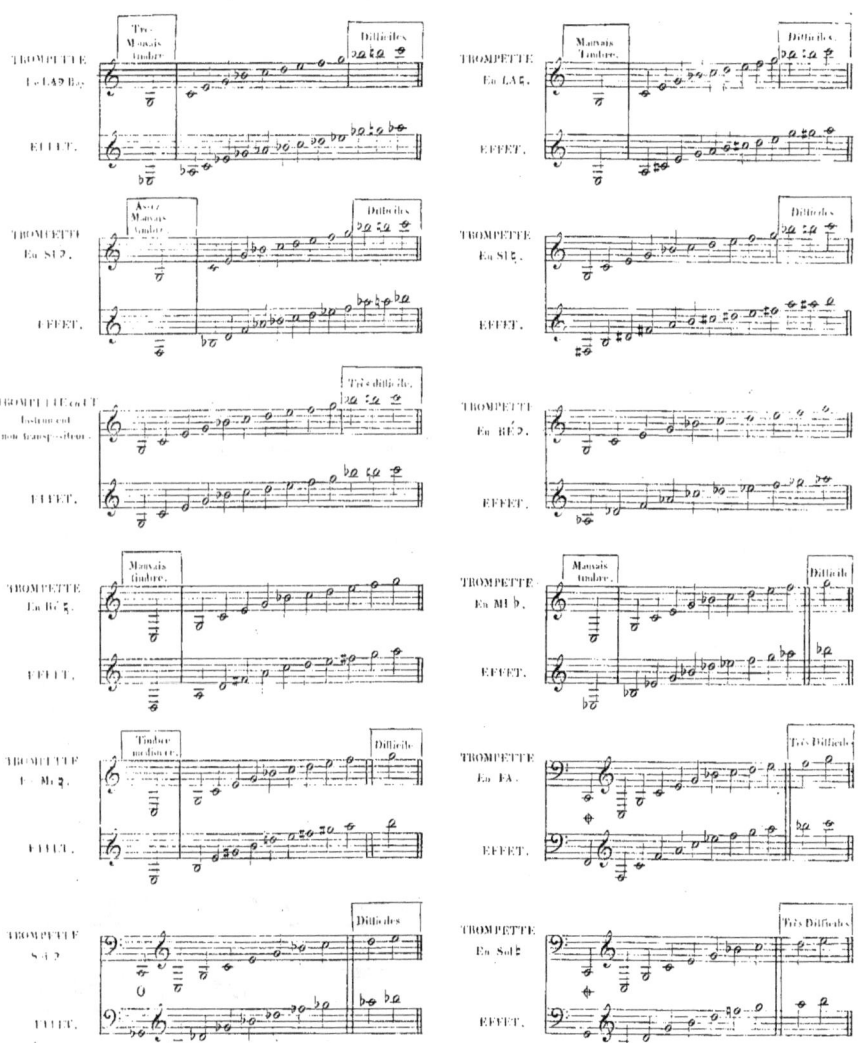

Ce contre Ut grave marqué du signe ⊕ et qu'on est obligé d'écrire sur la clef de Fa, est d'une sonorité excellente sur ces trois tons aigus; on peut en mainte occasion en tirer un parti admirable.

188

Les trompettes en *La bémol* haut ne se trouvent guère que dans quelques bandes militaires, leur son est très brillant, mais leur étendue est moindre encore que celle des trompettes en *Sol*, puisqu'on ne peut les faire s'élever au dessus du quatrième *Ut*.

EXEMPLE.

A SAX fait maintenant de petites Trompettes Octaves et Dixièmes (en Ut et en Mi ♭ aigus) dont le son est excellent. On devrait en avoir dans tous les orchestres et dans toutes les bandes militaires.

Le trille n'est presque pas praticable en général sur la trompette et je crois qu'il faut s'en abstenir dans l'orchestre Les trois trilles suivants, cependant, sortent assez bien: Ce que j'ai dit des tons divers des cors de la manière de les utiliser par le croisement, est applicable de tout point aux trompettes. Il faut ajouter seulement que l'occasion de les écrire dans différents tons ne se présente pas souvent. La plupart de nos orchestres n'offrent aux compositeurs que deux trompettes et deux cornets à pistons, au lieu de quatre trompettes, et il vaut mieux, en ce cas laisser les deux trompettes dans un seul ton, les cornets à pistons qui peuvent donner tous les intervalles, et dont le timbre n'est pas assez dissemblable de celui des trompettes pour ne pouvoir s'y assimiler dans l'ensemble, suffisant alors pour compléter l'harmonie. On n'a ordinairement besoin d'employer les trompettes en deux tons différents que dans le mode mineur, si l'on veut leur donner des *sonneries* qui comportent absolument l'emploi du troisième et du cinquième degré de la gamme. En *Sol* dièze mineur, par exemple, s'il faut faire sonner successivement à une trompette les deux notes *Sol* dièze, *Si*, pendant que l'autre fera entendre à la tierce au dessus ou à la sixte au-dessous, les deux autres notes *Si*, *Ré* dièze, on est obligé de prendre une trompette en *Mi* naturel (dont le *Mi* et le *Sol* produisent *Sol* dièze *Si*), et une trompette en *Si* naturel (dont l'*Ut* et le *Mi* donnent le *Si* et le *Ré* dièze); c'est ce qu'a fait M. Meyerbeer, dans la grande scène du quatrième acte des **Huguenots**

EXEMPLE.

Malgré la routine généralement suivie, il résulte de charmants effets du *Piano* des trompettes; Gluck, un des premiers, l'a prouvé par sa longue tenue des deux trompettes unies pianissimo sur la dominante, dans l'andante de l'introduction d'*Iphigénie en Tauride*; Beethoven ensuite (surtout dans l'andante de sa symphonie en *La*), et Weber, en ont tiré grand parti.

N.° 45. IPHIGÉNIE EN TAURIDE.
(GLUCK)

191

Pour que ces notes douces puissent être émises avec assurance, il faut en général les prendre dans le médium et ne pas les faire se succéder trop rapidement.

Les cinq suivantes peuvent être attaquées et soutenues pianissimo.

Le *Si* b du médium étant trop bas, ce défaut de justesse doit être corrigé autant que possible par la force d'émission du son; il ne peut être compris parmi les notes douces, l'*Ut* au dessus n'offre pas le même danger, on peut le soutenir et l'attaquer doucement, au moins sur les quatre tons inférieurs, *La* naturel, *Si* bémol, *Si* naturel *Ut*. Dans le ton de *Ré*, je crois qu'un artiste habile peut encore donner à cet *Ut*, en le soutenant, beaucoup de douceur, mais qu'il est prudent d'en couvrir l'entrée par un *forte* du reste de l'orchestre.

Le timbre de la trompette est noble et éclatant; il convient aux idées guerrières, aux cris de fureur et de vengeance, comme aux chants de triomphe, il se prête à l'expression de tous les sentiments énergiques, fiers et grandioses, à la plupart des accents tragiques. Il peut même figurer dans un morceau joyeux, pourvu que la joie y prenne un caractère d'emportement ou de grandeur pompeuse.

Malgré la fierté et la distinction réelles de son timbre, il y a peu d'instruments qu'on ait plus avilis que la trompette. Jusqu'à Beethoven et à Weber, tous les compositeurs, sans excepter Mozart, se sont obstinés, soit à le renfermer dans les ignobles limites du remplissage, soit à lui faire sonner deux ou trois formules rhythmiques toujours les mêmes, et plates et ridicules autant qu'antipathiques, fort souvent, au caractère des morceaux où elles figuraient. Ce détestable lieu commun est enfin abandonné aujourd'hui; tous les compositeurs qui ont du style accordent aux dessins mélodiques, aux formes d'accompagnement et aux sonneries des trompettes, la latitude, la variété et l'indépendance que la nature de l'instrument permet de leur donner. Il a fallu près d'un siècle pour en venir là.

Les Trompettes à pistons et à Cylindres ont l'avantage de pouvoir, comme les cors à pistons, donner tous les intervalles de la gamme chromatique. Elles n'ont rien perdu du timbre de la trompette ordinaire, par l'application de ces procédés et leur justesse est satisfaisante. Les Trompettes à Cylindres sont les meilleures, elles deviendront bientôt d'un usage général.

Les Trompettes à clefs, encore employées dans quelques orchestres d'Italie, ne peuvent leur être comparées sous ce rapport.

L'étendue générale des trompettes à cylindres et à pistons est donc celle-ci:

Les Trompettes hautes à Cylindres, telles que celles en Fa et en Sol, peuvent encore descendre chromatiquement jusqu'au Fa ♯ mais ces notes extrêmes sont d'un assez mauvais timbre.

Les trilles majeurs et mineurs faisables sur la trompette à Cylindres sont les mêmes que ceux du cornet à trois pistons. (Voir plus loin le tableau des trilles de cet instrument.)

Les Trompettes à coulisse, ainsi nommées à cause de leur coulisse mobile semblable à celle des Trombones et que la main droite fait mouvoir, sont, par cette raison, propres à la production des intervalles les plus justes. Leur son est absolument le même que celui des trompettes simples et leur étendue est celle ci:

LE CORNET A 3 PISTONS
et à Cylindres.

Son étendue moyenne est de deux octaves et deux ou trois notes. Le mécanisme depistons dont il est pourvu, lui permet de faire entendre tous les dégrès chromatiques, jusqu'au fa # grave cependant cette note et les deux ou trois qui la précèdent en descendant, telles que le *La, La b, Sol*, ne sont guère praticables que sur les Cornets hauts seulement. Il est possible, sur ces mêmes Cornets hauts, de faire sortir le contre Ut grave première note de la résonance naturelle du Cornet, ainsi qu'on le verra tout à l'heure; mais cette note est d'une émission très dangereuse, d'un mauvais timbre et d'une utilité fort contestable.

Il y a des cornets en *Ut,* en *Si b,* en *La,* en *La b,* en *Sol,* en *Fa,* en *Mi ♮,* en *Mi b,* en *Ré.* Au moyen de la rallonge dont nous avons parlé pour les Cors et les Trompettes et qui baisse l'instrument d'un demi ton, on peut sans doute obtenir les tons de *Si ♮,* de *Fa #,* et même de *Ré b;* mais la facilité de moduler, que donnent les Pistons, rend ces tons de rechange à peu près inutiles. En outre les tons graves, tels que ceux de *Sol, Fa, Mi,* et *Ré,* sont d'un assez mauvais timbre en général et manquent de justesse. Les meilleurs cornets, ceux, je crois, dont il faudrait se servir presqu'exclusivement, sont les cornets en *La b, La ♮,* et en *Si b.* Le plus aigu de tous, le Cornet en *Ut* est assez dur à jouer.

Voici l'étendue qu'on peut assigner aux divers tons du Cornet à Pistons; certains artistes obtiennent encore à l'aigu et au grave quelques notes fort dangereuses dont nous ne tiendrons pas compte. Il s'écrit sur la clef de Sol.

La résonnance naturelle de son tube plus court que celui des trompettes donne les notes suivantes:

Et voici l'étendue que lui donnent les Pistons dans les différents tons:

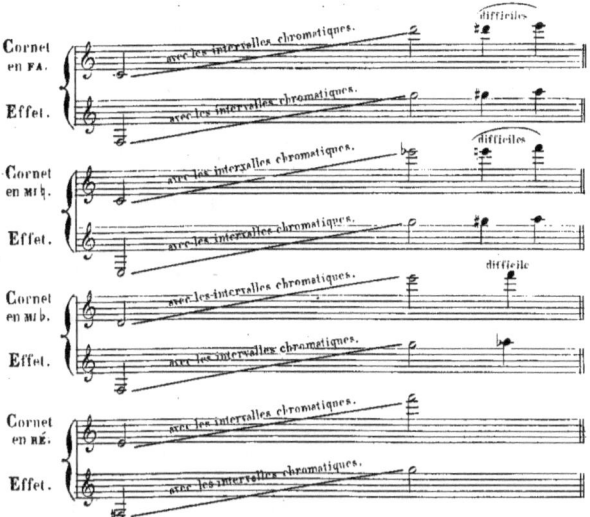

C'est ici le lieu de faire remarquer au sujet des dernières notes aiguës de ces exemples, qui toutes produisent le même Sol qu'elles sont d'une émission bien moins chanceuse et d'une meilleure sonorité sur les tons hauts que sur les tons bas. Ainsi le *Si b haut* du Cornet en La le *La haut* du Cornet *en Si b* et le *Sol haut* du Cornet *en Ut* sont incomparablement meilleurs et plus faciles à attaquer que le *Fa haut* du Cornet *en Ré* et que le *Mi haut* du Cornet *en Mi b* Toutes ces notes cependant font entendre le même Sol Cette remarque est d'ailleurs applicable à tous les instruments de cuivre.

La plupart des trilles majeurs et mineurs sont praticables et d'un bon effet sur cette partie de l'étendue des Cornets à Pistons aigus, tels que ceux *en La, Si b,* et *Ut.*

Voici maintenant le tableau comparatif des rapports établis entre les diapasons des divers tons des Cors, Trompettes, et Cornets.

Le premier son grave du Cornet *en Ut,* on l'a déjà vu, est à l'octave haute de celui de la Trompette *en Ut;* comme le premier son grave de cette Trompette est à l'octave haute de celui du Cor *en Ut bas.* Les notes naturelles du Cor

— 194 —

(celles qui résultent de la résonnance du tube) se reproduisent ainsi à l'octave haute et dans le même ordre dans la trompette, et celles de la trompette se reproduiraient toutes aussi à l'octave haute et dans le même ordre dans le Cornet si les lèvres de l'exécutant avaient la force nécessaire pour faire sortir les plus aiguës; ce qui n'est pas.

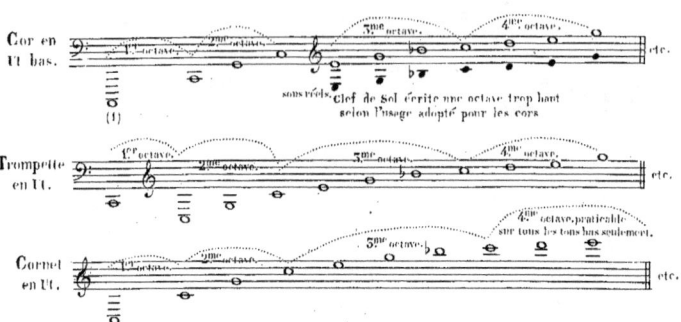

On voit par ce tableau, et il est très important de se le rappeler, que la partie de l'échelle de sons d'un instrument de cuivre où il ne peut faire entendre naturellement (sans pistons) que ces trois notes:

est toujours sa seconde octave en allant du grave à l'aigu.

Or les Cornets à Pistons ont leurs notes favorites dans cette seconde octave spécialement. On aurait pu considérant les Cornets *en La* en *Si♭* et en *Ut*, comme des Trompettes hautes à l'octave des Trompettes *en La*, en *Si♭* et en *Ut*, les écrire en conséquence; on a eu raison de ne pas le faire et d'écrire les Cornets à leur place sur l'échelle musicale en faisant partir leur son le plus grave d'une octave au dessus du ton le plus grave de la trompette. Les meilleures notes de ces cornets se trouvant dans l'étendue et dans les environs de leur 2me octave.

Si l'on eut écrit les Cornets comme des Trompettes, ces notes se fussent toujours trouvées au dessous de la portée et eussent nécessité l'emploi constant des lignes supplémentaires. Ainsi:

Cette façon incommode d'écrire les Cornets à Pistons s'est néanmoins conservée dans les musiques militaires Prussiennes. Il est bon d'en être prévenu.

Maintenant il faut considérer, (le ton d'Ut étant pris pour point de départ des Cors, Trompettes et Cornets) que les tons de rechange du Cornet vont en s'allongeant et par conséquent *en devenant de plus en plus graves*, et c'est pour cela qu'en exposant leur gamme nous avons commencé par les tons les plus hauts, tandis que ceux des Trompettes et des Cors (à l'exception de trois, ceux en Si♮ en Si♭ et en La bas, qui sont plus graves que le ton d'Ut) vont en se raccourcissant et par suite en devenant de plus en plus aigus.

(1) Cette note existe, elle est réellement la première au grave du Cor, mais sur les tons bas elle est si détestable et même d'une tonalité si peu appréciable que nous nous sommes abstenus de la faire figurer dans l'échelle des sons du Cor en Ut bas et à plus forte raison dans celle du ton de Si♭ bas.

s. 996.

TONS DIVERS DU CORNET A PISTONS.	TONS DIVERS DE LA TROMPETTE.	TONS DIVERS DU COR.
1er UT. *(Ton typique)*		d'Ut haut.
2e Si ♮.	de La ♭ *(rare)*	de Si ♮ haut.
3e Si ♭.	de Sol ♮.	de Si ♭ haut.
4e La.	de Sol ♭.	de La ♮ haut.
5e La ♭.	de Fa.	de La ♭.
6e Sol.	de Mi ♮.	de Sol ♮.
7e Sol ♭.	de Mi ♭.	de Sol ♭.
8e Fa.	de Ré ♮.	de Fa.
9e Mi ♮.	Tons de Ré ♭.	de Mi ♮.
10e Mi ♭.	TON d'UT. *(typique)*	de Mi ♭.
11e Ré.	Tons de Si ♮.	de Ré ♮.
	de Si ♭.	Tons de Ré ♭.
	de La. *(très rare)*	TON d'UT *(typique)*
		Tons de Si ♮.
		de Si ♭.
		de La *(très rare)*

On doit comprendre maintenant les rapports qui existent entre les cors, les trompettes et les cornets, et la position respective qu'ils occupent sur l'échelle des sons.

J'ajouterai que les trompettes à Pistons ou à Cylindres ayant leurs meilleures notes dans l'étendue et dans les environs de leur 3me octave, *qui se trouve à l'unisson de la 2me du cornet*, les passages écrits pour les cornets à Pistons en *La*, en *Si*, en *Ut*, dans cette étendue:

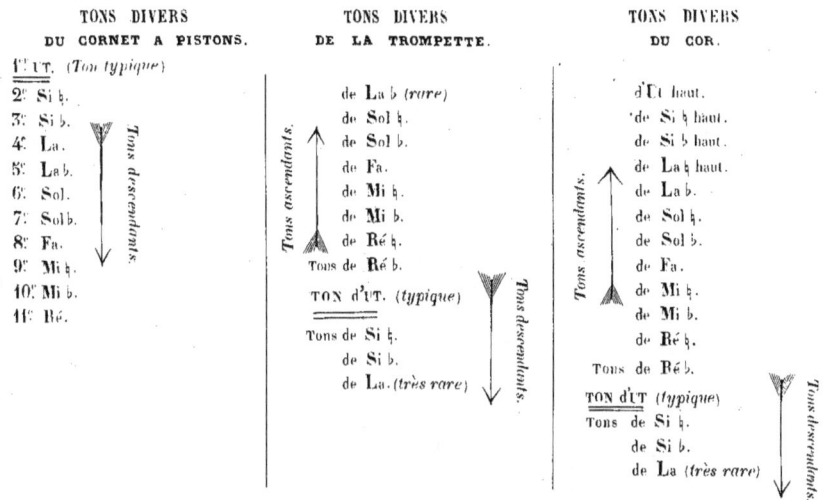

seront nécessairement exécutables sur les trompettes en *La*, en *Si*, et en *Ut*, sans qu'il en résulte aucun changement. Ce qui permet de faire remplacer sans désavantage les cornets par des trompettes à Cylindres, dans les orchestres tels que les orchestres allemands, qui n'ont pas de cornets.

Les cornets en *La*, en *Si ♭* et en *Ut*, ont en dernière analyse, moins d'étendue que les Trompettes en *La*, en *Si ♭* et en *Ut* puisqu'ils ne peuvent guère s'élever au dessus du La réel.

Les trompettes au contraire ont d'abord plusieurs notes de plus au grave, si mauvaises qu'elles soient, et donnent en outre plus aisément que les cornets ce même La:  sur les tons de Ré,

Quelques artistes même doués d'une vigoureuse embouchure font entendre le Mi de la Trompette en Sol qui produit Si, et le Sol de la Trompette en Fa qui produit Ut mais en passant seulement, et si ces notes sont adroitement amenées.

Toutefois les exécutants capables d'atteindre à ces notes extrêmes sont rares et il ne faut pas trop, en écrivant, compter sur eux.

Les trompettes ayant un tube étroit, une petite embouchure et un pavillon peu évasé, ont plus de facilité pour attaquer les notes hautes. Le tube des cornets étant au contraire un peu gros et presque conique, leur pavillon et leur embouchure étant un peu plus larges, l'accès des sons graves leur devient plus facile que celui des sons aigus, et leur timbre acquiert les qualités spéciales qui les distinguent de celui des trompettes. Telle est la cause de cette différence.

Avant de passer à l'examen du caractère expressif du Cornet à Pistons, il n'est pas inutile de répéter ici encore ce que j'ai dit en parlant du Cor à Pistons relativement à l'action des trois Cylindres ou Pistons adoptés aux instruments de cuivre en général.

Non seulement ces trois Cylindres donnent à ces instruments la gamme chromatique (au dessus de leur première octave) en comblant toutes les lacunes qui séparent les notes naturelles les unes des autres, mais ils ajoutent encore au grave six demi tons chromatiques au dessous des deux sons les plus graves.

Ce premier Ut bas est déjà si confus et si difficile à soutenir, que les notes ajoutées au dessous de lui par les Pistons deviennent, on le conçoit, absolument impraticables. Il en est de même pour les Cors.

Bien que le cornet possède tous les dégrés de la gamme chromatique, le choix du ton de rechange n'est pas indifférent; il vaut toujours mieux prendre celui qui permet d'employer le plus de notes naturelles (est-il besoin de répéter que les notes naturelles sont celles qui sortent sans employer les pistons, par l'effet seul de la résonnance du tube de l'instrument,

telles que 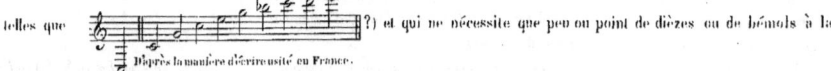 ?) et qui ne nécessite que peu ou point de dièzes ou de bémols à la clef. Quand l'orchestre joue en Mi ♮ par exemple, comme le cornet en Mi ♮ est un des moins bons, on emploiera le cornet en La ♮ qui jouera alors en Sol.

Il sera bon de prendre encore le cornet en La ♮ si l'orchestre est en Ré; il jouera alors en Fa.

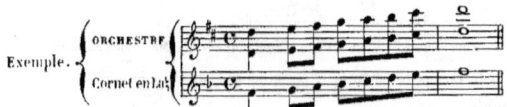

Si l'orchestre est en Mi ♭ on prendra le cornet en Si ♭ jouant avec un ♭ à la clef, en Fa par conséquent, et ainsi de suite.

Le Cornet à Pistons est fort à la mode en France aujourd'hui, surtout dans un certain monde musical où l'élévation et la pureté du style ne sont pas considérées comme des qualités bien essentielles; il est ainsi devenu l'instrument *Solo* indispensable pour les contredanses, Galops, airs variés et autres compositions du second ordre. L'habitude qu'on a maintenant de l'entendre dans les orchestres de bal exécuter des mélodies plus ou moins dépourvues d'originalité et de distinction, et le caractère de son timbre, qui n'a ni la noblesse des sons du cor, ni la fierté de ceux de la trompette rendent assez difficile l'introduction du cornet à pistons dans le haut style mélodique. Il peut y figurer avec avantage cependant, mais rarement et à la condition pour lui de ne chanter que des phrases d'un mouvement large et d'une incontestable dignité. Ainsi la ritournelle du trio de *Robert le Diable*, «mon fils, mon fils ma tendresse assidue convient fort au cornet à pistons.

Les mélodies joyeuses auront toujours à redouter de cet instrument, la perte d'une partie de leur noblesse, si elles en ont, et, si elles en manquent, un redoublement de trivialité. Telle phrase paraîtrait tolérable, exécutée par les violons ou les instruments à vent de bois, qui deviendrait d'une platitude et d'un vulgarisme odieux, mise en relief par le son mordant, fanfaron, déhonté, du cornet à pistons. Ce danger disparaît si la phrase est de nature a pouvoir être exécutée en même temps par un ou plusieurs trombones, dont la grande voix couvre alors et ennoblit celle du cornet. Employé harmoniquement, il se fond très bien dans la masse des instruments de cuivre; il sert à compléter les accords des trompettes; et à jeter dans l'orchestre des groupes de notes, diatoniques ou chromatiques, qui, a cause de leur rapidité, ne conviendraient ni aux trombones, ni aux cors. On écrit ordinairement deux parties de cornet à pistons, souvent chacune dans un ton différent.

LES TROMBONES.

Il y a quatre espèces de Trombones dont chacune porte le nom de la voix humaine dont elle se rapproche le plus par son timbre et son étendue. Le Trombone *Soprano* le plus petit et le plus aigu de tous, existe en Allemagne; nous ne le connaissons pas en France; il n'a presque jamais été employé dans les partitions des grands maîtres; ce qui ne serait point une raison, il est vrai, pour qu'on ne l'y vit figurer tôt ou tard, et il n'est pas certain que les Trompettes à pistons, même les plus aiguës puissent le remplacer avantageusement. Gluck seul, dans sa partition italienne d'*Orfeo*, a écrit le Trombone soprano sous le nom de *Cornetto*. Il l'a fait doubler la voix de Soprano du chœur pendant que les Trombones, Alto, Ténor et Basse doublent les autres voix.

Ces trois dernières espèces de Trombones sont les seules d'un usage général, encore faut il dire que le Trombone Alto n'existe pas dans tous les orchestres en France et que le Trombone Basse y est à peu près inconnu; on le confond même presque toujours avec le troisième Trombone Ténor chargé d'exécuter la partie la plus grave et auquel pour cette raison, on donne fort improprement le nom du Trombone Basse dont il diffère beaucoup.

Les Trombones sont des instruments à coulisse, dont le double tube peut s'allonger et se raccourcir instantanément par un simple mouvement du bras de l'exécutant. On conçoit que ces variations de la longueur du tube doivent changer complètement le ton de l'instrument; c'est ce qui arrive en effet. D'où il suit que les Trombones possédant comme les autres instruments de cuivre, toutes les notes résultant de la résonnance naturelle du tube dans *toutes les positions*, ont par cela même une échelle chromatique complète, interrompue seulement en un point au grave, ainsi que nous l'allons voir.

LE TROMBONE ALTO.

Il possède plus de deux octaves et demie d'étendue, on l'écrit sur la clé d'Ut 3e ligne.

EXEMPLE.

Son timbre est un peu grêle, comparativement à celui des Trombones plus graves. Ses notes inférieures sonnent assez mal; il est d'autant plus raisonnable de les éviter en général, que ces mêmes notes sont excellentes sur le Trombone Ténor dont le Trombone Alto, dans l'orchestre, n'est presque jamais isolé. Les sons hauts, tels que *Si*, *Ut*, *Ré*, *Mi*, *Fa*, peuvent être fort utiles au contraire, et, à cause d'eux, on doit regretter que le Trombone Alto soit à cette heure, banni de presque tous nos orchestres Français. Quand sa coulisse est **fermée** on en peut tirer avec les lèvres seulement les notes suivantes, qui sortent dans le même ordre que celles de la résonnance naturelle des cors, trompettes, cornets et de tous les autres instruments de cuivre en *Mi* ♭:

EXEMPLE.

De là le nom de petit Trombone ou de Trombone Alto en *Mi* ♭ que lui donnent les exécutants, mais qu'il est inutile en général de lui appliquer dans les partitions; puisque, faisant entendre les notes *telles qu'elles sont écrites* il ne figure point parmi les instruments transpositeurs, pour lesquels seuls, nous l'avons déjà dit, ces diverses désignations de tons sont toujours nécessaires.

LE TROMBONE TÉNOR.

C'est le meilleur de tous, sans contredit. Il a une sonorité forte et pleine; il peut exécuter des passages que leur rapidité rend impraticables sur le Trombone Basse et son timbre est bon dans toute l'étendue de son échelle. On l'écrit sur la clé d'Ut quatrième ordinairement, mais comme il arrive dans certains orchestres que les trois parties de Trombones sont, sous trois noms différents, jouées cependant sur trois Trombones Ténors, il s'ensuit qu'on les écrit l'un sur la clé d'Ut 3e (comme l'Alto) l'autre sur la clé d'Ut 4e (comme le Ténor) et le 3e sur la clé de Fa (comme la Basse.) Sa coulisse étant fermée, il produit naturellement les notes suivantes qui sont celles de la résonnance de tous les tubes de Cuivre en Si b; c'est-à-dire des tubes, qui en vibrant dans leur totalité, donnent pour premier son grave un Si b.

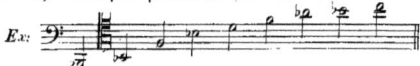

Ce qui l'a fait appeler Trombone en *Si* b. Il se trouve donc à la quarte au dessous du Trombone Alto et son étendue est celle ci.

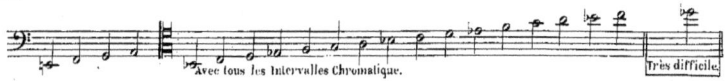

On voit que le Mi bémol grave ⸿ manque au Trombone Ténor; cette note donne constamment lieu à une foule d'erreurs dans les partitions même les plus savamment ordonnées. Ainsi l'un des maîtres actuels, dont l'habileté dans l'art de l'instrumentation est une des qualités éminentes et incontestées, a commencé un de ses opéras par plusieurs *Mi* b graves du troisième Trombone Ténor. C'est l'Ophicléide qui les exécute, le Trombone ne fait que les doubler à l'octave supérieure, et l'auteur ne s'est peut être jamais aperçu que son *Mi* bémol bas n'était pas donné par l'instrument pour lequel il l'écrivit.

LE TROMBONE BASSE.

N'est si rare qu'à cause de la fatigue que les exécutants, même les plus robustes, éprouvent à le jouer. C'est le plus grand et conséquemment le plus grave de tous. Il faut, quand on l'emploie, lui donner des silences assez prolongés pour que l'exécutant puisse se reposer, et n'en faire d'ailleurs qu'un usage discret et bien motivé.

Avec la coulisse fermée, il donne les notes suivantes:

On l'appelle grand Trombone ou Trombone Basse en *Mi* b.

Il se trouve en conséquence à l'octave basse du Trombone Alto et à la quinte inférieure du Trombone Ténor. On l'écrit sur la clé de Fa.

Le son du Trombone Basse est majestueux, formidable et terrible; c'est à lui qu'appartient de droit la partie grave dans toutes les masses d'instruments de cuivre. Cependant nous avons le malheur à Paris d'en être complètement dépourvus; on ne l'enseigne pas au Conservatoire, et aucun Tromboniste n'a encore voulu jusqu'à présent s'en rendre la pratique familière. D'où il suit que la plupart des partitions Allemandes modernes et même des anciennes partitions Françaises et Italiennes, écrites pour des orchestres qui possèdent ou possédaient cet instrument, doivent être plus ou moins dérangées quand on les exécute à Paris. Ainsi dans le *Freyschütz* de Weber, il y a des *Ré* naturels bas au dessous des portées ⸿ dans l'accompagnement du chœur des chasseurs; plus loin, à l'entrée de l'Ermite, on trouve des *Mi* bémols bas ⸿ Ces notes sont donc nécessairement entendues à l'octave supérieure, puisque les trois artistes de l'orchestre de l'opéra se servent exclusivement du Trombone Ténor, qui ne les a pas. Il en est même des *Ut* naturels graves, ⸿ soutenus, dans le chœur d'*Alceste* de Gluck: Pleure ô Patrie, ô Thessalie!

Seulement ici l'effet de ces *contre Ut* est extrêmement important; d'où il suit que leur transposition est déplorable. Le Trombone Basse ne peut se prêter à des mouvements aussi rapides que les autres instruments de la même famille; la longueur et la grosseur de son tube exigent un peu plus de temps pour entrer en vibrations, et l'on reçoit également que sa coulisse, manœuvrée à l'aide d'une manivelle qui supplée, dans certaines positions, à la longueur du bras, ne permettre pas une grande agilité. De là l'impossibilité réelle pour les artistes Allemands qui se servent du Trombone Basse, d'exécuter une foule de passages de nos partitions Françaises modernes, que nos Trombonistes rendent tant bien que mal sur le Trombone Ténor. L'imperfection de l'exécution de ces passages, malgré le talent de quelques uns de nos artistes, prouve évidemment d'ailleurs qu'ils sont trop rapides, même pour le Trombone Ténor, et que les Trombones en général ne sont point propres à rendre des successions semblables. Cela prouve tout au moins, si l'on suppose que les compositeurs ne sont coupables que d'un peu d'exagération dans la difficulté, qu'il faut toujours se servir des instruments indiqués par eux, et non point d'autres. Malheureusement plusieurs maîtres, sachant cependant que dans la plupart de nos orchestres il n'y a que des Trombones Ténors, s'obstinent à écrire dans leurs partitions *Trombone Alto, Trombone Ténor,* et *Trombone Basse,* au lieu d'indiquer, 1.ᵉʳ 2.ᵉ et 3.ᵉ *Trombones Ténors.* En conséquence pour pouvoir, à l'étranger, exécuter sous ce rapport leurs opéras comme on les exécute à Paris, il faudrait sans tenir compte des indications imprimées, se servir des instruments qu'on emploie à Paris. Mais comment admettre en général une pareille latitude dans l'interprétation des volontés du compositeur? n'est-ce pas ouvrir la porte à toutes les infidélités, à tous les abus? et n'est-il pas juste que les auteurs souffrent un peu, qui mettent tant de négligence à rédiger leurs œuvres, plutôt que de faire courir la chance de voir les leurs mutilées à ceux qui n'écrivent jamais qu'avec soin et une connaissance approfondie des ressources des instruments?...

Les Trombones ont tous, en partant de points plus ou moins graves, la même étendue; on a vu qu'elle est de deux octaves et une sixte. Mais ce n'est pas tout. Outre cette vaste gamme ils possèdent encore, à l'extrême grave, et à partir du premier son grave de la résonnance naturelle du tube, trois notes énormes et magnifiques sur le Trombone Ténor, d'une médiocre sonorité sur le Trombone Alto, et terribles sur le Trombone Basse quand on peut les faire sortir. On les nomme *pédales;* sans doute à cause de la ressemblance de leur timbre avec celui des sons très bas de l'Orgue qui portent le même nom. Il est assez difficile de les bien écrire et elles sont inconnues même de beaucoup de Trombonistes. Ces notes sont:  pour le Trombone Alto;

pour le Trombone Ténor, Et le Trombone Basse aurait celles-ci:

si tous les exécutants avaient la force de les faire sortir. En supposant toutefois que le grand Trombone Basse ne possède que la première de ces notes pédales, le contre Mi bémol, elle sera encore d'un grand prix pour certains effets qu'on ne peut obtenir autrement, puisqu'aucun autre instrument de l'orchestre, à l'exception du Bass-Tuba et du Contre Basson, n'atteint à cette extraordinaire gravité. Ces notes, sur tous les Trombones, sont isolées des autres par une lacune d'une quarte augmentée qui sépare la première note grave naturelle de la dernière (en descendant) de la gamme produite par l'emploi de la coulisse

Ex: Trombone en Si ♭

C'est à cause de cette lacune qu'il est indispensable dans certains cas de désigner le ton des Trombones qu'on emploie; car elle change de place dans l'échelle des sons, selon la longueur du tube, ou le ton de l'instrument, et, par suite, une ou plusieurs pédales d'un ton, toutes même, peuvent manquer sur un Trombone dans un autre ton.

Par exemple si le compositeur qui a écrit ces notes pédales n'a pas eu soin d'indiquer qu'il voulait un Trombone en Si ♭, il se peut qu'il y ait dans l'orchestre qui exécutera son ouvrage un vrai Trombone Basse *en Mi* auquel le La ♭ et le Sol bas manquent; ou un Trombone Basse en *Fa,* auquel il manque les quatre notes Si ♭, La, La ♭, Sol (ces instruments sont fort répandus en Allemagne) ou enfin un Trombone Basse en Sol (il y en a en Angleterre) auquel Si ♭, La, La ♭, manquent également. On le concevra mieux par le tableau suivant:

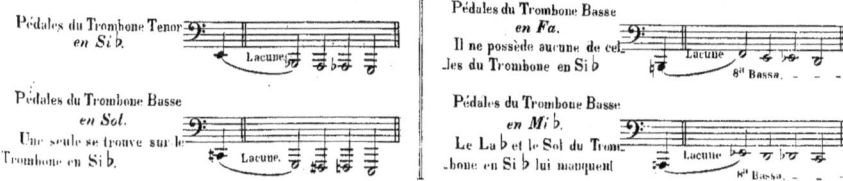

Pédales du Trombone Ténor en Si ♭.

Pédales du Trombone Basse en Fa. Il ne possède aucune de celles du Trombone en Si ♭

Pédales du Trombone Basse en Sol. Une seule se trouve sur le Trombone en Si ♭.

Pédales du Trombone Basse en Mi ♭. Le La ♭ et le Sol du Trombone en Si ♭ lui manquent

ÉTENDUE GÉNÉRALE

EXEMPLES.

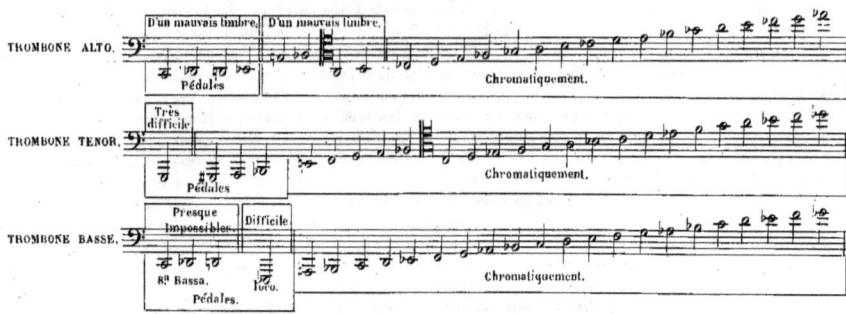

Si les pédales du Trombone Alto n'étaient pas d'un si mauvais timbre on pourrait les employer, dans les orchestres qui n'ont pas de Trombone Basse, à combler la lacune existant entre le Mi ♮ du Trombone Ténor et sa première pédale; malheureusement elles sont si grêles et si flasques, qu'il ne faut pas compter là dessus pour remplacer les beaux sons graves du Trombone Ténor; le Trombone Basse seul, avec les puissantes notes de l'extrémité inférieure de sa gamme peut remplir cet emploi.

Heureusement l'habile facteur Sax (*de Paris*) a tranché la difficulté au moyen d'un seul piston adapté au corps du Trombone Ténor; piston que l'éxécutant fait mouvoir avec le pouce de la main gauche, en conservant toute la liberté de son bras droit, pour faire manœuvrer la coulisse, et qui, comblant la lacune, donne maintenant au Trombone Ténor en Si ♭ cette immense étendue.

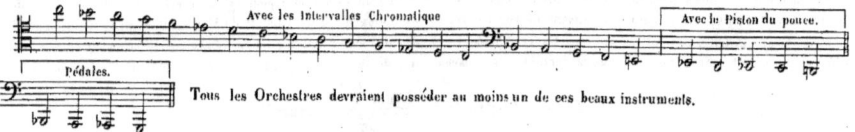

Tous les Orchestres devraient posséder au moins un de ces beaux instruments.

Les vibrations des notes pédales sont lentes et demandent beaucoup d'air; il faut donc, pour qu'elles puissent bien sortir, leur donner une assez longue durée, les faire se succéder lentement, et les entremêler de silences qui permettent à l'éxécutant de respirer. Il faut avoir soin aussi que le morceau où elles figurent soit écrit généralement assez bas pour que les lèvres du Tromboniste aient pu graduellement s'accoutumer aux intonations très graves. La meilleure manière de prendre les pédales sur le Trombone Ténor par exemple, est de faire sur la première un saut de quinte ou d'octave, en partant du *Fa* ou du *Si* ♭ au dessus; puis, après avoir permis une respiration, de passer en descendant chromatiquement au *La* et au *Sol* dièze (le *Sol* naturel est plus difficile, d'une rudesse extrême et d'une émission très chanceuse.) C'est du moins ainsi que, dans une messe de *Requiem* moderne, l'auteur a amené ces trois notes; et bien qu'à la première répétition de son ouvrage, sur les huit Trombonistes qui devaient les faire entendre, cinq ou six se fussent écriés qu'elles n'étaient pas possibles, les huit *Si* bémols, les huit *La* et les huit *Sol* ♯ n'en sortirent pas moins très pleins et très justes, et donnés par plusieurs artistes qui, n'ayant jamais essayé de les faire entendre, ne croyaient pas à leur existence. La sonorité des trois notes pédales parut même beaucoup plus belle que celle des notes bien moins graves et souvent employées.

Cet effet est placé, dans l'ouvrage que je viens de citer, au dessous d'une harmonie de Flûtes à trois parties, en l'absence des voix et de tous les autres instruments. Le son des Flûtes, séparé de celui des Trombones par un intervalle immense, semble être ainsi la résonnance harmonique suraiguë de ces pédales, dont le mouvement lent et la voix profonde ont pour but de redoubler la solennité des silences dont le chœur est entrecoupé, au verset; *Hostias et preces tibi laudis offerimus.*

N.° 46.   REQUIEM (BERLIOZ)

J'ai employé ailleurs encore les pédales de Trombone Ténor, mais dans une toute autre intention. Il s'agissait de faire entendre des harmonies graves d'une rudesse extrême et d'un timbre inaccoutumé. Je crois les avoir obtenues au moyen de cette quinte de deux Trombones Ténors 𝄢 et plus loin par cette septième diminuée entre un Ophicléide et un *La* pédale de Trombone Ténor.

EXEMPLE.

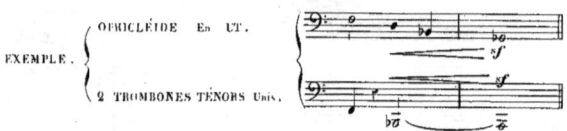

Une autre particularité ignorée de la plupart des compositeurs et très importante à connaître cependant, c'est la difficulté et même l'impossibilité dans certains cas, où se trouvent les Trombones de faire se succèder avec quelque rapidité les notes suivantes:

Le passage de l'une de ces notes à l'autre exigeant un changement énorme dans la position de la coulisse de l'instrument, et par conséquent, un allongement considérable du bras de l'exécutant, ne peut s'effectuer que dans un mouvement très modéré. Un maître célèbre ayant écrit cette succession rapide *Si*, *La* dièze, *Si*, répétée plusieurs fois, les Trombonistes de l'orchestre du Théâtre-Italien s'y prirent, pour l'exécuter, comme les joueurs de Cor Russe, dont chacun ne fait qu'une note; l'un donnait le *Si* naturel et l'autre le *La* dièze, au grand divertissement des autres musiciens, riant surtout de la peine qu'avait le second Trombone à placer son *La* dièze à contre-temps.

Il est également, et pour la même raison, assez difficile de rendre un peu vite ce passage sur le Trombone Ténor:

Il vaut mieux l'écrire en le renversant, la succession des notes 𝄢 n'exigeant aucun changement de position.

Le trille est praticable sur les Trombones, mais seulement sur les notes de leur octave supérieure; il faut, je crois, s'abstenir de l'écrire pour le Trombone Basse à cause de son extrême difficulté. Le Ténor et l'Alto, entre les mains d'exécutants habiles, peuvent triller les notes suivantes.

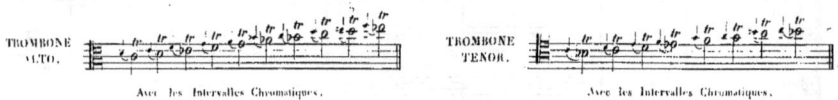

TROMBONE ALTO.   Avec les Intervalles Chromatiques.   TROMBONE TÉNOR.   Avec les Intervalles Chromatiques.

On voit que tous ces trilles sont majeurs, les trilles mineurs sont impossibles.

Le ***Trombone*** est, à mon sens, le véritable chef de cette race d'instruments à vent que j'ai qualifiés d'***Epiques***. Il possède en effet au suprême degré la noblesse et la grandeur; il a tous les accents graves ou forts de la haute poésie musicale, depuis l'accent religieux, imposant et calme, jusqu'aux clameurs forcénées de l'orgie. Il dépend du compositeur de le faire tour à tour chanter comme un chœur de prêtres, menacer, gémir sourdement, murmurer un glas funèbre, entonner un hymne de gloire, éclater en horribles cris, ou sonner sa redoutable fanfare pour le réveil des morts ou la mort des vivants.

On a pourtant trouvé moyen de l'avilir, il y a quelque trente années, en le réduisant au redoublement servile, inutile et grotesque de la partie de contre-Basse. Ce système est aujourd'hui à peu près abandonné, fort heureusement. Mais on peut voir dans une foule de partitions, fort belles d'ailleurs, les Basses doublées presque constamment à l'unisson par un seul Trombone. Je ne connais rien de moins harmonieux et de plus vulgaire que ce mode d'instrumentation. Le son du Trombone est tellement caractérisé, qu'il ne doit jamais être entendu que pour produire un effet spécial; sa tâche n'est donc pas de renforcer les contre-Basses, avec le son desquelles, d'ailleurs, son timbre ne sympathise en aucune façon. De plus il faut reconnaître qu'un seul Trombone dans un orchestre semble toujours plus ou moins déplacé. Cet instrument a besoin de l'harmonie, ou tout au moins, de l'unisson des autres membres de sa famille, pour que ses aptitudes diverses puissent se manifester complètement. Beethoven l'a employé quelquefois par paires, comme les Trompettes; mais l'usage consacré de les écrire à trois parties me paraît préférable.

Il est difficile de déterminer avec précision le degré de rapidité auquel les Trombones peuvent atteindre dans les traits; cependant voilà, je crois, ce qu'on peut dire: dans la mesure à quatre temps et dans le mouvement ***Allegro moderato*** par exemple, un trait en croches simples (huit notes par mesures) est faisable sur le Trombone-Basse.

EXEMPLE.

Les autres Trombones Tenor et Alto, étant un peu plus agiles, exécuteront sans trop de peine des traits en triolets de croches (12 notes par mesures) EXEMPLE.  mais ce sont les termes naturels de leur agilité; les dépasser c'est tomber dans le gachis, la confusion, sinon tenter l'impossible.

Le caractère du timbre des Trombones varie en raison du degré de force avec lequel le son est émis. Dans le ***fortissimo***, il est menaçant, formidable; surtout si les trois Trombones sont à l'unisson, ou tout au moins si deux sont à l'unisson, le troisième étant à l'octave des deux autres. Telle est la foudroyante gamme en ***Ré*** mineur sur laquelle Gluck a dessiné le chœur des furies au second acte d'***Iphigénie en Tauride***. Tel est, et plus sublime encore, le cri immense des trois Trombones unis, répondant comme la voix courroucée des dieux infernaux, à l'interpellation d'Alceste « Ombre! larve! compagne di morte! » dans cet air prodigieux dont Gluck a laissé dénaturer l'idée principale par le traducteur Français, mais qui, tel qu'il est cependant, est demeuré dans la mémoire de tout le monde, avec son malencontreux premier vers: « Divinités du Styx! ministres de la mort! » Remarquons en outre que vers la fin de la première période de ce morceau, quand les Trombones divisés en trois parties répondent, en imitant le rhythme du chant, à cette phrase: « Je n'invoquerai point votre pitié cruelle! » remarquons, dis-je, que par l'effet même de cette division, le timbre des Trombones prend à l'instant quelque chose d'ironique, de rauque, d'affreusement joyeux, fort différent de la fureur grandiose des unissons précédents.

N.° 47.

ALCESTE.
(GLUCK)

Andante.

209

Andante un poco.

J'en... lè... ve un tendre é... poux à son fu... nes... te sort mais je

Andante un poco.

vous abandonne une é...pou...se mais je vous a...bandon...ne une é...pou... se fi...dè...le

Animé.
Lent.
Di_vi_ni_tés du Stix
Fag.
di_vi_ni_tés du Stix
Fag.
Mi_nis_tres de la
Animé 1er mouvement.
Lent.
mort mou_rir pour ce qu'on ai_me pour ce qu'on ai_me est un trop doux ef_fort une ver_tu si na_tu
1er mouvement.

Prestissimo.
rel_le si na_tu_rel_le mon cœur est a_ni_mé du plus no_ble plus noble trans_port
Prestissimo.
je sens u_ne for_ce nou_vel_le je vais où mon a_mour m'ap_

214

Dans *le forte* simple, les trombones, en harmonie à trois parties, dans le médium surtout, ont une expression de pompe héroïque de majesté, de fierté, que le prosaïsme d'une mélodie vulgaire pourrait seul atténuer et faire disparaître. Ils prennent en pareil cas, en l'agrandissant énormément, l'expression des trompettes; ils ne menacent plus, ils proclament, ils chantent au lieu de rugir. Il faut remarquer seulement que le son du Trombonne Basse prédomine toujours plus ou moins, en pareil cas, sur les deux autres, surtout si le premier est un Trombone Alto. 8. 9.°°.

N.º 49. SYMPHONIE FUNÈBRE ET TRIOMPHALE.
(BERLIOZ.)

218

220

Dans le *mezzo forte* du médium, à l'unisson ou en harmonie avec un mouvement lent, les trombones prennent le caractère religieux. Mozart, dans les chœurs des *prêtres d'Isis, de la Flûte enchantée*, a produit d'admirables modèles de la manière de leur donner la voix et les allures pontificales.

N.° 50.   *LA FLÛTE ENCHANTÉE.*
(MOZART.)

Le *pianissimo* des trombones appliqué à des harmonies appartenant au mode mineur est sombre, lugubre, je dirais presque hideux. Dans le cas surtout où les accords sont brefs et entrecoupés de silences, on croit entendre des monstres étranges exhaler dans l'ombre les gémissements d'une rage mal contenue. On n'a jamais, à mon sens, tiré un parti plus dramatique de cet accent spécial des trombones, que ne le fit Spontini dans son incomparable marche funèbre de la *Vestale*: « Périsse la vestale impie! » et Beethoven dans l'immortel duo du second acte de *fidélio* chanté par Léonore et le geôlier creusant la tombe du prisonnier qui va mourir.

L'habitude prise aujourd'hui par quelques maîtres de former un quatuor des trois trombones et de l'ophicléide, en confiant à celui-ci la vraie basse, n'est peut être pas irréprochable. Le timbre des trombones, si mordant, si dominateur, n'est point le même il s'en faut, que celui de l'ophicléide, et je crois qu'il est beaucoup mieux de ne faire que redoubler la partie grave par cet instrument, où, tout au moins, de donner une basse correcte aux trombones en écrivant leurs trois parties comme si elles devaient s'entendre seules.

Gluck, Beethoven, Mozart, Weber, Spontini, et quelques autres, ont compris toute l'importance du rôle des trombones ; ils ont appliqué avec une intelligence parfaite à la peinture des passions humaines, à la reproduction des bruits de la nature, les caractères divers de ce noble instrument; ils lui ont en conséquence conservé sa puissance, sa dignité et sa poésie. Mais le contraindre, ainsi que la foule des compositeurs le fait aujourd'hui, à hurler dans un *credo* des phrases brutales moins dignes du temple saint que de la taverne, à sonner comme pour l'entrée d'Alexandre à Babylone quand il ne s'agit que de la pirouette d'un danseur, à plaquer des accords de tonique et de dominante sous une chansonnette qu'une guitare suffirait à accompagner, à mêler sa voix olympienne à la mesquine mélodie d'un duo de vaudeville, au bruit frivole d'une contredanse, à préparer, dans les tutti d'un concerto l'avènement triomphal d'un hautbois ou d'une flute, c'est appauvrir, c'est dégrader une individualité magnifique; c'est faire d'un héros un esclave et un bouffon; c'est décolorer l'orchestre ; c'est rendre impuissante et inutile toute progression raisonnée des forces instrumentales; c'est ruiner le passé, le présent et l'avenir de l'art; c'est volontairement faire acte de vandalisme, ou prouver une absence de sentiment de l'expression qui approche de la stupidité.

LE TROMBONE ALTO À PISTONS,
OU À CYLINDRES.

Il y a des Trombones Altos en *Mi* ♭ et en *Fa*, on doit absolument désigner pour lequel de ces deux tons on écrit, puisque l'usage a prévalu de traiter ce Trombone en instrument transpositeur. Il n'a plus de coulisse; ce n'est en quelque sorte qu'un Cornet à pistons en *Mi* ♭ ou en *Fa* avec un peu plus de sonorité que les Cornets véritables.

L'étendue du Trombone Alto à pistons est la même que celle du Trombone Alto ordinaire. On l'écrit sur la clé de Sol et en transposant, comme on fait pour le Cornet à pistons.

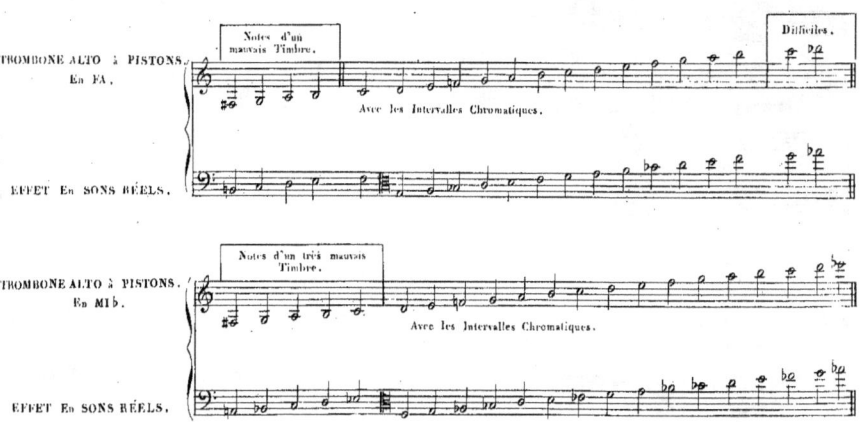

Le Trombone à pistons étant privé du secours de la coulisse, ne peut produire les notes graves, dites pédales, des autres Trombones.

Les *Trilles* du Trombone Alto à coulisse et que l'exécutant fait avec les lèvres seulement, sont praticables sur le Trombone à pistons. On en peut faire quelques uns aussi avec les pistons, mais il faut remarquer que les trilles mineurs sont les seuls d'un bon effet et qui puissent être battus rapidement. Voici les meilleurs:

Le système des pistons adapté au Trombone lui donne beaucoup d'agilité, mais en lui faisant perdre un peu de sa justesse. On conçoit en effet que la coulisse mobile, obéissant instantanément à la moindre impulsion, fasse, si l'exécutant à l'oreille délicate, du Trombone ordinaire le plus juste des instruments à vent, et que le Trombone à pistons privé de la coulisse, se trouve par cela même rangé dans la catégorie des instruments à intonations fixes auxquelles les lèvres ne peuvent apporter que de très légères modifications. On écrit souvent pour le Trombone Alto à pistons des solos chantants. Bien phrasée, une mélodie peut avoir ainsi beaucoup de charme; c'est pourtant une erreur de croire que, confiée à un véritable virtuose, elle en aurait moins sur le Trombone à coulisse; M. Dieppo l'a prouvé maintes fois victorieusement. D'ailleurs, je le répète, à moins qu'il ne s'agisse de l'exécution de dessins rapides, l'avantage d'une plus grande justesse doit paraître considérable, et entrer pour beaucoup dans la détermination des compositeurs. On trouve en Allemagne quelques trombones Ténors à Cylindres qui descendent jusqu'au si♭ grave malgré cet avantage, les Trombones à coulisses leur seront toujours préférables à mon avis.

LE BUGLE OU CLAIRON.

Nous terminerons l'étude des instruments à vent par quelques mots sur la famille des Bugles.

Le Bugle simple ou Clairon, s'écrit sur la clé de Sol, comme la Trompette. Il possède en tout huit notes: encore, la dernière, l'*Ut* aigu, n'est-elle guère praticable que sur le Clairon le plus bas, et la plus grave est d'un très mauvais timbre. Il y a des Clairons dans trois tons: en *Si* ♭, en *Ut* et en *Mi* ♭; on en trouve plus rarement dans les autres tons. Les fanfares qu'on leur fait exécuter, roulant toujours exclusivement sur les trois notes de l'accord parfait sont nécessairement d'une monotonie voisine de la platitude. Le timbre de cet instrument est assez disgracieux; en général il manque de noblesse, et il est difficile d'en jouer très juste; comme il ne peut exécuter aucune succession diatonique il en résulte nécessairement que les trilles lui sont interdits.

Les Clairons ne me paraissent pas beaucoup plus haut placés dans la hiérarchie des instruments de cuivre, que ne le sont les Fifres parmi les instruments de bois. Les uns et les autres ne peuvent guère servir qu'à conduire des conscrits à la parade; bien qu'à mon sens, une pareille musique ne dût jamais être entendue par nos soldats jeunes ou vieux: il n'y a point de nécessité de les accoutumer à l'ignoble. Comme le son du Clairon est très fort, il n'est pas impossible que l'occasion se présente de l'employer dans l'orchestre, pour accroître la violence de quelque cri terrible des Trombones, des Trompettes, et des Cors unis; c'est probablement tout ce qu'on en peut attendre.

Le Bugle, instrument beaucoup plus court que la Trompette, ne possède que les notes des trois octaves inférieures de celle-ci: EXEMPLE. 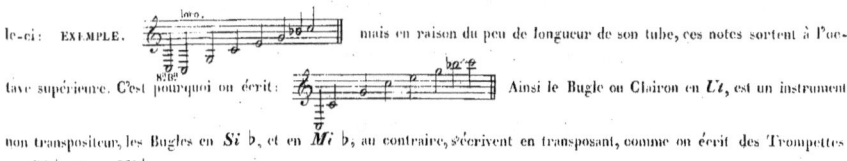 mais en raison du peu de longueur de son tube, ces notes sortent à l'octave supérieure. C'est pourquoi on écrit: 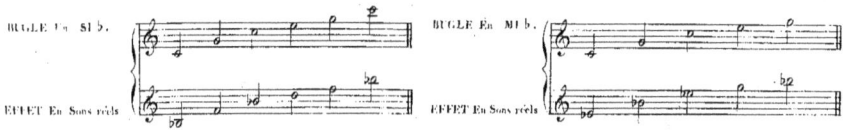 Ainsi le Bugle ou Clairon en *Ut*, est un instrument non transpositeur, les Bugles en *Si* ♭, et en *Mi* ♭, au contraire, s'écrivent en transposant, comme on écrit des Trompettes en *Si* ♭, et en *Mi* ♭.

EXEMPLES.

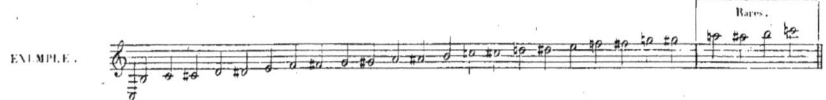

LE BUGLE À CLEFS.

Dans les musiques de cavalerie et même dans certains orchestres d'Italie on trouve des Bugles à sept clefs qui parcourent chromatiquement une étendue de plus de deux octaves, à partir du *Si* ♮ au dessous des portées, jusqu'à l'*Ut* au dessus.

226

Le Bugle à clés peut faire le trille sur toutes les notes de sa gamme, à l'exception de celui-ci: 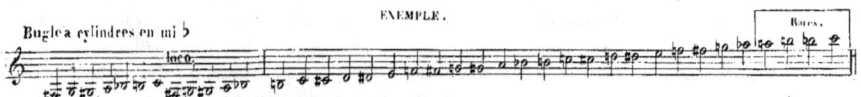 Il ne manque pas d'agilité, plusieurs artistes en jouent même d'une façon remarquable, mais son timbre ne diffère pas de celui du Clairon ou Bugle simple.

LE BUGLE À PISTONS
OU À CYLINDRES.

A plus d'étendue au grave que le précédent, c'est un faible avantage, car ses notes basses sont d'un timbre fort mauvais, encore ne sortent-elles aisément que sur le petit Bugle en Mi ♭ dont l'étendue, en conséquence, est celle-ci:

EXEMPLE.

Cet instrument vaut beaucoup mieux que le Bugle à clés, il peut produire un bon effet en chantant certaines mélodies d'un mouvement large, ou tout au moins modéré, son timbre présente, pour les phrases vives ou gaies, le même inconvénient que nous avons déjà signalé pour les Cornets à pistons, celui de manquer de distinction; toutefois il peut être favorablement modifié par le talent de l'exécutant. A partir du Mi  du médium, tous les trilles majeurs et mineurs sont bons sur le Bugle à pistons, à l'exception de celui-ci:

L'OPHICLÉÏDE BASSE.

Les Ophicléïdes, sont les Altos et les Basses du Bugle. L'Ophicléïde basse offre de grandes ressources pour tenir la partie grave des masses d'harmonie; c'est aussi le plus usité. On l'écrit sur la clé de **Fa** et son étendue est de trois octaves et une note.

EXEMPLE.

Avec tous les intervalles Chromatiques.

Entre les mains d'un artiste habile, les trilles majeurs et mineurs sont possibles sur cette partie de sa gamme, ainsi que M. Caussinus l'a prouvé dans l'excellente Méthode qu'il vient de publier.

EXEMPLE.

Très difficile.

Autrefois le *Fa* ♯ grave ne pouvait se faire que d'une manière incomplète avec les lèvres; cette note manquait essentiellement de justesse et de fixité. Mr Caussinus a ajouté à l'instrument une clé qui la rend aussi bonne que les autres.

Les traits d'une certaine rapidité, diatoniques et même chromatiques, sont praticables dans les trois octaves supérieures de l'Ophicléide, mais excessivement difficiles dans le grave, où ils ne produisent en outre qu'un détestable effet.

EXEMPLE.

Les traits détachés sont beaucoup plus mal aisés et à peine possibles dans un mouvement vif. Il y a des Ophicléides basses dans deux tons, en *Ut* et en *Si* ♭; on en fait même maintenant en *La* ♭. Ceux-là seraient d'une grande utilité, à cause de la gravité extrême de leurs notes inférieures qui en font l'unisson des contre-Basses à trois cordes. Toutefois l'Ophicléide en *Si* ♭ rend déjà d'éminents services sous ce rapport. On les écrit l'un et l'autre, en transposant, comme tous les instruments transpositeurs.

EXEMPLE.

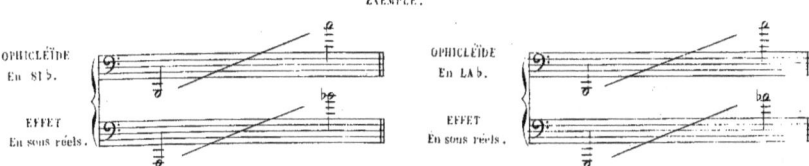

Ce premier Sol grave est, on le voit, l'unisson de celui-ci de la contre-Basse. Il est malheureux que l'Ophicléide en *La* ♭ soit si peu répandu.

Le timbre de ces sons graves est rude, mais il fait merveilles, dans certains cas, sous des masses d'instruments de cuivre. Les notes très hautes ont un caractère sauvage dont on n'a peut être pas encore su tirer parti. Le médium, surtout lorsque l'exécutant n'est pas très habile, rappelle trop les sons du Serpent de Cathédrale et du Cornet à bouquin; je crois qu'il faut rarement les laisser à découvert. Rien de plus grossier, je dirai même de plus monstrueux et de moins propre à s'harmoniser avec le reste de l'orchestre, que ces passages plus ou moins rapides, écrits en forme de *solos* pour le médium de l'Ophicléide dans quelques opéras modernes; on dirait d'un Taureau qui, échappé de l'étable, vient prendre ses ébats au milieu d'un salon.

L' OPHICLÉÏDE ALTO.

Il y a des Ophicléides altos en *Fa* et en *Mi* ♭ leur étendue est la même que celle des Ophicléides basses; on les écrit l'un et l'autre sur la clé de Sol, comme les Cors; et de même que pour les Cors, cette clé représente pour eux l'octave-Basse de la note écrite. Ainsi cet Ut correspond à celui de la clé de Fa qui en réalité fait entendre celui Là de la clé de Sol. En tenant compte maintenant de la transposition produite par le diapason de leurs tons spéciaux voici, en sons réels, le résultat de leur gamme écrite:

228

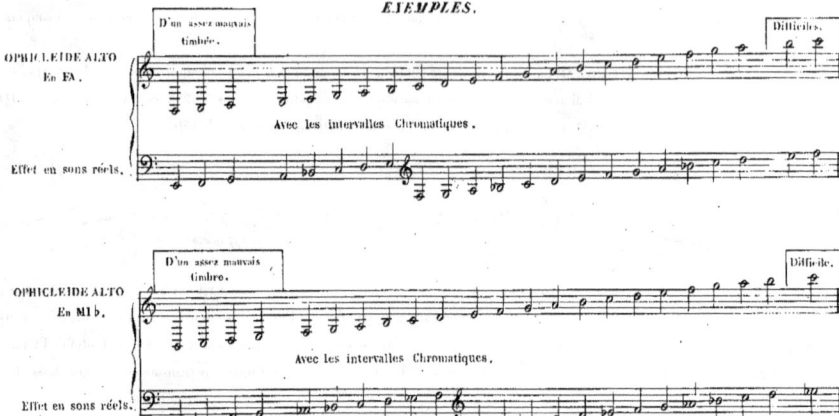

On les emploie dans quelques musiques militaires pour remplir l'harmonie et même pour exécuter certaines phrases de chant; mais leur timbre est généralement désagréable et peu noble et ils manquent de justesse; de là l'abandon à peu près complet ou ces instruments sont tombés aujourd'hui.

L'OPHICLÉÏDE CONTRE-BASSE.

Les Ophicléïdes contre-Basses ou Ophicléïdes monstres sont fort peu connus. Ils pourraient être utiles dans les très grands orchestres; mais, jusqu'à présent, personne n'a voulu en jouer à Paris; ils exigent une dépense d'air qui fatigue les poumons de l'homme le plus robuste. Ils sont en *Fa* et en *Mi* ♭, à la quinte au dessous des Ophicléïdes basses en *Ut* et en *Si* ♭ et à l'octave Basse des Ophicléïdes altos en *Fa* et en *Mi* ♭. Il ne faut pas les faire monter plus haut que le Fa.

Il est inutile de dire que les trilles et les traits rapides sont incompatibles avec la nature de pareils instruments.

LE BOMBARDON.
EN FA.

C'est un instrument grave, sans clefs et à cinq cylindres, dont le timbre diffère un peu de celui de l'Ophicléide.

Son étendue est celle-ci; 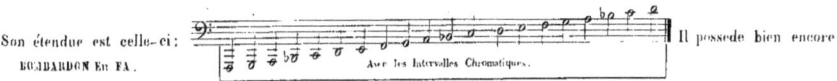 Il possède bien encore
BOMBARDON En FA.

quelques notes au grave et à l'aigu, mais elles sont d'une émission incertaine, il vaut mieux les éviter.

Cet instrument dont le son est très fort ne peut exécuter que des successions d'un mouvement modéré. Les traits et les trilles lui sont interdits. Il produit un bon effet dans les grands orchestres où dominent les instruments à vent. Son tube donne naturellement les notes de l'accord de Fa, c'est pourquoi on l'appelle en Fa, néanmoins l'usage est en Allemagne de le traiter, comme le Trombone, en instrument *non transpositeur* et de n'écrire pour lui que des sons réels.

LE BASS-TUBA.
CONTREBASSE D'HARMONIE.

C'est une espèce de Bombardon dont le mécanisme a été perfectionné par Mr Wibrecht chef des musiques militaires du Roi de Prusse. Le Bass-tuba très répandu aujourd'hui dans le nord de l'allemagne, à Berlin surtout, a un immense avantage sur tous les autres instruments graves à vent. Son timbre, incomparablement plus noble que celui des Ophicléides, Bombardons et Serpents, a un peu de la vibration du timbre des Trombones. Il a moins d'agilité que les Ophicléides, mais sa sonorité est plus forte que la leur et son étendue au grave est *la plus grande qui existe à l'orchestre*. Son tube donne, comme celui du Bombardon les notes de l'accord de *Fa*; cependant A. SAX fait maintenant des Bass-Tuba en *Mi*♭. Quoiqu'il en soit de cette différence, on les traite tous en Allemagne en instruments *non transpositeurs*. Le *Bass-Tuba* a cinq Cylindres et son étendue est de quatre octaves (depuis quelques années ces instruments se sont introduits en France où on les a écrits comme les Cors et trompettes en instruments transpositeurs.)

EXEMPLE.
BASS-TUBA
en MI♭.

En France donc, la gamme précédente serait écrite une tierce au dessous.

Il peut encore produire quelques notes de plus à l'aigu, et même au grave à l'aide du mécanisme des Cylindres. Celles de l'extrémité supérieure sont très dangereuses, celles d'en bas sont à peine appréciables; *l'Ut* le *Si*♭ et le *La* que je viens de marquer dans sa gamme, ne se distinguent même bien que si ils sont doublés à l'octave supérieure par une autre partie de Bass-Tuba, qui leur donne et en reçoit alors plus de sonorité.

Il est bien entendu que cet instrument n'est pas plus propre que le Bombardon aux trilles ni aux passages rapides. Il peut *chanter* certaines mélodies larges. On ne saurait se faire une idée de l'effet produit dans les grandes Harmonies militaires par une masse de Bass-Tuba. Cela tient à la fois du Trombone et de l'orgue.

INSTRUMENTS A EMBOUCHURE
ET EN BOIS.
LE SERPENT.

Instrument de bois recouvert en cuir et à embouchure, a la même étendue que l'Ophicléide basse avec un peu moins d'agilité, de justesse et de sonorité. Il y a trois notes,  beaucoup plus fortes que les autres; de là des inégalités de son choquantes, que les exécutants doivent s'appliquer à corriger de leur mieux. Le Serpent est en *Si* b, il faut l'écrire en conséquence un ton audessus du son réel, comme l'Ophicléide en *Si* b.

SERPENT.

EFFET
En Sons réels.

Le timbre essentiellement barbare de cet instrument eut convenu beaucoup mieux aux cérémonies du culte sanglant des Druides qu'à celles de la religion Catholique, où il figure toujours, monument monstrueux de l'inintelligence et de la grossièreté de sentiment et de goût qui, depuis un temps immémorial, dirigent dans nos temples l'application de l'art musical au service divin. Il faut excepter seulement le cas où l'on emploie le Serpent, dans les messes des morts, à doubler le terrible plain-chant du *Dies Iræ*. Son froid et abominable hurlement convient sans doute alors; il semble même revêtir une sorte de poësie lugubre, en accompagnant ces paroles où respirent tous les épouvantements de la mort et des vengeances d'un Dieu jaloux. C'est dire aussi qu'il sera bien placé dans les compositions profanes, lorsqu'il s'agira d'exprimer des idées de cette nature, — mais alors seulement. Il s'unit mal d'ailleurs aux autres timbres de l'orchestre et des voix et, comme Basse d'une masse d'instruments à vent, le Bass-Tuba et même l'Ophicléide lui sont de beaucoup préférable.

LE BASSON RUSSE.

Est un instrument grave de l'espèce du Serpent, dont le timbre n'a rien de bien caractérisé, dont les sons manquent de fixité et consequemment de justesse, et qui à mon avis, pourrait être retranché de la famille des instruments à vent, sans le moindre dommage pour l'art. Son étendue générale est celle-ci: 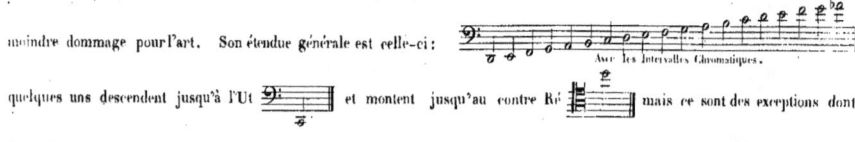 quelques uns descendent jusqu'à l'Ut et montent jusqu'au contre Ré mais ce sont des exceptions dont il ne faut pas tenir compte dans la pratique. Les meilleures notes du Basson Russe sont les *Ré* et *Mi* b. Il n'y a que de détestables effets à attendre des Trilles. On trouve des Bassons Russes dans les musiques militaires, mais il faut espérer qu'ils n'y figureront plus quand le Bass-Tuba sera plus connu.

LES VOIX.

Les *voix* sont divisées naturellement en deux grandes catégories: les voix masculines ou graves, et les voix féminines ou aiguës; ces dernières comprennent non seulement les voix de femmes, mais aussi les voix d'enfants des deux sexes et les voix de castrats. Les unes et les autres sont encore subdivisées en deux genres distincts, que la théorie généralement admise considère comme étant de la même étendue et différant seulement entre elles par leur degré de gravité. D'après l'usage établi dans toutes les écoles d'Italie et d'Allemagne, la voix d'homme la plus grave (La Basse) s'élèverait du *Fa* au dessous des portées (clef de *Fa*) jusqu'au *Ré* et au *Mi* bémol au dessus, et la voix d'homme la plus haute (Le Ténor), placée à la quinte au dessus de la précédente, partirait en conséquence de l'*Ut* au dessous des portées (Clef d'*Ut* quatrième) pour arriver au *La* et au *Si* bémol au dessus. Puis les voix de femmes et d'enfants viendraient, dans le même ordre, se ranger précisément à l'octave haute des deux voix d'hommes, en se divisant sous les noms de contralto et de soprano, la première correspondant à la voix de Basse, et la seconde à la voix de ténor. Le contralto irait ainsi, comme la basse du *Fa* grave au *Mi* bémol haut (près de deux octaves), et le soprano, comme le ténor, de l'*ut* bas au *Si* bémol aigu.

EXEMPLE.

SOPRANO. { Voix aiguë des Femmes, enfants et Castrats.
Avec les intervalles Chromatiques.

CONTRALTO. { Voix grave des femmes, enfants et Castrats.
Avec les intervalles Chromatiques.

TENOR. { Voix Haute des hommes.
Avec les intervalles Chromatiques.

BASSE. { Voix Grave des hommes.
Avec les intervalles Chromatiques.

Sans doute cette disposition régulière des quatre voix humaines les plus caractérisées a quelque chose de fort séduisant; malheureusement il faut reconnaître qu'elle est, à certains égards, insuffisante et dangereuse, puisqu'on se prive d'un grand nombre de voix précieuses, si on l'admet sans restrictions en écrivant des chœurs. La nature, en effet, ne procède pas de la même façon dans tous les climats, et s'il est vrai qu'elle produise en Italie beaucoup de voix de contralto, on ne saurait nier qu'en France elle en soit extrêmement avare. Les ténors qui montent facilement au *La* et au *Si* bémol sont communs en France et en Italie, ils sont plus rares en Allemagne, où, en revanche, ils ont dans les notes basses plus de sonorité que partout ailleurs. Il est donc, à mon sens, véritablement imprudent d'écrire des chœurs à quatre parties réelles et d'une égale importance, d'après la division classique des voix en **Soprani, Contralti, Tenori et Bassi**. Il est au moins certain qu'à **Paris**, dans un chœur ainsi disposé, la partie de contralto, comparativement aux autres parties, surtout dans une grande masse de voix, sera si faible, que la plupart des effets à elle confiés par le compositeur seront à peu près anéantis. Il n'est pas douteux non plus qu'en Allemagne, et même en Italie et en France, si l'on écrit le ténor dans les limites que l'usage lui assigne, c'est-à-dire à la quinte au dessus de la basse, un bon nombre de voix s'arrêteront court devant les passages où le compositeur les aura fait monter au *La* et au *Si* bémol aigus, ou ne feront entendre que des sons faux, forcés et d'un mauvais timbre. On fait l'observation contraire pour les voix de basses; plusieurs d'entre elles perdent beaucoup de leur sonorité dès l'*Ut* ou le *Si* grave, il est inutile d'écrire pour celles-là des *Sol* et des *Fa*. Puisque la nature produit partout des soprani, des ténors et des basses, je crois donc qu'il est infiniment plus prudent, plus rationnel, et même aussi plus musical, **si l'on veut utiliser toutes les voix**, d'écrire les chœurs soit à six parties: Premiers et deuxièmes Soprani, premiers et deuxièmes Ténors, Barytons et Basses, (ou premières et deuxièmes Basses), soit à trois parties, en ayant soin seulement de diviser les voix toutes les fois qu'elles approchent des extrémités de leur échelle respective, en donnant à la première Basse une note plus haute d'une tierce, d'une quinte ou d'une octave, que la note trop grave de la seconde Basse, ou au second ténor et au second soprano des sons intermédiaires quand le premier ténor et le premier soprano s'élèvent trop. Il est moins essentiel de séparer les premiers soprani des seconds, quand la phrase s'étend beaucoup au grave, que dans le cas contraire; les voix aiguës perdent, il est vrai, toute leur force et la spécialité de leur timbre, dès qu'on les oblige à donner les intonations propres seulement au Contralto ou au Second Soprano; mais au moins ne sont-elles pas exposées alors à faire entendre de mauvais sons, comme les seconds soprani qu'on force trop dans le haut; il en est de même pour les deux autres voix. Le second soprano, le second Ténor et la première Basse sont généralement placés à la tierce ou à la quarte au-dessous et au-dessus de la voix principale dont elles portent le nom, et possèdent une étendue presque égale à la leur; mais c'est vrai pour le second Soprano plus que pour le second Ténor et la première Basse. Si l'on donne en effet au second soprano pour étendue une Octave et une Sixte, à partir du Si en dessous des portées jusqu'au Sol en dessus:

SECOND SOPRANO.

toutes les notes sonneront bien et sans peine, il n'en sera pas de même du second ténor; en lui accordant une échelle de de même étendue; ses *Ré*, *Ut* et *Si* bas n'auront presque pas de sonorité, et à moins d'une intention formelle et d'un effet spécial à produire, il est d'autant mieux d'éviter pour eux ces notes graves qu'il n'y a rien de plus aisé que de les donner aux Basses premières ou secondes, à qui elles conviennent parfaitement. L'inverse a lieu pour les premières Basses ou Barytons: si, en les supposant à la tierce au-dessus des seconds, on les écrit depuis le *La* bas jusqu'au *Sol* haut, le *La* bas sera lourd, terne, et le *Sol* haut excessivement forcé, pour ne rien dire de plus; cette dernière note ne convient réellement qu'aux ténors premiers et seconds. D'où il suit que les voix les plus courtes sont les seconds ténors, qui ne montent pas autant que les premiers sans descendre beaucoup plus, et les premières basses qui descendent moins que les secondes sans presque monter davantage. Dans un chœur écrit à six parties, comme je le propose, les véritables voix de contralto (car il y en a toujours plus ou moins dans toute masse chorale) doivent chanter nécessairement la partie de second soprano; c'est pourquoi je crois qu'il est bon, quand elle dépasse le *Fa* aigu, de la subdiviser encore, pour ne pas forcer les *contralti* à crier des notes trop hautes pour eux.

Voici donc l'étendue la plus sonore des sept voix différentes qu'on trouve dans la plupart des grandes masses chorales; je m'abstiens d'indiquer les notes extrêmes à l'aigu et au grave que possèdent certains individus, et qu'il ne faut écrire qu'exceptionnellement.

EXEMPLE.

1er SOPRANO.
2me SOPRANO.
CONTRALTO.
1er TÉNOR.
2me TÉNOR.
1er BASSE OU BARYTON.
2me BASSE OU BASSE.

Des chœurs de femmes à trois parties sont pour les morceaux religieux et tendres d'un effet ravissant; on les dispose alors dans l'ordre des trois voix que je viens de nommer, en premier soprano, second soprano, et contralto ou troisième soprano.

Quelquefois on donne une partie de ténor pour basse à ces trois parties de voix féminine; Weber l'a fait avec succès pour ses chœurs d'esprits dans *Obéron*; mais c'est dans le cas seulement où il s'agit de produire un effet doux et calme, un pareil chœur ayant naturellement peu d'énergie. Les chœurs composés seulement de voix d'hommes ont beaucoup de force, au contraire, et d'autant plus que les voix sont plus graves et moins divisées. La division des basses en premières et secondes (pour éviter les notes trop hautes) est moins nécessaire dans les accens rudes et farouches, auxquels des sons forcés exceptionnels, comme le *Fa* et le *Fa* dièse hauts, conviennent mieux par leur caractère particulier que les sons plus naturels des ténors sur les mêmes degrés. Encore faut-il amener ces notes et les présenter adroitement, en ayant soin de ne pas faire passer brusquement du médium ou du grave à l'extrémité du régistre supérieur. Ainsi Gluck dans son terrible chœur des Scythes, au premier acte d'*Iphigénie en Tauride*, fait donner le *Fa* dièse haut à toutes les basses unies aux ténors, sur ces mots: « *Ils nous amènent des victimes* » mais le *Fa* dièze est précédé de deux *Ré* et on peut aisément *porter* la voix, en liant le dernier *Ré* avec le *Fa* dièze sur la syllabe *nous*.

EXEMPLE.

Le subit unisson des Ténors et des Basses dans ce passage donne d'ailleurs à la phrase un tel volume de son et un accent si fort qu'il est impossible de l'entendre sans frissonner. C'est là encore un des traits de génie qu'on rencontre presque à chaque page dans les partitions de ce géant de la musique dramatique.

Indépendamment de l'idée expressive, qui paraît dominer ici, les simples convenances de l'Instrumentation vocale pourraient fréquemment amener dans les chœurs des unissons de cette espèce. Si la direction d'une mélodie entraîne, par exemple, les premiers Ténors jusqu'aux *Si* naturels (note dangereuse et qu'il faut redouter,) on peut alors faire entrer, pour cette phrase seulement, les *seconds Soprani et Contralti* qui chanteront sans peine à l'unisson des Ténors, avec lesquels ils se confondront en consolidant leurs intonations.

EXEMPLE.

Quand au contraire, les Ténors sont forcés par l'exigence d'un dessin mélodique de descendre trop bas, les premières Basses sont là pour leur servir d'auxiliaires et les affermir sans dénaturer le caractère vocal par une différence de timbre trop tranchée. Il n'en serait pas de même si l'on voulait donner des Ténors, et à plus forte raison des Basses, pour auxiliaires à des Contralti et à des seconds Soprani; la voix féminine serait alors presque éclipsée et au moment de l'entrée de la voix masculine, le caractère de la sonorité vocale changerait brusquement, de manière à rompre l'unité d'exécution de la mélodie. Ces sortes de juxtaposition d'une voix venant en aide à une autre, ne sont donc pas bonnes avec tous les timbres indistinctement, quand on veut conserver son caractère à la voix qui a commencé et qui développe la phrase. Car, je le répète, si les Contralti dans le médium s'effacent, en soutenant à l'unisson des Ténors dans le haut, les Ténors dans le médium couvriront, au point de les faire disparaître, des seconds Soprani dans le bas, s'ils s'unissent subitement avec eux. Au cas où l'on voudrait seulement ajouter l'étendue d'une voix à l'étendue d'une autre voix, dans une progression mélodique descendante, par exemple, il ne faudrait pas faire une masse de timbres graves succéder subitement à la masse entière des timbres plus aigus, le point de soudure serait ainsi trop apparent; il vaut mieux faire cesser d'abord la moitié la plus aiguë des voix hautes, en lui substituant la moitié la plus aiguë des voix graves, en réservant pour un peu plus tard l'engrenage des deux autres moitiés. Ainsi, en supposant une grande gamme descendante qui commencerait au *Sol* haut par les Soprani premiers et seconds unis, au moment où la gamme sera parvenue au *Mi* à la dixième au-dessous du premier *Sol*, arrêtez les premiers Soprani et faites entrer les premiers Ténors sur le *Ré* (un ton au-dessous du dernier *Mi* des premiers Soprani;) les seconds Soprani continuant à descendre, ainsi unis aux premiers Ténors ne s'arrêteront qu'au *Si* bas, après lequel les seconds Ténors devront entrer sur le *La* à l'unisson des premiers; les premiers Ténors s'arrêtant au *Fa* pour faire place aux premières Basses, l'engrenage des seconds Ténors aux secondes Basses aura lieu au *Ré* ou à *l'Ut* inférieurs; puis les basses unies continueront à descendre jusqu'au *Sol* et le résultat sera pour l'auditeur une gamme descendante de trois octaves d'étendue, pendant laquelle les voix se seront succédé de telle sorte que le passage de l'une à l'autre voix n'aura presque pas été aperçu.

EXEMPLE.

D'après ces observations, on concevra aisément que le compositeur subordonne le choix des registres des voix au caractère du morceau dans lequel il les met en œuvre. Il devra n'employer que les notes du médium dans un Andante en sons tenus et doux, celles-là seulement peuvent avoir le timbre convenable, se poser avec calme et justesse et se soutenir sans le moindre effort dans le *Pianissimo*. C'est ce qu'a fait Mozart dans sa céleste prière: »*Ave verum corpus*«

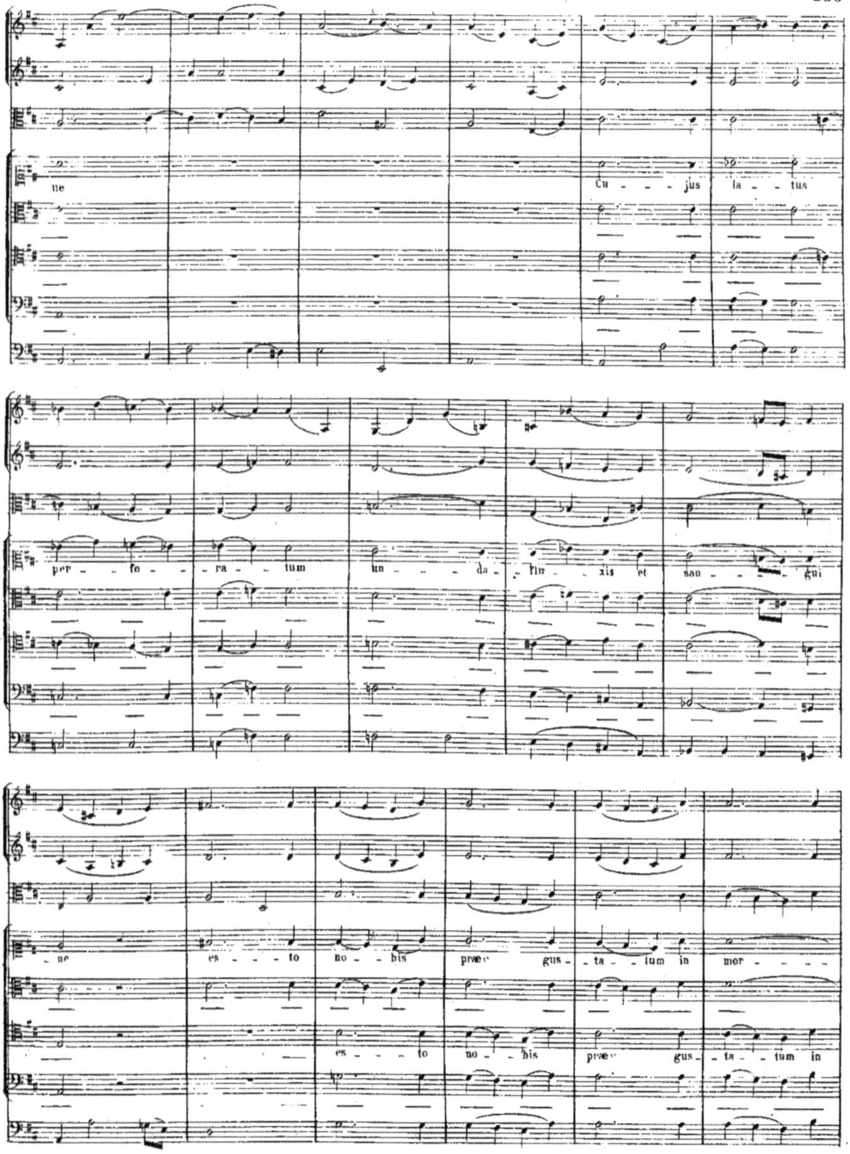
ne
Cu - - - jus la - - tus
per - fo - - ra - tum un - - - da - flu - xis et san - - - gui
ne es - - - to no - bis præ gus - ta - tum in mor - - - -
es - - - to no - bis præ gus - ta - tum in

236

Il résulte toutefois de beaux effets des notes extrêmement graves des secondes Basses, telles que le *Mi* bémol et même le *Ré* en dessous des portées, que plusieurs voix peuvent faire entendre assez aisément quand elles ont le temps de bien les poser, lorsqu'elles sont précédées d'un temps pour la respiration et écrites sur une syllabe sonore. Les chœurs éclatants pompeux ou violents doivent au contraire, s'écrire un peu plus haut, sans cependant que la prédominance des notes aiguës soit constante et sans donner aux chanteurs beaucoup de paroles à prononcer rapidement. L'extrême fatigue résultant de cette manière d'écrire amènerait bien vite une mauvaise exécution; une telle continuité de notes hautes chargées de syllabes péniblement articulées est d'ailleurs peu agréable pour l'auditeur.

Nous n'avons pas encore parlé des notes suraiguës, des voix qu'on appelle sons de *tête* ou de *faucet*. Elles sont d'un beau caractère chez les Ténors, dont elles augmentent beaucoup l'étendue, plusieurs d'entre eux s'élevant sans peine en voix de *tête* jusqu'au *Mi* bémol et au *Fa* au dessus des portées. On pourrait en faire dans les chœurs un fréquent et heureux usage, si les choristes étaient plus avancés dans l'art du chant. La voix de tête n'est d'un effet supportable pour les Basses et Barytons que dans un style extrêmement léger, tel que celui de nos Opéras-comiques français; ces sons aigus et d'un timbre féminin si dissemblables des *notes naturelles* dites de *poitrine* des voix graves, ont, en effet, quelque chose de choquant partout ailleurs que dans une bouffonnerie musicale. On n'a jamais tenté de les introduire dans un chœur, ni dans aucun chant appartenant au style noble. Le point où finit la voix de poitrine et où commence la voix de tête ne peut se fixer bien exactement. Les Ténors habiles, d'ailleurs, donnent *dans le forte* certaines notes hautes comme le *La*, le *Si* et même l'*Ut*, ou en voix de tête, ou en voix de poitrine à volonté; cependant, pour le plus grand nombre, il faut, je crois, fixer le *Si* bémol haut comme la limite de la voix de poitrine du premier Ténor. Et ceci prouve encore que cette voix n'est point rigoureusement à la quinte au dessus de la Basse, ainsi que le prétendent les théories des écoles; car sur vingt Basses prises au hazard, dix, au moins, pourront donner en voix de poitrine un *Fa* dièze haut convenablement amené, tandis que sur le même nombre de Ténors on n'en rencontrera pas un qui puisse donner également, en voix de poitrine, un *Ut* dièze haut supportable.

Les anciens maîtres de l'école française qui n'employaient jamais la voix de tête, ont écrit dans leurs Opéras une partie qu'ils nommaient *Haute-contre* et que les étrangers, trompés par l'interprétation naturelle du mot Italien *Contralto* prennent souvent pour la voix grave des femmes. Ce nom désignait cependant une voix d'homme habituée à chanter presque exclusivement, et en sons de poitrine, les cinq notes hautes (y compris le *Si* naturel) de l'échelle du premier Tenor. Le diapason était-il, comme on le croit généralement, plus bas d'un ton que le diapason actuel. Les preuves de ce fait ne me paraissent pas irrécusables, et le doute à cet égard est encore permis. Aujourd'hui, quand un *Si* naturel se présente dans un chœur, la plupart des Ténors le prennent en son de tête, mais les Tenors très hauts (les hautes-contre) l'attaquent encore en voix de poitrine sans hésitation.

Les voix d'enfants sont d'un excellent effet dans les grands chœurs. Les Soprani des petits garçons ont même quelque chose d'incisif, de cristallin, qui manque au timbre de Soprani des femmes. Dans une composition douce, onctueuse et calme, ceux-ci toutefois, plus pleins et moins perçants, me paraîtront toujours préférables. Quant aux Castrats, à en juger par ceux que j'en ai entendus à Rome, il ne me semble pas qu'il faille beaucoup en regretter l'usage, aujourd'hui à peu près abandonné.

Il y a dans le nord de l'Allemagne et en Russie des Basses tellement graves, que les compositeurs ne craignent pas de leur donner, sans préparation, des *Ré* et des *Ut* à soutenir au dessous des portées. Ces voix précieuses nommées *Basses-contre* contribuent puissamment au prodigieux effet du chœur de la chapelle impériale de Saint-Pétersbourg, le premier chœur du monde, au dire de tous ceux qui l'ont entendu. Les Basses-contre ne s'élèvent guère que jusqu'au *Si* ou à *l'Ut* au dessus des portées.

Il faut avoir soin pour bien employer les sons très graves des voix de Basses, de ne pas leur donner des successions de notes trop rapides, et trop chargées de paroles. D'un autre côté, les vocalisations chorales dans le bas de l'échelle sont d'un détestable effet; il est vrai d'ajouter qu'elles ne sont pas beaucoup meilleures dans le médium, et que malgré l'exemple donné par la plupart des grands maîtres, ces roulades ridicules sur les paroles du *Kyrie eleison*, ou sur le mot *Amen*, qui suffiraient à faire des fugues vocales dans la musique d'Église une indécente et abominable bouffonnerie, seront, il faut l'espérer, bannies à l'avenir de toute composition sacrée digne de l'objet qu'elle se propose. Les vocalisations lentes et douces des Soprani seuls, accompagnant une mélodie des autres voix placées au dessous d'elles, sont au contraire d'une pieuse et angélique expression. Il ne faut pas oublier de les entremêler de petits silences, pour permettre aux choristes de respirer.

EXEMPLE.

Les modes d'émission qui produisent chez les hommes les sons de voix *mixtes* et *sombres* sont extrêmement précieux et donnent un grand caractère au chant individuel et au chant choral.

La voix *mixte* tient à la fois du timbre des notes de poitrine et de celui des notes de tête; mais, de même que pour ces dernières, il est impossible d'assigner aux sons *mixtes* une limite invariable en bas ou en haut. Telle voix peut prendre le timbre *mixte* très haut, telle autre ne peut le saisir que sur des notes moins élevées. Quant à la voix *sombre* dont le nom indique le caractère, elle dépend non seulement du mode d'émission, mais encore de la nuance de force de l'exécution et du sentiment qui anime les chanteurs. Un chœur d'un mouvement peu agité, et devant être dit *sotto voce*, sera très aisément exécuté en voix *sombre*, pour peu que les choristes aient l'intelligence de l'expression et l'habitude du chant. Cette nuance d'exécution vocale mise en opposition avec celle des sons rudes et brillants du *Forte* dans le haut, produit toujours un grand effet. Il faut citer, comme un magnifique exemple en ce genre, le chœur d'Armide, de Gluck: «Suis l'amour puisque tu le veux,» dont les deux premières strophes dites à voix sombre, donnent un éclat terrible à la péroraison, prise à pleine voix et *Fortissimo*, au retour de la phrase: «Suis l'amour» il est impossible de mieux caractériser la menace contenue et une subite explosion de fureur. C'est bien ainsi que doivent chanter les *Esprits de Haine et de rage*.

_per a tes char _ _ mes
CHŒUR.
suis l'a _ mour puisque tu le veux in _ for _ tu_née Ar _ mi _ de suis l'a_
_mour qui te gui _ de dans un a_bime af_freux dans un a _ bime af _ freux.

CHŒUR.
mais à l'a - mour suis l'a - mour puisque tu le veux in - for - tunée Ar - mi - de fuis l'a

- mour qui te gui - de dans un a - bîme af - freux dans un a - bîme af - freux

Cette étude sur les voix ne s'applique jusqu'ici, on le voit, qu'à l'emploi des masses chorales. L'art d'écrire pour les voix individuelles est réellement subordonné à mille circonstances qu'on peut à peine déterminer, dont il faut absolument tenir compte, et qui varient avec l'organisation propre à chaque chanteur. On pourrait dire comment il faut écrire pour Rubini, pour Duprez, pour Haitzinger, qui sont trois Ténors; mais on ne saurait indiquer le moyen de composer un rôle de Ténor également favorable, ou parfaitement convenable à tous les trois.

Le Ténor solo est, de toutes les voix, la plus difficile à écrire, à cause de ses trois registres, comprenant les sons de *poitrine*, les sons *mixtes* et les sons de *tête* dont l'étendue et la facilité, je l'ai déjà dit, ne sont pas les mêmes chez tous les chanteurs. Tel virtuose emploie beaucoup la voix de tête, et peut même donner à sa voix mixte une grande force de vibration; celui-là chantera aisément des phrases hautes et soutenues dans toutes les nuances et dans tous les mouvements; il aimera les *é*, les *i*, tel autre a la voix de tête pénible au contraire, et préfère chanter constamment en sons vibrants de poitrine, celui-là excellera dans les morceaux passionnés, mais il exigera que le mouvement soit assez modéré pour permettre l'émission, naturellement un peu lente, de sa voix; il préférera les syllabes ouvertes, les voyelles sonores, comme l'*a*, et redoutera les notes hautes à filer; une tenue de quelques mesures sur le *Sol*, lui paraîtra pénible et dangereuse. Le premier, grâce à la facilité de sa voix mixte, pourra attaquer brusquement un son haut et fort; l'autre, au contraire, pour pouvoir donner avec toute sa puissance une note élevée, aura besoin qu'elle soit amenée graduellement, parce qu'il emploie en ce cas la voix de poitrine, réservant exclusivement les notes mixtes et les sons de tête pour la demi-teinte et les accens tendres. Un autre, dont le Ténor est de ceux qu'on nommait autrefois en France Haute-contre, n'aura aucune crainte des notes élevées qu'il saisira en voix de poitrine sans préparation et sans danger.

La voix de premier Soprano est un peu moins difficile à traiter que le premier Ténor; les sons de tête n'en sont presque pas distinct du reste de la voix; il faut cependant encore connaître la cantatrice pour laquelle on écrit, à cause des inégalités de certains Soprani dont quelques uns sont ternes et sourds dans le médium, ou dans le bas, ce qui met le compositeur dans l'obligation de bien choisir les registres sur lesquels il pose les notes dominantes de sa mélodie. Les voix de mezzo-Soprano (2ᵉ Soprano) et de Contralto sont, en général plus homogènes, plus égales, et par conséquent plus aisées à employer. Il faut éviter cependant pour toutes les deux de placer beaucoup de mots sur les phrases chantées à l'aigu, l'articulation des syllabes devenant alors fort difficile, et quelquefois impossible.

La voix la plus commode est évidemment la Basse, à cause de sa simplicité. Les sons de tête étant bannis de son répertoire, on n'a pas à s'inquiéter de la possibilité des changements de timbre, et le choix des syllabes devient aussi, par cela même, moins important. Tout chanteur qui prétend être doué d'une vraie voix de Basse doit pouvoir chanter toute musique raisonnablement écrite, depuis le *Sol* grave jusqu'au *Mi* bémol au dessus des portées. Quelques voix descendent beaucoup plus bas, comme celle de Levasseur, qui peut donner le *Mi* bémol grave et même le *Ré*; d'autres, comme celle d'Alizard, s'élèvent sans rien perdre de la pureté de leur timbre, jusqu'au *Fa* dièze et même au *Sol*, mais ce sont des exceptions. A l'inverse, les voix qui, sans s'élever au dessus du *Mi* bémol haut, ne peuvent plus se faire entendre au dessous de l'*Ut*, (dans les portées), ne sont que des voix incomplètes, des fragments de voix dont il est difficile de tirer parti, quelles que soient leur force et leur beauté. Les Barytons se trouvent souvent dans ce cas-là; ce sont des voix fort courtes, qui chantant presque toujours dans une octave (de *Mi* bémol du médium au *Mi* bémol supérieur,) mettent le compositeur dans l'impossibilité d'éviter une fâcheuse monotonie.

L'excellence ou la médiocrité de l'exécution vocale des masses ou des *Solos* dépendent, non seulement de l'art avec lequel les registres des voix sont choisis, de celui qu'on met à leur ménager des moyens de respirer, des paroles qu'on leur donne à chanter, mais beaucoup aussi de la manière dont les compositeurs disposent les accompagnements. Les uns écrasent les voix par un fracas instrumental qui pourrait être d'un heureux effet avant ou après la phrase vocale, mais non pendant que les chanteurs cherchent à la faire entendre; les autres, sans charger l'orchestre outre mesure, se plaisent à y mettre en évidence un instrument seul qui, exécutant des traits ou un dessin compliqué sans raison plausible, pendant un air, distrait l'attention de l'auditeur de son véritable objet, et gêne, et embarrasse, et impatiente le chanteur, au lieu de l'aider et de le soutenir. Ce n'est pas qu'il faille pousser la simplicité des accompagnements au point de rejeter les dessins d'orchestre, dont l'expression est parlante et l'intérêt musical véritable; surtout quand ils sont entremêlés de petits silences qui donnent un peu de latitude rhythmique aux mouvements du chant, et n'obligent pas la mesure à une exactitude métronomique. Ainsi, quoi qu'en disent plusieurs grands artistes, le dessin gémissant des Violoncelles, dans l'air si pathétique du dernier acte de *Guillaume-Tell*, de Rossini, "*Sois immobile,*" est d'un effet touchant, admirable; il rend l'idée du morceau complexe, sans doute, mais sans entraver le chant, dont il augmente au contraire la poignante et sublime expression.

Un Instrument seul chantant à l'orchestre une phrase dessinée comme la mélodie vocale, et formant avec elle une sorte de duo, est aussi fort souvent d'un excellent effet. Le Cor solo qui dans le second acte de *la Vestale*, de Spontini, murmure en duo avec Julia l'air si douloureusement passionné: « Toi que j'implore, » donne bien plus d'intensité à l'accent de la partie vocale; le timbre mystérieux, voilé et un peu pénible du Cor en *Fa* ne fut jamais plus ingénieusement ni plus dramatiquement employé.

Il en est de même de la Cavatine de Rachel, accompagnée par un solo de Cor Anglais, au 2.ᵉ acte de la Juive de Halévy. La voix faible et touchante de l'Instrument s'unit on ne peut mieux dans cette scène à la voix suppliante de la jeune fille.

LA VESTALE. (SPONTINI.)

N.º 55.

Quant aux instruments seuls qui exécutent des traits, des arpèges, des variations, pendant un morceau de chant, ils sont, je le répète, d'une telle incommodité pour les chanteurs et même pour les auditeurs, qu'il faut un art extrême et un à propos évident pour les faire tolérer. J'avoue du moins, qu'à la seule exception du solo d'Alto de la ballade d'Annette, au 3e acte du *Freyschutz* ils m'ont toujours paru insupportables. Il est rarement bien aussi, malgré l'exemple qu'en ont donné Mozart, Gluck, la plupart des maîtres de l'ancienne école, et quelques compositeurs de l'école moderne, de faire doubler à l'octave ou à l'unisson la partie de chant par un instrument, dans les *Andante* surtout. C'est presque toujours inutile, la voix suffisant bien à l'exposition d'une mélodie; c'est rarement agréable, les inflexions du chant, ses finesses d'expression, ses nuances délicates étant plus ou moins alourdies ou ternies par la juxtaposition de cette autre partie mélodique, c'est enfin fatigant pour le chanteur, qui, s'il est habile, dira d'autant mieux une belle mélodie, qu'il sera absolument seul à l'exécuter.

On compose quelquefois, dans les chœurs ou dans les grands morceaux d'ensemble, une espèce d'orchestre vocal; une partie de la masse prend alors les formes du style instrumental, pour exécuter au-dessous du chant, des accompagnements rhythmés et dessinés de diverses manières. Il en résulte presque toujours des effets charmants. Il faut citer en ce genre le chœur pendant la danse au troisième acte de Guillaume-Tell: « Toi que l'oiseau ne suivrait pas. »

GUILLAUME TELL. (ROSSINI)

N° 56.

C'est ici le lieu de faire observer aux compositeurs que dans les chœurs accompagnés par des instruments, l'harmonie des voix doit être correcte, et traitée comme si elles étaient seules. Les diverses timbres de l'orchestre sont trop dissemblables des timbres vocaux pour remplir auprès d'eux l'office d'une basse d'harmonie, sans laquelle certaines successions d'accords deviennent fautives. Ainsi Gluck, qui dans ses ouvrages a souvent employé les progressions de tierces et sixtes à trois parties, en a fait usage même dans ses chœurs de Prêtresses d'*Iphigénie en Tauride*, chœurs de Soprani écrits à deux parties seulement. On sait que dans ces successions harmoniques la seconde partie se trouve à la quarte au dessous de la première; l'effet de ces suites de quartes n'est adouci que par celui de la Basse écrite à la tierce au dessous de la partie intermédiaire, et à la sixte au dessous de la partie supérieure. Or, dans les chœurs de Gluck que je viens de citer, les voix de femmes exécutant les deux parties hautes sont donc écrites en successions de quartes, la partie grave qui complète les accords et les rend harmonieux est confiée aux Basses instrumentales, dont le son diffère essentiellement de celui des Soprani et dont il est trop distant, d'ailleurs, par son extrême gravité et par son point de départ. Il en résulte qu'au lieu de chanter des accords consonnants, les voix isolées sur la scène et éloignées de l'orchestre font entendre des séries de quartes devenues dissonantes ou, si l'on veut, très âpres, par l'absence apparente de la Sixte.

Si l'âpreté de ces successions est d'un effet dramatique dans le chœur du premier acte de l'opéra cité: « O songe affreux, » il n'en est pas de même quand les Prêtresses de Diane viennent (au quatrième acte) chanter l'hymne, d'un coloris si antique et si beau cependant, « Chaste fille de Latone. » Il faut reconnaître qu'ici la pureté harmonique était de rigueur. Les suites de quartes qu'on y trouve, laissées à découvert dans les voix, sont donc une erreur de Gluck, erreur qui disparaîtrait, si une troisième partie vocale se trouvait, au dessous de la seconde, à l'octave haute des Basses de l'orchestre.

IPHIGÉNIE EN TAURIDE. (GLUCK)
N.° 57.

250

IPHIGÉNIE EN TAURIDE. (GLUCK)
N.º 58.

252

Le système des chœurs d'hommes à l'unisson, introduit dans la musique dramatique par l'école Italienne moderne, donne parfois de beaux résultats; mais il faut convenir qu'on en a singulièrement abusé, et que si plusieurs maîtres s'y attachent encore, c'est uniquement parcequ'il favorise leur paresse et se trouve plus à la portée de certaines troupes chorales inhabiles à bien rendre un morceau à plusieurs parties.

Les doubles chœurs sont au contraire d'une richesse et d'une pompe remarquables; on n'en abuse certainement pas aujourd'hui. Ils sont pour nos musiciens expéditifs, compositeurs ou exécutants, trop longs à écrire et à apprendre. A la vérité, les anciens auteurs qui en faisaient le plus fréquent usage, ne composaient ordinairement que deux chœurs dialogués, à quatre parties; les chœurs à huit parties réelles continues sont assez rares, même dans leurs œuvres. Il y a des compositions à trois chœurs. Quand l'idée qu'elles ont à rendre est digne d'un si magnifique vêtement, de telles masses de voix, ainsi divisées en douze, ou au moins en neuf parties réelles, produisent de ces impressions dont le souvenir est ineffaçable, et qui font de la grande musique d'ensemble le plus puissant des arts.

INSTRUMENTS A PERCUSSION.

Ils sont de deux espèces: La première comprend les instruments à son fixe et musicalement appréciable, et la seconde ceux dont le retentissement moins musical ne peut être rangé que parmi les bruits destinés à des effets spéciaux, ou à la *Coloration* du rhythme.

Les Timbales, les Cloches, le Glockenspiel, l'Harmonica à clavier, les petites Cymbales antiques, ont des sons fixes: La Grosse caisse, la caisse roulante, le Tambour, le Tambour Basque, les Cymbales ordinaires, le Tamtam, le Triangle, le Pavillon Chinois, sont dans le cas contraire et ne font que des bruits diversement caractérisés.

LES TIMBALES.

De tous les instruments à percussion, les Timbales me paraissent être le plus précieux, celui du moins dont l'usage est le plus général, et dont les compositeurs modernes ont su tirer le plus d'effets pittoresques et dramatiques. Les anciens maîtres ne s'en servaient guères que pour frapper la Tonique et la dominante sur un rhythme plus ou moins vulgaire, dans les morceaux d'un caractère brillant ou à pretentions guerrières; ils les associaient, en conséquence, presque toujours aux trompettes.

Dans la plupart des orchestres il n'y a encore aujourd'hui que deux timbales dont la plus grande est destinée au son le plus grave. L'usage est de leur donner la première et la cinquième note du ton dans lequel est écrit le morceau où elles doivent figurer. Quelques maîtres avaient, il y a peu d'années encore, l'habitude d'écrire invariablement [notation] pour les timbales se bornant à indiquer au début les sons réels que ces deux notes devraient représenter; ainsi ils écrivaient: Timbales en D, et dès lors *Sol Ut* signifiaient [notation], Timbales en G, et *Sol Ut* voulaient dire: [notation] ces deux exemples vont suffire à démontrer les vices d'une pareille méthode. L'étendue des timbales est d'une octave, de [notation] à [notation]; c'est-à-dire qu'on peut au moyen des vis qui pressent la circonference, appelée le *Chevalet*, de chaque timbale, et augmentent ou diminuent la tension de la peau, accorder la timbale grave sur tous les tons suivants [notation] et la timbale haute sur ceux ci: [notation]

Or, en supposant que les timbales soient destinées à ne faire entendre que la Tonique et la dominante, il est bien évident que la dominante n'occupera pas dans tous les tons la même position relativement à la tonique et que les timbales devront être en conséquence accordées tantôt en quinte et tantôt en quarte. Dans le ton d'*Ut*, elles seront en quarte, la dominante se trouvant nécessairement au grave [notation] puisqu'il n'y a pas de sol haut (Bien qu'on put en avoir); il en sera de même en *Ré Bémol*, en *Ré♮*, en *Mi♭*, et en *Mi♮*; mais en *Si♭*, le compositeur est libre de faire accorder ses timbales en quinte ou en quarte, de mettre la tonique au dessus ou au dessous, puisqu'il a deux *Fa* à sa disposition. L'accord en quarte [notation] sera sourd, la peau des deux timbales se trouvant alors très peu tendue; le *Fa* surtout sera flasque et d'un mauvais timbre; l'accord en quinte [notation] devient sonore par la raison opposée. Il en est de même des timbales en *Fa♮*, qui se peuvent accorder de deux manières; en quinte [notation] ou en quarte [notation] dans les tons de *Sol*, *La♭*, et *La♮*, au contraire, l'accord sera forcément en quinte, puisqu'il n'y a pas de *Ré*, de *Mi♭*, ni de *Mi♮* grave. Il n'y a pas besoin, à la vérité, de désigner dans ce cas l'accord en quinte puisque le timbalier sera forcé de l'adopter; mais n'est il pas absurde d'écrire des mouvements de quarte quand l'exécutant doit faire entendre des mouvements de quinte, et de présenter aux yeux comme la note la plus basse, celle qui, pour l'oreille se trouve être la plus élevée; et *vice versa*.

EXEMPLE.

Timbales en La Bémol. [notation]   Effet. [notation]

La raison principale de ce bizarre usage de traiter les timbales en instrument transpositeur, était sans doute dans l'idée que s'étaient faite tous les compositeurs, que les timbales ne devaient donner que la tonique et la dominante ; quand on se fut aperçu qu'il était souvent utile de leur confier d'autres notes, on dut en venir nécessairement à écrire les sons réels. Dans le fait, on accorde maintenant les timbales de toutes les manières possibles, en tierce mineure ou majeure, en seconde, en quarte juste ou augmentée, en quinte, en sixte, en septième et en octave. Beethoven a tiré de charmants effets de l'accord en octave *Fa Fa* dans sa huitième symphonie, et dans la neuvième avec chœurs. Les compositeurs se sont plaints pendant de longues années de la nécessité fâcheuse où ils se trouvaient, faute d'un troisième son de timbales, de ne pas employer cet instrument dans les accords dont aucune de ces deux notes ne faisait partie; on ne s'était jamais demandé si un seul timbalier ne pourrait pas jouer sur trois timbales. Enfin, un beau jour, celui de l'opéra de Paris ayant démontré que la chose était facile, on osa tenter cette audacieuse innovation; et depuis lors, les compositeurs qui écrivent pour l'opéra ont à leur disposition trois notes de timbales. Il a fallu soixante dix ans pour en venir là!... Il serait mieux encore, évidemment, d'avoir deux paires de timbales et deux timbaliers; c'est ainsi qu'on a procédé dans l'orchestration de plusieurs symphonies modernes. Mais le progrès ne marche pas si vite dans les théâtres, il faudra bien quelques vingt-cinq ans encore pour obtenir celui-là.

On peut employer autant de timbaliers qu'il y a de timbales dans l'orchestre, de manière à produire à volonté, suivant leur nombre, des roulements, des rhythmes et de simples accords à deux, à trois, ou à quatre parties. Avec deux paires, si l'une est accordée en *La♮ Mi♭* par exemple, et l'autre en *Ut Fa* on pourra, avec quatre timbaliers, faire entendre les accords suivants à deux, à trois et à quatre parties :

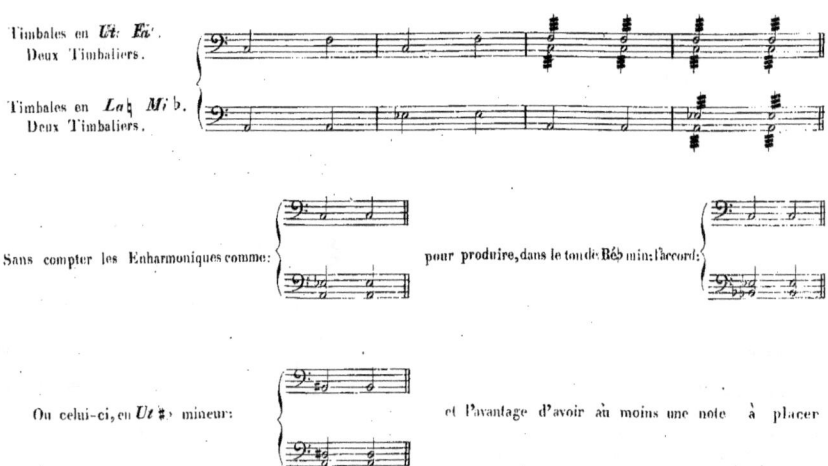

dans presque tous les accords qui ne s'éloignent pas trop de la tonalité principale. C'est ainsi que pour obtenir une certaine quantité d'accords à trois, quatre et cinq parties plus ou moins redoublées, et en outre un effet saillant de roulements très serrés, j'ai employé dans ma grande Messe des morts huit paires de timbales accordées de différentes manières, et dix timbaliers.

TUBA MIRUM.

Le mouvement s'animer très peu.
Unis.
Les Tromp. en E♭ comptent.
Les Trompettes en Mi ♭.

257

258

Les Flûtes et Hautbois comptent toujours
Les Clarinettes seules.

Les Flutes et Hautbois comptent.
Clarinettes seules.
Laissez le mouv! s'animer un peu.
Unis.
Tromb.
Ophicl.
Oph.
Tam-tam et Cymb.
glo_ri_a ju_di_ca_re vi_vos vi_vos et mor_tu_os
Vlles et C. B.

Nous disions tout-à-l'heure que les timbales n'avaient qu'une octave d'étendue; la difficulté d'avoir une peau assez grande pour couvrir un Bassin plus large que celui de la grande timbale Basse, est peut-être la raison qui s'oppose à ce qu'on obtienne des sons plus graves que le *Fa*. Mais il n'en est pas de même pour les timbales hautes: à coup sûr, en diminuant la dimension du bassin métallique, il serait facile d'obtenir les *Sol*, *La* et *Si* Bémol hauts. Ces petites timbales pourraient être en mainte occasion d'un très heureux effet. Autrefois, il n'arrivait presque jamais aux timbaliers d'être obligés de changer l'accord de leur instrument dans le cours d'un morceau; aujourd'hui, les compositeurs ne se gênent pas pour faire subir à cet accord en très peu de temps un assez grand nombre de modifications. On serait dispensé le plus souvent d'employer ce moyen, pénible et difficile pour l'exécutant, s'il y avait, dans tous les orchestres, deux paires de timbales et deux timbaliers; toutefois, quand on y a recours, il faut avoir soin d'abord de donner au timbalier un nombre de pauses proportionné à l'importance du changement qu'on lui demande, afin qu'il ait le temps de l'amener à bien; il faut aussi, dans ce cas indiquer, pour la nouvelle disposition de l'accord, la plus rapprochée de celle qu'on abandonne.

Par exemple les timbales étant en *La Mi* si l'on veut aller dans le ton de *Si* ♭ ce serait une insigne maladresse d'indiquer l'accord nouveau en *Fa Si* ♭ (quarte) qui oblige de baisser d'une tierce la timbale grave et d'une quarte augmentée la timbale haute, quand l'accord *Si* ♭ *Fa* (quinte) ne nécessite au contraire que l'abaissement d'un demi ton pour les deux timbales. On conçoit d'ailleurs combien il est difficile pour le timbalier d'arriver juste à donner un nouvel accord à son instrument, obligé qu'il est de tourner les clefs ou vis de pression du chevalet, pendant l'exécution d'un morceau chargé de modulations, qui peut lui faire entendre le ton de *Si* naturel majeur au moment même où il cherche le ton d'*Ut* ou le ton de *Fa*. Ceci prouve qu'indépendamment du talent spécial que doit posséder le timbalier pour le maniement des baguettes, il doit être encore excellent musicien et doué d'une oreille d'une finesse extrême: voilà pourquoi les bons timbaliers sont si rares.

Il y a trois espèces de baguettes, dont l'emploi change tellement la nature du son des timbales, qu'il y a plus que de la négligence de la part des compositeurs à ne pas désigner dans leurs partitions celles dont-ils veulent que l'exécutant fasse usage.

Les baguettes *à tête de bois* produisent un son âpre, sec, dur, qui ne convient guère que pour frapper un coup violent, ou pour accompagner un grand fracas d'orchestre.

Les baguettes *à tête de bois recouverte en peau* sont moins dures; elles produisent une sonorité moins éclatante que les précédentes, mais bien sèche encore cependant. Dans une foule d'orchestres ces baguettes sont seules employées et c'est très fâcheux.

Les baguettes *à tête d'éponge* sont les meilleures, et celles dont l'usage plus musical, moins bruyant devrait être le plus fréquent. Elles donnent aux timbales un timbre velouté, sombre, qui rend les sons très nets, leur accord par conséquent très appréciable, et convient à une foule de nuances douces ou fortes de l'exécution dans lesquelles les autres baguettes produiraient un effet détestable ou au moins insuffisant.

Toutes les fois qu'il s'agit de faire entendre des sons mystérieux sourdement menaçants, même dans un forte, c'est aux baguettes à tête d'éponge qu'il faut avoir recours. Ajoutons que l'élasticité de l'éponge augmentant le rebondissement de la baguette, l'exécutant n'a besoin que d'effleurer la peau des Timbales pour obtenir dans le *Pianissimo* des roulements fins, doux et très serrés. Beethoven dans ses symphonies en *Si* ♭ et en *Ut mineur* a tiré du *Pianissimo* des timbales un parti merveilleux; ces passages admirables perdent beaucoup à être exécutés avec des baguettes sans éponges, bien que l'auteur dans ses partitions n'ait rien spécifié à cet égard.

N.º 64.

SYMPHONIE EN UT MINEUR.
(BEETHOVEN.)

Allegro ♩=96.

266

267

[Orchestral score with parts: Flûte, Petite Flûte, Hautbois, Clarinettes en Ut, Cors en Ut, Trompettes en Ut, Bassons, Timbales en Ut, Trombone Alto, Trombone Ténor, Trombone Basse, Violons, Altos, Violoncelles, Contre-Basses et Contre Basson. All marked ff, Allº ♩=84.]

On trouve souvent, dans les anciens maîtres surtout, cette indication: Timbales *voilées* ou *couvertes*. Elle signifie que la peau de l'instrument doit être couverte d'un morceau de drap dont l'effet est d'étouffer sa sonorité et de la rendre excessivement lugubre. Les baguettes à tête d'éponge sont encore préférables aux autres en pareil cas. Il est quelque fois bon de désigner les notes que le timbalier doit frapper *avec les deux baguettes à la fois* ou avec *une seule baguette*.

EXEMPLE.

C'est la nature du rhythme et la place des accents forts qui doivent en déterminer le choix.

Le son des timbales n'est pas très grave; il sort comme il est écrit sur la clef de *fa*, à l'unisson des notes correspondantes des violoncelles par conséquent, et non à l'octave inférieure, comme quelques musiciens l'ont cru.

LES CLOCHES.

Ont été introduites dans l'instrumentation pour produire des effets plus dramatiques que musicaux. Le timbre des cloches graves convient seul aux scènes solennelles ou pathétiques; celui des cloches aiguës, au contraire, fait naître des impressions plus sereines: elles ont quelque chose d'agreste et de naïf qui les rend propres surtout aux scènes religieuses de la vie des champs. C'est pourquoi Rossini a employé une petite cloche en Sol haut 🎼 pour accompagner le gracieux chœur du second acte de Guillaume Tell, dont le refrain est «voici la nuit», tandis que Meyer-Beer a dû recourir à une cloche en *fa* grave 🎼 pour donner le signal du massacre des huguenots, au quatrième acte de l'opéra de ce nom. Il a eu soin, de plus, de faire de ce *fa*, la quinte diminuée du Si ♮ frappé au dessous par les Bassons et qui aidé par les notes graves de deux clarinettes en La♮ et en Si♭ lui donnent ce timbre sinistre d'où naissent la terreur et l'effroi répandus sur cette scène immortelle.

N.º 62.

Maestoso molto.   LES HUGUENOTS.
(Meyerbeer)

Du sein des noi-res té- ne- bres s'é- lève un cri de fu- reur où donc é- tais- je

LES JEUX DE TIMBRES

On obtient dans les musiques militaires surtout d'assez heureux effets d'une série de très petites cloches, (semblables à des timbres de pendules,) fixées les unes au dessus des autres sur une tige de fer au nombre de huit ou dix, et disposées diatoniquement dans l'ordre de leur grandeur; la note la plus aiguë se trouve naturellement au sommet de la pyramide et la plus grave au bas. Ces espèces de carillons que l'on fait vibrer avec un petit marteau peuvent exécuter des mélodies d'une rapidité médiocre et de peu d'étendue. On en fait dans différentes gammes. Les plus aigus sont les meilleurs.

LE GLOCKENSPIEL.

Mozart a écrit, dans son opéra de la flûte enchantée, une partie importante pour un instrument à clavier qu'il appelle Glockenspiel (jeu de cloches) composé sans doute d'un grand nombre de très petites cloches, disposées de manière à être mises en vibration par le mécanisme du clavier. Il lui donna l'étendue suivante et l'écrivit sur deux lignes et sur deux clefs comme le piano.

Avec tous les intervalles chromatiques.

Lorsqu'on a monté à l'opéra de Paris l'informe Pasticcio connu sous le nom des *mystères d'Isis*, où se trouve plus ou moins défigurée une partie de la musique de la flûte enchantée, on a fait faire, pour le morceau du Glockenspiel, un petit clavier dont les marteaux, au lieu de frapper sur des timbres, font vibrer des barres d'acier. Le son sort à l'octave supérieure des notes écrites: il est doux, mystérieux et d'une finesse extrême. Il se prête aux mouvements les plus rapides, et vaut incomparablement mieux que celui des Clochettes.

N.° 63.

LA FLÛTE ENCHANTÉE (MOZART.)

Oh ca ra armo _ ni _ a oh dol _ ce pia _ cer la ra la la la
la ra la la la la la la la rabbia va vi _ a o per _ de il po _ ter la ra

L'HARMONICA À CLAVIER.

C'est un instrument de la même espèce que le précédent, dont les marteaux frappent sur des lames de verre. Son timbre est d'une délicatesse voluptueuse incomparable, dont on pourrait faire souvent la plus poétique application. Ainsi que celle du clavier à barres d'acier dont je viens de parler, sa sonorité est d'une excessive faiblesse, dont il faut tenir compte en l'associant aux autres instruments de l'orchestre. Le moindre accent fort des violons seulement le couvrirait entièrement. Il se mêlerait mieux à de légers accompagnements en pizzicato ou en sons harmoniques, et à quelques notes très douces des flûtes dans le médium.

Le son de l'harmonica à clavier sort tel qu'il est écrit. On ne peut guère lui donner que deux octaves; toutes les notes qui dépassent à l'aigu le mi 𝄞 étant à peine perceptibles et celles qui dépassent au grave le ré 𝄞 n'ayant qu'un très mauvais son et plus faible encore que celui du reste de la gamme. On pourrait peut-être remédier à cet inconvénient des notes graves en leur donnant des lames de verre plus épaisses que les autres. Les facteurs de piano se chargent ordinairement de la fabrication de ce délicieux instrument trop peu connu. On l'écrit, comme le précédent, sur deux lignes et sur deux clefs de sol.

Inutile d'ajouter que le mécanisme d'exécution de ces deux petits claviers est exactement le même que celui du piano, et qu'on peut écrire pour eux dans leur étendue respective tous les traits, arpèges et accords qu'on écrirait pour un très petit piano.

LES CYMBALES ANTIQUES.

Elles sont fort petites et leur son est d'autant plus aigu qu'elles ont plus d'épaisseur et moins de largeur. J'en ai vu au musée de Pompéi à Naples qui n'étaient pas plus grandes qu'une piastre. Le son de celles-là est si aigu et si faible qu'il pourrait à peine se distinguer sans un silence complet des autres instruments. Ces cymbales servaient dans l'antiquité, à marquer le rythme de certaines danses, comme nos *Castagnettes* modernes, sans doute.

Dans le scherzo féerique de ma symphonie de Roméo et Juliette j'en ai employé deux paires, de la dimension des plus grandes de Pompéi, c'est à dire un peu moins larges que la main et accordées à la quinte l'une de l'autre. La plus grave donne ce Si♭ 𝄞 et la plus haute ce Fa 𝄞. Pour les bien faire vibrer les exécutants, au lieu de heurter les deux cymbales en plein l'une contre l'autre, doivent les frapper seulement par un de leurs bords. Les fondeurs de cloches peuvent tous fabriquer ces petites cymbales, qu'on coule en cuivre ou en airain d'abord, et qu'on tourne ensuite pour les mettre au ton désiré. Elles doivent avoir au moins trois lignes et demie d'épaisseur. C'est encore un instrument délicat de la nature de l'harmonica à clavier; mais le son est plus fort et peut aisément se faire entendre au travers d'un grand orchestre jouant tout entier *Piano* ou *mezzo forte*.

LA GROSSE CAISSE.

Parmi les instruments à percussion dont le son est indéterminable c'est à coup sûr la grosse caisse qui a causé le plus de ravages, amené le plus de non sens et de grossièretés dans la musique moderne. Aucun des grands maîtres du siècle dernier ne crut devoir l'introduire dans l'orchestre. Spontini le premier la fit entendre dans sa marche triomphale de la Vestale et un peu plus tard dans quelques morceaux de Fernand Cortez: elle était là bien placée. Mais l'écrire comme on le fait depuis quinze ans, dans tous les morceaux d'ensemble, dans tous les finales, dans le moindre chœur, dans les airs de danse, dans les cavatines même, c'est le comble de la déraison et, (pour appeler les choses par leur nom) de la brutalité; d'autant plus que les compositeurs, en général, n'ont pas même l'excuse d'un rythme original qu'ils seraient censés avoir voulu mettre en évidence et rendre dominateur des rhythmes accessoires; non, on frappe platement les temps forts de chaque mesure, on écrase l'orchestre, on extermine les voix; il n'y a plus ni mélodie, ni harmonie, ni dessins, ni expression; c'est à peine si la tonalité surnage! et l'on croit naïvement avoir produit une instrumentation *énergique* et fait quelque chose de beau!.... Inutile d'ajouter que la grosse caisse dans ce système, ne marche presque jamais qu'accompagnée des cymbales, comme si ces deux instruments étaient de leur nature inséparables. Dans quelques orchestres même, ils sont joués tous les deux par un seul et même musicien: une des cymbales étant attachée sur la grosse caisse, il peut la frapper avec l'autre de la main gauche, pendant que de la main droite il fait manœuvrer le tampon de la grosse caisse. Ce procédé économique est intolérable: les cymbales perdant ainsi leur sonorité, ne produisent plus qu'un bruit comparable à celui qui résulterait de la chute d'un sac plein de ferrailles et de vitres cassées. C'est d'un caractère trivial, dépourvu de pompe et d'éclat; c'est tout au plus bon pour faire danser les singes, et accompagner les exercices des joueurs de gobelets, des saltimbanques, des avaleurs de sabres et de serpents, sur les places publiques et aux plus sales carrefours.

La grosse caisse est pourtant d'un admirable effet quand on l'emploie habilement. Elle peut, par exemple, n'intervenir dans un morceau d'ensemble, au milieu d'un vaste orchestre, que pour redoubler peu à peu la force d'un grand rhythme déjà établi, et graduellement renforcé par l'entrée successive des groupes d'instruments les plus sonores. Son intervention fait alors merveille; le balancier de l'orchestre devient d'une puissance démesurée; le bruit ainsi discipliné se transforme en musique. Les notes *pianissimo* de la grosse caisse unie aux cymbales dans un andante, et frappées à longs intervalles, ont quelque chose de grandiose et de solennel. Le *pianissimo* de la grosse caisse *seule*, est au contraire, sombre et menaçant (si l'instrument est bien fait et de grande dimension); il ressemble à un coup de canon lointain. J'ai employé dans mon Requiem la grosse caisse *forte* sans cymbales et avec deux tampons. L'exécutant frappant un coup de chaque côté de l'instrument, peut ainsi faire entendre une succession de notes assez rapides, qui, mêlées, comme dans l'ouvrage que je viens de citer, à des roulements de timbales à plusieurs parties, et à une orchestration où les accents de terreur dominent, donnent l'idée des bruits étranges et pleins d'épouvante qui accompagnent les grands cataclysmes de la nature. (*Voyez l'exemple N.° 59*)

Une autre fois, dans une symphonie pour obtenir un roulement sourd, beaucoup plus grave que ne pourrait l'être le son le plus bas des timbales, je l'ai fait faire par deux timbaliers réunis sur une seule grosse caisse placée debout comme un tambour.

276

LES CYMBALES.

Les cymbales s'emploient fort souvent unies à la grosse caisse; mais, ainsi que je viens de le dire pour celle-ci, on peut les traiter isolément avec le plus grand succès dans mainte occasion. Leurs sons frémissants et grêles, dont le bruit domine tous les autres bruits de l'orchestre, s'associent on ne peut mieux dans certains cas, soit aux sentiments d'une férocité excessive, unis alors aux sifflements aigus des petites flûtes et à des coups de timbales où de tambour, soit à l'exaltation fièvreuse d'une bacchanale où la joie tourne à la fureur. On n'a jamais encore produit un effet de cymbales comparable à celui du chœur des Scythes (Les dieux appaisent leur courroux) de l'*Iphigénie en Tauride* de Gluck.

N.º 64.   IPHIGÉNIE EN TAURIDE.
              (Gluck.)

Un rhythme vigoureux et bien marqué gagne beaucoup dans un immense chœur ou air de danse orgique, à être exécuté, non par une seule paire de cymbales, mais par quatre, six, dix paires, et même davantage, selon la grandeur du local et la masse des autres instruments et des voix. Le compositeur doit toujours avoir soin de déterminer la durée qu'il veut donner aux notes des cymbales suivies d'un silence; dans le cas où il veut que le son se prolonge, il faut qu'il écrive des notes longues et soutenues, *Exemple :*  avec cette indication: *laissez vibrer*; dans le cas contraire, il mettra une croche ou une double croche *Exemple :* 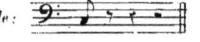 avec ces mots: *étouffez le son*, ce que l'exécutant obtient en rapprochant de sa poitrine les cymbales aussitôt après les avoir frappées. On se sert quelquefois d'une baguette de timbales à tête d'éponge, ou d'un tampon de grosse caisse pour faire vibrer une cymbale suspendue par sa courroie; cela produit un frémissement métallique d'une assez longue durée, sinistre, sans avoir l'accent formidable d'un coup de tam-tam

LE TAM-TAM.

Le tam-tam ou gong ne s'emploie que dans les compositions funèbres et les scènes dramatiques où l'horreur est portée à son comble; ses vibrations, mêlées dans le *forte* à des accords stridents d'Instruments de cuivre (trompettes et trombones) font frémir; les coups *pianissimo* de tam-tam a peu près a découvert, ne sont pas moins effrayants par leur lugubre retentissement, M.r Meyerbeer l'a prouvé dans la magnifique scène de Robert, *la résurrection des nones.*

LE TAMBOUR BASQUE.

Cet instrument favori des paysans Italiens, et qui préside à toutes leurs joies, est d'un excellent effet employé par masses, pour frapper, comme les Cymbales et avec elles, un Rhythme dans une scène de danse orgique. On ne l'écrit guère seul dans l'orchestre que dans le cas où, motivé par le sujet du morceau, il se rattache à la peinture des mœurs des peuples qui s'en servent habituellement: Les Bohémiens vagabonds, les Basques, les Italiens de Rome, des Abbruzes et de la Calabre. Il produit trois sortes de bruits fort différentes: quand on le frappe tout simplement avec la main, son retentissement n'a pas beaucoup de valeur, et (à moins de l'employer par masses) le tambour basque ainsi frappé ne se distingue que s'il est laissé presque à découvert par les autres instruments; - si on attaque la peau en la frôlant du bout des doigts, il en résulte un roulement où domine le bruit des grelots attachés à sa circonférence et qu'on écrit ainsi: mais ce roulement doit être fort court parce que le doigt qui frôle la peau de l'instrument, atteint bien vite, en avançant, la circonférence qui met un terme à son action.

Un roulement comme celui-ci par exemple, serait impossible:

En frottant, au contraire, la peau, sans la quitter, avec le plein du pouce, l'instrument rend un ronflement sauvage, assez laid et grotesque, dont il n'est pas absolument impossible, dans quelques scènes de mascarade, de tirer parti.

LE TAMBOUR.

Les *Tambours* proprement dits, appelés aussi Caisses claires, sont rarement bien placés ailleurs que dans les grands orchestres d'instruments à vent. Leur effet est d'autant meilleur et s'ennoblit d'autant plus qu'ils sont en plus grand nombre, un seul tambour, surtout quand il figure au milieu d'un orchestre ordinaire, m'a toujours paru mesquin et vulgaire. Disons cependant que M. Meyerbeer a su tirer une sonorité particulière et terrible de l'association d'un tambour avec les timbales pour le fameux roulement en *crescendo* de la bénédiction des poignards, dans les *Huguenots*. Mais huit, dix et douze tambours et plus, exécutant dans une marche militaire des accompagnements rhythmés ou des *crescendo* en roulements, peuvent être pour les instruments à vent de magnifiques et puissants auxiliaires. De simples rhythmes sans mélodie, ni harmonie, ni tonalité, ni rien de ce qui constitue réellement la musique, destinés seulement à marquer le pas des soldats, deviennent entraînants, exécutés par une masse de quarante ou cinquante tambours seuls. Et c'est peut être l'occasion de signaler le charme singulier autant que réel qui résulte pour l'oreille de la multiplicité des unissons, ou de la reproduction simultanée par un très grand nombre d'instruments de même nature, du bruit quelconque qu'ils produisent. Ainsi, on peut avoir remarqué ceci en assistant aux exercices des soldats d'infanterie: aux commandements de *porter* et de *déposer* les armes, la petite crépitation des capucines du fusil et le coup sourd de la crosse tombant sur la terre ne signifient rien d'aucune manière quand un, ou deux, ou trois, ou même dix et vingt hommes les font entendre; mais que la manœuvre soit exécutée par mille hommes, et aussitôt ces mille unissons d'un bruit insignifiant par lui même donneront un ensemble brillant qui attire et captive involontairement l'attention, qui plait, et dans lequel je trouve même quelques vagues et secrètes harmonies.

On emploie les tambours *voilés* comme les timbales, mais, au lieu de couvrir la peau d'un morceau de drap, les exécutans se contentent souvent de lâcher les cordes du timbre, ou de passer une courroie entre elles et la peau inférieure, de manière à en empêcher les vibrations. Les tambours prennent alors un son mat et sourd, assez analogue à celui qu'on produirait en voilant la peau supérieure et qui les rend propres seulement aux compositions d'un caractère funèbre ou terrible.

LA CAISSE ROULANTE.

La Caisse *roulante* n'est qu'un tambour un peu plus long que le précédent, et dont la caisse est en bois au lieu d'être en cuivre. Le son en est sourd et assez semblable à celui des tambours *sans timbre* ou voilés. Il produit un assez bon effet dans les musiques militaires, et ses roulements obscurs servent de demi-teintes à ceux des tambours. C'est une caisse roulante que Gluck a employée pour frapper les quatre croches continues dont le rhythme est si barbare, dans le chœur des scythes d'*Iphigénie en Tauride* (Voyez l'exemple N.64.)

LE TRIANGLE.

Dont on fait aujourd'hui, comme de la grosse caisse, comme des cymbales, comme des timbales, comme des trombones, comme de tout ce qui tonne, éclate et retentit, un abus si déplorable, trouve encore plus difficilement que ces divers instruments l'occasion de se placer à propos dans l'orchestre; son bruit métallique ne convient qu'aux morceaux d'un caractère excessivement brillant dans le *forte*, ou d'une certaine bizarrerie sauvage dans le *piano*. Weber l'a heureusement mis en évidence dans ses chœurs de Bohémiens de *Preciosa*, et Gluck bien mieux encore dans le majeur de son effrayant ballet des Scythes, au premier acte d'*Iphigénie en Tauride*.

LE PAVILLON CHINOIS.

Avec ses nombreux clochetons, sert à brillanter les morceaux d'éclat, les marches pompeuses des musiques militaires; il ne peut secouer sa chevelure sonore, qu'à des intervalles assez peu rapprochés, c'est à dire à peu près deux fois par mesure, dans un mouvement modéré.

Nous ne dirons rien ici de quelques instruments plus ou moins imparfaits et peu connus, tels que l'Eolidicon, l'Anémocorde, l'Acordéon, le Poïkilorgue, le Sistre antique, etc., renvoyant les lecteurs curieux de les connaitre à l'excellent *traité général d'instrumentation*; de Mr Kastner, nous n'avons pour but, dans ce travail, que d'étudier les instruments employés dans la musique moderne, en cherchant à découvrir d'après quelles lois on peut établir entre eux d'harmonieuses sympathies, de saisissants contrastes, en tenant compte surtout de leur tendances expressives et du caractère propre à chacun d'eux.

INSTRUMENTS NOUVEAUX.

L'auteur de cet ouvrage n'est point obligé, sans doute, de mentionner la multitude d'essais de toute espèce, que font journellement les fabricants d'instruments de musique, leurs prétendues inventions plus ou moins malheureuses, ni de faire connaître les individus inutiles qu'ils veulent introduire dans le peuple des instruments. Mais il doit signaler et recommander à l'attention des compositeurs les belles découvertes que d'ingénieux artistes ont faites, surtout quand l'excellence du résultat de ces découvertes a été généralement reconnue, et quand leur application est déjà un fait accompli dans la pratique musicale d'une partie de l'Europe. Ces producteurs sont au reste peu nombreux, et M.M.rs Adolphe Sax et Alexandre se présentent à leur tête.

M.r Sax, dont les travaux vont nous occuper d'abord, a perfectionné, je l'ai déjà indiqué çà et là dans le cours de ce travail, plusieurs instruments anciens. Il a en outre comblé plusieurs vides existant dans la famille des instruments de cuivre. Son principal mérite néanmoins est la création d'une famille nouvelle, complète depuis quelques années seulement, celle des instruments à anche simple, à bec de clarinette et en cuivre.

Ce sont les *Saxophones*. Ces nouvelles voix données à l'orchestre possèdent des qualités rares et précieuses. Douces et pénétrantes dans le haut, pleines, onctueuses dans le grave, leur médium a quelque chose de profondément expressif. C'est en somme, un timbre *sui generis*, offrant de vagues analogies avec les sons du violoncelle, de la clarinette et du cor anglais, et revêtu d'une demi-teinte cuivrée, qui lui donne un accent particulier.

Le corps de l'instrument est un cône parabolique en cuivre, armé d'un système de clefs. Agiles, propres aux traits d'une certaine rapidité, presqu'autant qu'aux cantilènes gracieuses et aux effets d'harmonie religieux et rêveurs, les saxophones peuvent figurer avec un grand avantage dans tous les genres de musique, mais surtout dans les morceaux lents et doux.

Le timbre des notes aiguës des saxophones graves a quelque chose de pénible et de douloureux, celui de leurs notes basses est au contraire d'un grandiose calme pour ainsi dire pontifical. Tous, le Baryton et la Basse principalement, possèdent la faculté d'enfler et d'éteindre le son; d'où résultent, dans l'extrémité inférieure de l'échelle, des effets inouïs jusqu'à ce jour, qui leur sont tout à fait propres et tiennent un peu de ceux de l'orgue expressif. Le timbre du Saxophone aigu est beaucoup plus pénétrant que celui des clarinettes en Si♭ et en Ut, sans avoir l'éclat perçant et souvent aigre de la petite clarinette en Mi♭. On peut en dire autant du Soprano. Les compositeurs habiles, tireront plus tard un parti merveilleux des Saxophones associés à la famille des clarinettes, ou introduits dans d'autres combinaisons, qu'il serait téméraire de chercher à prévoir.

Cet instrument se joue avec une grande facilité, le doigté procédant du doigté de la flûte et de celui du Hautbois. Les clarinettistes déjà familiarisés avec l'embouchure, se rendent maîtres de son mécanisme en très peu de temps.

LES SAXOPHONES

sont au nombre de Six:

L'Aigu — Le Soprano — Le Contralto — Le Tenor — Le Baryton et la Basse.

M.r SAX en produira même prochainement un septième: le Saxophone Contrebasse.

L'étendue de chacun d'eux est à peu près la même et voici leur gamme écrite pour tous sur la clef de Sol, comme celle des clarinettes, d'après le système proposé par M.r Sax et déjà adopté par les compositeurs.

285

Saxophone Baryton en FA ou en mi♭.

Effet du Saxophone Baryton en FA, celui du ton de mi♭ est d'un ton plus grave.

Saxophone Basse en UT ou en si♭.

Effet du Saxophone Basse en UT, celui du ton de si♭ est d'un ton plus grave.

Les trilles majeurs et mineurs sont praticables sur presque toute l'étendue de l'échelle chromatique des Saxophones. Voici ceux qu'il convient d'éviter:

M. SAX a encore produit les familles des Sax horns, des Saxotrombas et des Saxtubas, instruments en cuivre à boral (embouchure évasée) avec un mécanisme de trois, quatre, ou cinq cylindres.

LES SAX-HORNS.

Leur son est rond, pur, plein, égal, retentissant et d'une homogénéité parfaite dans toute l'étendue de l'échelle. Les tons de rechange du Saxhorn vont, comme ceux du Cornet à pistons, en descendant à partir de l'instrument typique le *petit saxhorn suraigu en Ut* qui se trouve à l'octave haute du Cornet en UT. L'usage s'est introduit en France d'écrire tous ces instruments ainsi que les Saxotrombas et les Saxtubas, les plus graves et les plus aigus, sur la clef de Sol, comme on écrit les Cors; avec cette différence seulement que si, pour le Cor en UT grave, on doit se représenter le son réel une octave au dessous de la note écrite sur la clef de Sol, il faut, pour certains instruments très graves de Sax, se le représenter à deux octaves au dessous.

Petit Sax-horn suraigu en UT ou en Si♭.

Effet du petit Sax-horn suraigu en UT, celui du ton de si♭ est d'un ton plus grave.

Les notes de l'extrémité inférieure sont d'un assez mauvais timbre et il ne faut guère employer cet instrument au dessous du La bas. Mais rien de plus brillant, de plus net, de plus dépourvu d'aigreur malgré leur éclat, que toutes les notes de la dernière octave. Ce timbre est en outre si clair et si pénétrant, qu'il permet de distinguer un seul Sax-horn suraigu au travers d'une masse considérable d'autres instruments à vent. Le Sax horn suraigu en si♭ est plus usité que celui en UT; et bien qu'il se trouve d'un ton plus bas que l'autre, il est déjà difficile, ou du moins très pénible pour l'exécutant de faire sortir les deux

derniers sons: 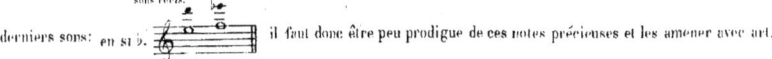 il faut donc être peu prodigue de ces notes précieuses et les amener avec art.

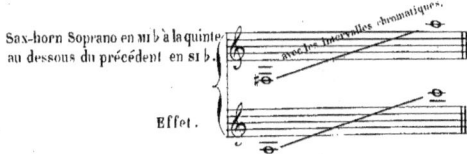

Sax-horn Soprano en mi♭ à la quinte au dessous du précédent en si♭.

Effet.

A partir du Sax-horn soprano en Mi♭ nous n'indiquerons plus la première note grave de la résonnance du tube.
Elle est trop mauvaise pour être employée.

Nous prévenons seulement les compositeurs que, s'ils indiquent un instrument à *4 cylindres*, l'étendue chromatique au grave de cet instrument ne s'arrête plus au fa dièze mais va jusqu'au Ut.

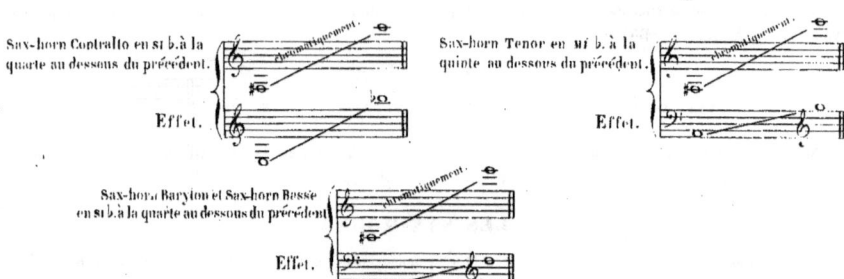

Ces deux Sax-horns Baryton et Basse ont la même étendue dans le haut. Le tube est seulement un peu plus petit pour le Baryton. La Basse qui est presque toujours à 4 cylindres, a un tube plus large ce qui lui permet de descendre plus bas et plus aisément.

Il y a encore les Sax-horns Contre-basse grave en Mi♭ et le Sax-horn Bourdon en si♭ qui se trouvent à l'octave basse des deux précédents, mais dont il ne faut employer que les notes du médium et dans un mouvement modéré.

LES SAXOTROMBAS.

Instruments de cuivre à bocal à trois, à quatre et à cinq cylindres comme les précédents. Leur tube étant plus rétréci donne au son qu'il produit un caractère plus strident et qui tient à la fois du timbre de la trompette et de celui du Bugle.

Le nombre des membres de la famille des Saxotrombas est égal à celui des Sax-horns. Ils sont disposés dans le même ordre, de l'aigu au grave et possèdent la même étendue.

LES SAXTUBAS.

Instruments à bocal avec un mécanisme de trois cylindres, d'une sonorité énorme, qui portent loin, et produisent un effet extraordinaire dans les orchestres militaires destinés à être entendus en plein air.

Il faut les traiter absolument comme les Sax-horns en tenant compte seulement de l'absence de la *Contre basse grave en Mi♭* et du *Bourdon en si♭*.

La forme élégamment arrondie rappelle celle des trompettes antiques dans un grand format.

LE CONCERTINA.

Est un petit instrument à lames de cuivre mises en vibrations par un courant d'air. L'acordéon qui pendant quelques années fut un jouet musical a été le point de départ du concertina et par suite celui du mélodium. Le son du Concertina est à la fois mordant et doux; malgré sa faiblesse il porte assez loin, il se marie aisément avec le timbre de la Harpe et avec celui du Piano, à plus forte raison s'unirait-il avec le son du mélodium qui se trouve aujourd'hui le chef de sa famille, mais il y aurait peu d'avantage à réaliser une semblable association, puisque le mélodium a un timbre analogue à celui du concertina, produit les mêmes effets, plus un grand nombre d'autres que le concertina ne possède pas.

Le concertina, est une espèce de petite boîte élastique qu'on tient horizontalement entre les deux mains, on le joue au moyen de boutons qu'on presse avec l'extremité des doigts, et qui, soulevant une soupape, fait passer sur des lames, ou anches de cuivre, la colonne d'air fournie par un soufflet placé entre les deux côtés de la boîte; côtés formés par deux tablettes qui portent au dehors le clavier de boutons et à l'intérieur les lames vibrantes. Le soufflet n'ayant pas de soupape ne peut s'emplir ou se vider que par le jeu des soupapes d'anches, qui aspirent et expirent à tour de rôle l'air nécessaire à la vibration des anches.

Le concertina a sa petite famille complète, indépendamment de sa parenté avec le Mélodium. Il y a le Concertina Basse, l'Alto, et le Soprano. Le Concertina Basse a l'étendue du Violoncelle, l'Alto celle de l'Alto, le Soprano celle du Violon. Le Concertina Soprano, est à peu près le seul employé. Nous donnerons tout à l'heure l'étendue de ce Concertina, que la popularité qu'il a acquise en Angleterre a fait appeler Concertina Anglais.

On remarque dans ces deux gammes chromatiques, dont l'une représente les notes de la tablette gauche et l'autre celles de la tablette droite, que le facteur du Concertina anglais, a établi, dans les trois premières octaves, des intervalles Enharmoniques entre le La bémol et le Sol dièze et entre le Mi bémol et le Ré dièze, donnant un peu plus d'élévation au La bémol qu'au Sol dièze, et au Mi bémol qu'au Ré dièze, et se conformant ainsi à la *doctrine des acousticiens*, doctrine, entièrement contraire à la *pratique des musiciens*. C'est là une étrange anomalie.

Il est bien évident que le Concertina étant un instrument à sons fixes comme le Piano, l'Orgue et le Mélodium, devait comme ces instruments être accordé d'après la loi du tempéramment. Dans l'état où il est en effet, ses notes Enharmoniques ne lui permettent pas de jouer avec un Piano, avec un Orgue, ou un Mélodium, sans produire des discordances quand la phrase musicale ou l'harmonie amèneront des unissons entre les La bémols ou les Sol dièzes, les Mi bémols ou les Ré dièzes enharmoniques du Concertina et ces mêmes notes tempérées de l'autre instrument; puisque le La bémol et le Sol dièze aussi bien que le Mi bémol et le Ré dièze, sont identiques sur les instruments à accord tempéré, qu'ils ne le sont pas sur le Concertina, et que ni l'un ni l'autre des sons Enharmoniques, La bémol Sol dièze du Concertina, ne sera à l'unisson juste du La bémol ou du Sol dièze de l'instrument tempéré qui tient le milieu entre les deux sons du Concertina.

En outre l'effet de cette disposition d'une partie de la gamme sera bien plus affreux encore, si le Concertina joue un Duo avec un instrument à sons mobiles, tel que le Violon, la pratique musicale, le sens musical, l'oreille enfin de tous les peuples chez qui la musique moderne est cultivée, établissant que, dans certains cas, les notes dites *sensibles* obéissant plus ou moins à l'attraction de *tonique supérieure*, et les *notes septièmes ou neuvièmes mineures*, obéissant à l'attraction de la note inférieure sur laquelle elles font leur résolution, la première, la note sensible, peut devenir un peu plus haute qu'elle ne serait dans la gamme tempérée et la seconde un peu plus basse.

Exemple.

Le Sol dièze *trop bas* du Concertina ne pourrait donc s'accorder avec le Sol dièze trop haut du Violon, ni le La bémol trop haut de l'un avec le La bémol trop bas de l'autre, chacun des exécutans obéissant à deux lois diamétralement opposées, *la loi du calcul des vibrations et la loi musicale*, si le Violoniste, cédant à la nécessité d'établir l'unisson, ne jouait de manière à se rapprocher du son tel quel de l'instrument à intonations fixes, en conséquence réellement faux. Cela se fait même dans de moindres proportions, et sans blesser l'oreille à l'insu des Violonistes, quand ceux-ci jouent avec le Piano et les autres instruments tempérés. Mais le procédé bizarre, qui pourrait concilier le système du Concertina anglais avec le système des sensibles ascendantes et des septièmes descendantes *de la musique*, consisterait à prendre le contrepied de l'opinion des acousticiens sur les Enharmoniques, en employant le La bémol à la place du Sol dièze et réciproquement. Le violon exécutant alors ce passage musicalement.

se trouverait à peu près à l'unisson du Concertina exécutant le même passage écrit de cet absurde manière

Cette ancienne prétention des acousticiens d'introduire de vive force le résultat de leurs calculs dans la pratique d'un art, basé avant tout sur l'étude des impressions produites par les sons sur l'oreille humaine, n'est plus soutenable aujourd'hui.

Tant il est vrai que la musique la repousse énergiquement, et ne peut exister qu'en la repoussant.

Tant il est vrai même que les modifications contraires de l'intervalle, *entre deux sons qui s'attirent* (dans la pratique musicale) sont des nuances très fines que les Virtuoses et les chanteurs doivent employer avec beaucoup de précautions, dont les éxécutans d'orchestre doivent s'abstenir en général et que les compositeurs dans la prévision de leur emploi, doivent traiter d'une façon spéciale.

Tant il est vrai enfin, que l'immense majorité des musiciens s'en abstiennent instinctivement dans les ensembles harmoniques. D'où il résulte que les sons prétendus inconciliables par les acousticiens se concilient parfaitement dans la pratique musicale, et que les relations déclarées fausses par le calcul, sont acceptées comme justes par l'oreille, qui ne tient aucun compte des différences inappréciables, ni du raisonnement des mathématiciens. Il n'y a presque pas une partition moderne où soit pour faciliter l'exécution, soit pour quelque autre raison, et souvent, sans raison, le compositeur n'ait écrit des passages, harmoniques ou mélodiques, à la fois dans le ton diézé pour une partie de l'orchestre ou du chœur, et dans le ton bémolisé pour l'autre.

Ici les Violoncelles et les Contre-basses ont l'air de jouer en *Sol mineur*, pendant que les Trombones semblent jouer en *Si ♭ mineur*.

Dans cet exemple, si les Violoncelles et les Contre basses faisaient leur fa dièze trop haut, et si les Trombones faisaient leur sol bémol trop bas, sans doute on entendrait une discordance, mais pour que l'exécution soit bonne il ne faut pas que cela soit; et alors les deux sons, dont chacun a une tendance contraire à celle de l'autre, s'accordent néanmoins parfaitement.

Dans toutes les occasions semblables l'orchestre devient ainsi un grand instrument à tempérament. Il le devient même en une foule d'autres cas, et sans que les musiciens qui le composent s'en doutent.

Dans le célèbre Chœur des Démons de son Orphée, Gluck a établi une relation Enharmonique entre deux parties, dans une tonalité *indéterminée*. Je veux parler du passage sur lequel J.J. Rousseau et d'autres ont écrit tant de folies, basées sur la différence qu'ils croyaient trouver entre le Sol bémol et le Fa dièze.

S'il était vrai que l'exécution laissât apercevoir ici une différence entre le *fa dièze* du chœur et le *sol bémol* des basses (Pizzicato) cette différence, je le répète ne produirait qu'une discordance intolérable et anti-musicale, l'oreille en serait révoltée et voilà tout. Bien loin de là l'auditeur est profondément ému par un sentiment d'effroi grandiose, très musical. Il ne sait à la vérité quelle est la tonalité qu'il entend, est-ce Si b, est-ce Sol mineur? il l'ignore, peu lui importe; mais rien ne le blesse dans l'association des diverses parties instrumentales et vocales. Le Fa dièze du chœur et du second orchestre produit le prodigieux effet que nous connaissons à cause de la manière imprévue dont il est amené, de l'accent sauvage qui lui est propre dans cette indécision de la tonalité, et non point à cause de sa prétendue et monstrueuse discordance avec le *sol bémol*. Il faut d'ailleurs être d'une ignorance enfantine des phénomènes de la sonorité, pour ne pas reconnaître que cette discordance ne saurait en aucun cas être la cause de l'effet produit, puisque le Sol bémol pizzicato de quelques basses *jouant* Piano est nécessairement couvert, ou, pour mieux dire, anéanti, par l'entrée subite de cinquante ou soixante voix d'hommes à l'unisson et de tout le reste de la masse des instruments à cordes attaquant (col arco) le Fa dièze *fortissimo*.

Ces raisonnemens saugrenus, ces divagations des gens de lettres, ces conclusions absurdes des savans, possédés les uns et les autres de la manie de parler et d'écrire sur un art qui leur est étranger, n'ont pas d'autre résultat que de faire rire les musiciens, mais cela est fâcheux; le savoir, l'éloquence, le génie, devraient toujours rester environnées de l'admiration et du respect qui leur sont dus.

Après cette longue digression, je reviens au Concertina anglais, dont voici la gamme barbare:

Le Concertina, malgré la disposition de l'exemple précédent s'écrit sur une seule ligne et sur la clef de Sol. Le trille est praticable à tous les degrés de l'échelle; moins aisément toutefois dans l'extrémité inférieure. Le trille double (en tierces) est facile. On peut exécuter sur cet instrument des traits diatoniques, chromatiques, ou arpégés, d'une assez grande rapidité. Il est possible d'ajouter à la partie principale, si non plusieurs autres parties compliquées, comme sur le Piano et l'Orgue, au moins une seconde partie marchant à peu près parallèlement à la mélodie, et des accords plaqués à 4, à 6 notes, et plus riches encore:

Exemple.

Le Concertina allemand, très répandu aussi en Angleterre, n'est pas construit d'après le système du précédent. Sa gamme, qui s'étend d'avantage au grave (il descend à l'Ut et au Si b) ne contient point d'intervalles Enharmoniques; il est en conséquence construit d'après la loi du tempéramment. L'étendue des Concertinas varie avec le nombre des clefs, boutons ou touches, qu'on leur donne; et ce nombre change suivant le caprice des facteurs. Au reste cet instrument a cela de commun avec la guitare que le compositeur pour pouvoir le traiter d'une façon avantageuse, doit en posséder le mécanisme et en jouer lui-même plus ou moins bien.

L'ORGUE MÉLODIUM
d'Alexandre.

Cet instrument est à clavier, ainsi que l'Orgue à tuyaux. Sa sonorité résulte, comme celle du Concertina, de la vibration d'anches métalliques libres, sur lesquelles passe un courant d'air. Ce courant d'air est produit par un soufflet que font agir les pieds de l'exécutant; et selon la façon dont les pieds agissent sur ce mécanisme de soufflerie, dans certaines conditions où l'on peut placer l'instrument, les sons acquièrent une plus ou moins grande intensité.

L'orgue mélodium possède donc le Crescendo et le Decrescendo, il est *expressif*. De là le nom de Régistre d'Expression donné à un mécanisme spécial qu'il possède. Le doigté du clavier est le même que celui du clavier de l'orgue. On l'écrit sur deux lignes et même sur trois, comme l'Orgue. Son étendue est de cinq octaves.

La voici:

Cette étendue néanmoins ne se borne pas là pour les mélodiums à plus d'un jeu. Le nombre des jeux est très variable.

Le mélodium le plus simple, celui à un seul jeu dont nous venons de donner l'étendue, contient deux timbres différents, le timbre du *Cor anglais* pour la moitié gauche du clavier et celui de la *Flûte* pour la moitié droite. Les autres, selon la volonté du fabricant, peuvent avoir, par diverses combinaisons, les jeux de *Basson*, de *Clairon*, de *Flûte*, de *Clarinette*, de *Fifre*, de *Hautbois*, ainsi nommés à cause de l'analogie qui existe alors entre le timbre du mélodium et celui de ces instruments, et de plus le *Grand jeu*, le *Forte* et l'*Expression*. Ces jeux donnent au mélodium une étendue de sept octaves, bien que son clavier n'en ait que cinq.

Ils sont mis à la disposition de l'exécutant par le moyen d'un mécanisme semblable à celui de l'orgue, placé de chaque coté de la caisse de l'instrument et qu'on fait mouvoir en tirant à soi une tige de bois avec l'une ou l'autre main. Quelques autres jeux sont obtenus par un mécanisme analogue placé au dessous de la caisse et qui se meut sous la pression de gauche à droite et de droite à gauche exercée par les genoux de l'exécutant. Ces mécanismes constituent ce qu'on appelle les Régistres.

Le mélodium ne possède pas les jeux de mutation de l'orgue, dont l'effet excite chez beaucoup de gens une admiration traditionnelle, mais qui en réalité ont une horrible tendance charivarique; il y a seulement des jeux d'octaves simples et doubles au moyen desquels chaque touche fait parler, avec sa note, l'octave et la double octave de cette note, ou la double octave sans la simple, ou même l'octave supérieure et l'octave inférieure de cette note en même temps.

Beaucoup d'exécutants ignorants et amis du bruit font un déplorable usage de ce jeu d'octaves. Il en résulte encore une barbarie, moindre, il est vrai, que celle des jeux de mutation de l'orgue qui donnent à chaque note la résonnance simultanée des deux autres notes de l'accord parfait majeur, c'est-à-dire de sa tierce majeure et de sa quinte; barbarie réelle cependant, puisque, sans parler de l'empâtement harmonique qu'elle produit, elle introduit nécessairement dans l'harmonie le plus affreux désordre par le renversement forcé des accords; puisque les neuvièmes produisent ainsi des secondes et des septièmes, les secondes des septièmes et des neuvièmes, les quintes des quartes, les quartes des quintes, etc, et que pour rester dans de véritables conditions musicales avec de pareils jeux, il faudrait s'en servir seulement dans des morceaux écrits en *contrepoint renversable à l'octave*, ce qu'on ne fait pas.

C'est à l'ignorance du moyen âge cherchant à tâtons les lois de l'harmonie, qu'il faut attribuer, sans doute, l'introduction dans les orgues de ces monstruosités que la routine nous a conservées et transmises, et qui disparaîtront peu à peu, il faut l'espérer.

Les sons du Mélodium étant d'une émission un peu lente, comme les sons de l'orgue à tuyaux, le rendent plus propre au style lié qu'à tout autre, fort convenable au genre religieux, aux mélodies douces tendres et d'un mouvement lent.

Les morceaux d'une allure sautillante, d'un caractère ou violent ou pétulant, exécutés sur le mélodium attesteront toujours, selon moi, le mauvais goût de l'exécutant, ou l'ignorance du compositeur, ou l'ignorance et le mauvais goût à la fois de l'un et de l'autre.

Donner aux sons du mélodium un caractère rêveur et religieux, les rendre susceptibles de toutes les inflexions de la voix humaine et de la plus part des instruments, tel est le but que Mr. Alexandre s'est proposé et qu'il a atteint.

Le mélodium est à la fois un instrument d'Église, de Théâtre, de Salon et de salle de Concert. Il occupe peu de place; il est portatif. C'est donc pour les compositeurs et pour les amateurs de musique, un serviteur d'une utilité incontestable. Depuis que MM. Meyerbeer, Halevy, Verdi, dans leurs œuvres dramatiques, ont employé l'orgue, combien de théâtres des provinces de France et même d'Allemagne, qui n'ont pas d'orgues, se sont trouvés embarrassés pour les éxécuter; à combien de mutilations et d'arrangements plus ou moins maladroits des partitions cette absence des orgues n'a-t-elle pas donné lieu. Les directeurs de ces théâtres seraient inexcusables de tolérer aujourd'hui de semblables méfaits, puisque, pour une somme très modique, ils peuvent avoir à défaut d'un orgue à tuyaux, un orgue mélodium à peu près suffisant pour le remplacer.

Il en est de même des petites Églises où la musique jusqu'à présent n'avait pu pénétrer. Un mélodium touché par un musicien de bons sens, peut et doit y introduire la civilisation harmonique, et faire avec le temps disparaître les hurlements grotesques qui s'y mêlent encore au service religieux.

PIANOS ET MELODIUMS (d'Alexandre)
à son prolongé.

Le *prolongement* est l'invention la plus importante qu'on ait introduite récemment dans la fabrication des instruments à clavier. Cette invention appliquée maintenant aux Pianos et aux Orgues mélodiums, donne à l'éxécutant la possibilité de maintenir indéfiniment, par un simple mouvement du genou, une note, un accord, ou un arpège dans toute l'étendue du clavier, après que les mains ont cessé de presser les touches. Et pendant cette tenue fixe d'un plus ou moins grand nombre de sons, l'éxécutant, usant de la liberté de ses mains, peut non seulement attaquer et faire parler d'autres notes qui ne font pas partie de l'accord soutenu, mais encore celles qui se prolongent. On comprend à quelle multitude de combinaisons diverses et charmantes cette invention peut donner lieu sur l'orgue mélodium et sur le Piano. Ce sont de véritables effets d'orchestre et de la nature de ceux qui se produisent, quand les instruments à archet éxécutent quatre ou cinq parties diversement dessinées au travers d'une harmonie soutenue par les instruments à vent (Flutes, Hautbois et Clarinettes,) ou mieux encore comme ceux qui résultent d'un morceau à plusieurs parties joué par les instruments à vent, pendant une tenue harmonique des *violons divisés*; ou quand l'harmonie et la mélodie se meuvent au dessus ou au dessous d'une Pédale.

Ajoutons que l'effet du prolongement peut avoir lieu avec différents dégrés d'intensité sur le mélodium selon qu'on ouvre ou qu'on ferme le régistre *Forte* qui lui est adjoint.

Deux *Genouillères* sont placées sous le clavier de manière à pouvoir être facilement mises en mouvement par un léger coup des genoux de l'éxécutant. L'une, celle de droite, produit la prolongation des sons de la moitié droite du clavier, l'autre les prolonge sur l'autre moitié. Pour que le son se prolonge il faut attaquer la touche en même temps que l'on donne le coup de genouillère.

ainsi:  Si l'on veut arrêter la tenue des sons, un deuxième coup de genou l'arrête immédiatement. Ainsi:

Mais si ce nouveau coup frappé sur la genouillère arrête l'effet du prolongement produit par le coup précédent, il le remplace immédiatement aussi par un nouvel effet, si on attaque en même temps une ou plusieurs nouvelles touches.

Ainsi:

Si l'on veut produire, après un accord bref, la prolongation d'une seule note de cet accord, il faut faire le mouvement du genou seulement après qu'on a abandonné les touches relatives aux sons qu'on ne veut pas prolonger, mais pendant que le doigt presse encore la touche de la note dont on veut obtenir la prolongation; après quoi la main devient entièrement libre. On fera une série de mouvements semblables pour changer de notes tenues, plus un autre mouvement supplémentaire, pendant que le doigt presse encore la touche du son que l'on veut prolonger et pour arrêter la prolongation des notes de l'accord dont on ne veut pas.

ainsi.

Ceci s'applique indifféremment à l'une et à l'autre genouillère, pour le Piano comme pour le Mélodium.

On est obligé, en écrivant pour le Piano ou l'Orgue mélodium à sons prolongés, d'employer au moins trois lignes et souvent quatre; en réservant dans ce dernier cas la ligne de dessus pour les tenues aiguës ou intermédiaire et la ligne de dessous pour les tenues graves. Les deux lignes du milieu sont alors réservées aux parties exécutées par les deux mains.

L'OCTO-BASSE.

M. Villaume luthier de Paris dont les éxcellents violons sont si recherchés, vient d'enrichir la famille des instruments à archet d'une belle et puissante individualité, l'octo-basse.

Cet instrument, n'est point ainsi que beaucoup de gens le croient l'octave grave de la Contre-basse; il n'est que l'octave grave du Violoncelle seulement; il descend en conséquence plus bas d'une tierce que le Mi de la Contre-basse à quatre cordes.

Il n'a que trois cordes accordées en quinte et quarte.

Exemple.

Les doigts de la main gauche de l'éxécutant n'étant ni assez longs ni assez forts pour agir convenablement sur les cordes (car l'octo-basse et d'une dimension colossale) M. Villaume a imaginé un système de touches mobiles, qui, pressant énergiquement les cordes, les appliquent sur des sillets placés sur le manche pour produire les tons et les demi tons. Ces touches sont mues par des leviers que la main gauche saisit et tire de haut en bas derrière le manche de l'instrument et par sept autres touches Pédales sur lesquelles agit l'un des pieds de l'éxécutant.

C'est dire assez que l'octo-basse ne peut éxécuter aucune succession rapide et qu'il faut lui donner une partie spéciale différente sous beaucoup de rapports de la partie de Contre-basse. Son étendue est d'une octave et d'une quinte seulement:

Cet instrument a des sons d'une puissance et d'une beauté remarquables, pleins et forts sans rudesse. Il serait d'un admirable effet dans un grand orchestre, et tous les orchestres de Festival, où le nombre des instrumentistes s'élève au dessus de 150, devraient en avoir au moins trois.

Nous ne combattrons point ici l'opinion qui tend à faire considérer les récentes inventions des facteurs d'instruments comme fatales à l'art musical. Ces inventeurs exercent, dans leur sphère, la même influence que toutes les autres conquêtes de la civilisation; l'abus qu'on en peut faire, celui même qu'on en fait incontestablement, ne prouvent rien contre leur valeur.

L'ORCHESTRE.

L'orchestre peut être considéré comme un grand instrument capable de faire entendre à la fois ou successivement une multitude de sons de diverses natures, et dont la puissance est médiocre ou colossale, selon qu'il réunit la totalité ou une partie seulement des moyens d'exécution dont dispose la musique moderne, selon que ces moyens sont bien ou mal choisis et placés dans des conditions d'acoustique plus ou moins favorables.

Les exécutants de toute espèce dont la réunion le constitue, sembleraient alors en être les cordes, les tubes, les caisses, les plateaux, de bois ou de métal, machines devenues intelligentes, mais soumises à l'action d'un immense clavier touché par le chef d'orchestre, sous la direction du compositeur.

J'ai déjà dit, je crois, qu'il me semblait impossible d'indiquer comment on peut trouver de beaux effets d'orchestre, et que cette faculté, développée sans doute par l'exercice et des observations raisonnées, était comme les facultés de la mélodie, de l'expression, et même de l'harmonie, au nombre des dons précieux que le musicien-poëte, calculateur inspiré, doit avoir reçus de la nature.

Mais on peut certes démontrer aisément et d'une manière à peu près exacte l'art de *faire des orchestres* propres à rendre fidèlement les compositions de toutes formes et de toutes dimensions.

Il faut distinguer les orchestres de théâtre des orchestres de concert. Les premiers sous certains rapports, sont, en général, inférieurs aux seconds.

La place occupée par les musiciens, leur disposition sur un plan horizontal ou sur un plan incliné, dans une enceinte fermée de trois côtés ou au centre même d'une salle, avec des réflecteurs formés de corps durs propres à renvoyer le son, ou de corps mous qui l'absorbent et brisent les vibrations, et plus ou moins rapprochés des exécutants, ont une grande importance. Les *réflecteurs* sont indispensables; on les trouve diversement disposés dans tout local fermé. Plus ils sont rapprochés du point de départ des sons, plus leur action est puissante.

Voilà pourquoi la musique en plein air *n'existe pas*. Le plus terrible orchestre placé au milieu d'un vaste jardin ouvert de toutes parts, comme celui des Tuileries, ne produira aucun effet. La réflexion même des murs du palais, si on l'y adosse, est insuffisante, le son se perdant instantanément de tous les autres côtés. Un orchestre de mille instruments à vent, un chœur de deux mille voix placés dans une plaine, n'auront pas la vingtième partie de l'action musicale d'un orchestre ordinaire de quatre vingts musiciens et d'un chœur de cent voix bien disposés dans la salle du Conservatoire. L'effet brillant produit par les bandes militaires dans certaines rues des grandes villes vient à l'appui de cette proposition qu'il semble contredire. La musique alors n'est pas en *plein air* les murailles des hautes maisons qui bordent les rues à droite et à gauche, les allées d'arbres, les façades des grands palais, des monuments voisins, servent de réflecteurs; le son rebondit et circule activement dans l'espace circonscrit qui lui est assigné entre eux avant de s'échapper par les points restés libres; mais que la bande militaire, en poursuivant sa marche et en continuant de jouer, débouche d'une grande rue ainsi retentissante dans une plaine dépourvue d'arbres et d'habitations, la diffusion des sons est instantanée, l'orchestre disparait, il n'y a plus de musique.

La meilleure manière de disposer les exécutants, dans une salle dont les dimensions sont proportionnées à leur nombre, est de les élever les uns au dessus des autres par une série de gradins, combinés de telle sorte que chaque rang puisse envoyer ses sons à l'auditeur sans aucun obstacle intermédiaire.

Tout orchestre de concert bien ordonné doit être ainsi échelonné. S'il a été élevé sur un théatre, la scène devra être parfaitement close au fond, à droite et à gauche et en haut par une enceinte en boiseries.

S'il est dressé au contraire dans une salle spéciale ou dans une église dont il occupe l'une des extrémités, et si, comme il arrive souvent en pareil cas, le fond de cette enceinte formé d'épaisses constructions renvoie avec trop de force et de dureté le son des instruments qui l'avoisinent, on peut diminuer facilement la force du réflecteur, et par suite le retentissement, en tendant un certain nombre de draperies et en rassemblant sur ce point des corps propres à briser le mouvement des ondes sonores.

En égard à la construction de nos salles de spectacle et aux exigences de la représentation dramatique, cette disposition en amphithéâtre n'est pas possible pour les orchestres destinés à l'exécution des opéras. Les instrumentistes relégués, au contraire, dans le point central le plus bas de la salle, devant la rampe et sur un plan horisontal, sont privés de la plupart des avantages résultant de la disposition que je viens d'indiquer pour l'orchestre de concert: aussi combien d'effets perdus, de nuances délicates inaperçues dans les orchestres d'opéras, malgré la plus excellente exécution. La différence est telle, que les compositeurs doivent presque forcément y avoir égard et ne pas instrumenter leurs partitions dramatiques absolument de la même manière que les symphonies, les messes ou les oratorios destinés aux salles de concerts et aux Églises.

Les orchestres d'opéras étaient toujours autrefois composés d'un nombre d'instruments à cordes proportionné à la masse des autres instruments; il n'en est plus ainsi depuis plusieurs années. Un orchestre d'opéra-comique dans lequel ne se faisaient entendre que deux Flûtes, deux Hautbois, deux Clarinettes, deux Cors, deux Bassons, rarement deux Trompettes et presque jamais les Timbales, avaient assez alors de neuf premiers Violons, huit seconds, six Altos, sept Violoncelles et six Contre-Basses; mais quatre Cors, trois Trombones, deux Trompettes, la grosse-Caisse et les Cymbales y figurant maintenant, sans que le nombre des instruments à cordes ait été augmenté, l'équilibre est détruit, les Violons s'entendent à peine, et il en résulte un ensemble détestable. L'orchestre de grand opéra, où l'on entend, outre les instruments à vent déjà cités, deux Cornets à pistons et un Ophicléide, plus, les instruments à percussion, et quelquefois six ou huit Harpes, n'a pas assez non plus de douze premiers Violons, onze seconds, huit Altos, dix Violoncelles, et huit contre-Basses; il faudrait au moins quinze premiers Violons, quatorze seconds, dix Altos et douze Violoncelles, qu'il serait bon de ne pas employer tous dans les morceaux dont les accompagnements doivent être très doux.

Les proportions de l'orchestre d'opéra-comique suffiraient pour un orchestre de concert destiné à exécuter des symphonies de Haydn et de Mozart.

Un plus grand nombre d'instruments à cordes serait même, en mainte occasion, trop fort pour les effets délicats que ces deux maîtres ont confiés, pour l'ordinaire, aux Flûtes, Hautbois et Bassons seulement.

Pour les symphonies de Beethoven, les ouvertures de Weber, et les compositions modernes conçues dans le style grandiose et passionné, il faut absolument au contraire la masse de Violons, d'Altos et de Basses que j'indiquais tout à l'heure pour le grand Opéra.

Mais le plus bel orchestre de concert, pour une salle à peine plus grande que celle du Conservatoire, le plus complet, le plus riche en nuances, en variétés de timbre, le plus majestueux, le plus fort, et le plus moelleux en même temps serait un orchestre ainsi composé:

21 Premiers Violons,	4 Harpes,	1 Cor de Basset ou une Clar.tte Basse,	1 Grand Trombone Basse,
20 Seconds id.	2 Petites flûtes,	4 Bassons,	1 Ophicléide en $Si\flat$
18 Altos,	2 Grandes flûtes,	4 Cors a cylindres,	2 Paires de Timbales et 4 Timbaliers.
8 Premiers Violoncelles,	2 Hautbois,	2 Trompettes a cylindres,	1 Grosse Caisse,
7 Seconds id.	1 Cor Anglais,	2 Cornets à Pistons,	1 Paire de Cymbales.
10 Contre-Basses,	2 Clarinettes,	5 Trombones	

S'il s'agissait d'exécuter une composition mêlée de chœurs, il faudrait pour un pareil orchestre:

46 Soprani (Premiers et Seconds), 40 Ténors (Premiers et Seconds), 40 Basses (Premieres et Secondes).

En doublant ou triplant dans les mêmes proportions et dans le même ordre cette masse d'exécutants, on obtiendrait sans doute un magnifique orchestre de Festival. Mais c'est une erreur de croire que tous les orchestres doivent être composés d'après ce système, basé sur la prédominance des instruments à cordes, on peut obtenir de très beaux résultats du système contraire. Les instruments à cordes, trop faibles pour dominer des masses de Clarinettes et d'instruments de cuivre, servent alors de lien harmonieux aux sons stridents de l'orchestre d'instruments à vent, en adoucissent l'éclat dans certain cas, et en échauffent le mouvement dans certains autres, au moyen du tremolo qui musicalise même les roulements de tambours en se confondant avec eux.

Le bon sens indique que le compositeur, à moins qu'il ne soit forcé de subir telle ou telle forme d'orchestre, doit combiner sa masse d'exécutants d'après le style, le caractère de l'œuvre qu'il traite, et d'après la nature des effets principaux que le sujet peut amener. Ainsi dans un *Requiem*, et pour reproduire musicalement, les grandes images de la *prose des morts*, j'ai employé quatre petits orchestres d'instruments de cuivre (Trompettes, Trombones, Cornets et Ophicléides) placés à distance les uns des autres, aux quatre angles du grand orchestre, formé d'une masse imposante d'instruments à cordes, de tous les autres instruments à vent doublés et triplés, et de dix Timbaliers jouant sur huit paires de Timbales accordées en différents tons. Il est bien certain que les effets spéciaux obtenus par cette nouvelle forme d'orchestre étaient absolument impossibles avec toute autre.

C'est ici le lieu de faire remarquer l'importance des divers *points de départ des sons*. Certaines parties d'un orchestre sont destinées par le compositeur à s'interroger et à se répondre; or cette intention ne devient manifeste et belle que si les groupes entre lesquels le dialogue est établi sont suffisamment éloignés les uns des autres. Le compositeur doit donc, dans sa partition, indiquer pour eux la disposition qu'il juge convenable.

Pour les Tambours, grosses Caisses, Cymbales et Timbales, par exemple, s'ils sont employés à frapper certains rhythmes tous à la fois d'après le procédé vulgaire, ils peuvent rester réunis; mais s'ils exécutent un rhythme dialogué, dont un fragment est frappé par les grosses Caisses et Cymbales, et l'autre par les Timbales et Tambours, sans aucun doute l'effet deviendra incomparablement meilleur, plus intéressant, plus beau, en plaçant les deux masses d'instruments à percussion aux deux extrémités de l'orchestre, et conséquemment à une assez grande distance l'une de l'autre. D'où il suit que la constante uniformité des masses d'exécution est un des plus grands obstacles à la production des œuvres monumentales et vraiment nouvelles; elle est imposée aux compositeurs plus encore par l'usage, la routine, la paresse et le défaut de réflexion que par les raisons d'économie, raisons malheureusement trop bonnes cependant, en France surtout, où la musique est si loin d'être dans les mœurs de la nation, où le gouvernement fait tout pour les théâtres, mais rien pour la musique proprement dite, où les grands capitalistes, prêts à donner cinquante mille francs et plus pour un tableau de grand maître, *parce que cela représente une valeur*, ne dépenseraient pas cinquante francs pour rendre possible, une fois l'an, quelque solennité digne d'une nation comme la nôtre, et propre à mettre en évidence les ressources musicales très nombreuses qu'elle possède réellement sans qu'on puisse les utiliser.

Il serait pourtant curieux d'essayer une fois, dans une composition écrite *ad hoc*, l'emploi simultané de toutes les forces musicales qu'on peut réunir à Paris. En supposant qu'un maître les eut à ses ordres, dans un vaste local disposé pour cet objet par un architecte acousticien et musicien, il devrait, avant d'écrire, déterminer avec précision le plan et l'arrangement de cet immense orchestre, et les avoir ensuite toujours présents à l'esprit en écrivant. On pense bien qu'il doit être d'une haute importance, dans l'emploi d'une aussi énorme masse musicale, de tenir compte de l'éloignement ou du voisinage des différents groupes qui la composent; cette condition est on ne peut plus essentielle pour arriver à en tirer tout le parti possible, et pour calculer avec certitude la portée des effets. Jusqu'à présent dans les Festivals, on n'a entendu que l'orchestre et le chœur ordinaires dont les parties étaient quadruplées ou quintuplées, selon le nombre plus ou moins grand des exécutants; mais ici il s'agirait de tout autre chose, et le compositeur qui voudrait mettre en relief les ressources prodigieuses et innombrables d'un pareil *instrument*, aurait à coup sûr à remplir une tâche nouvelle.

Voici comment avec le temps, les soins et les *dépenses* nécessaires on pourrait le créer à Paris. La disposition des groupes reste facultative et subordonnée aux intentions du compositeur; les instruments à percussion, dont l'action sur le rhythme est irrésistible, et qui retardent toujours quand ils sont loin du chef d'orchestre, devraient en tout cas, je l'ai déjà dit, être placés assez près de lui pour pouvoir obéir instantanément et rigoureusement aux moindres variations du mouvement et de la mesure.

120	Violons divisés en deux ou en trois et quatre parties;	2	Bass-Tuba;
40	Altos divisés ou non en premiers et seconds, et dont dix au moins joueraient dans l'occasion de la Viole d'amour;	30	Harpes;
45	Violoncelles, divisés ou non en premiers et seconds;	30	Pianos;
18	Contre-Basses à 3 cordes accordées en quintes. (*Sol, Ré, La*).	1	Buffet d'Orgue très grave, pourvu au moins de jeux de seize pieds;
4	Octo-Basses;	8	Paires de Timbales (16 Timbaliers);
15	Autres Contre-Basses à 4 cordes accordées en quarte (*Mi La Ré Sol*)	6	Tambours;
6	Grandes Flûtes;	3	Grosses Caisses;
4	Flûtes tierces (en Mi Bémol) improprement appelées en Fa;	4	Paires de Cymbales;
2	Petites flûtes octaves;	6	Triangles;
2	Petites flûtes (en Ré ?) improprement appelées en Mi ♭;	6	Jeux de Timbres;
6	Hautbois;	12	Paires de Cymbales antiques (en différents tons).
6	Cors anglais;	2	Grandes Cloches très graves;
5	Saxophones;	2	Tam-tams;
4	Bassons ordinaires?	4	Pavillons Chinois;
12	Bassons;		
4	Petites Clarinettes (en Mi Bémol);	467	Instrumentistes.
8	Clarinettes (en Ut ou en Si Bémol, ou en La);		
5	Clarinettes Basses (en Si Bémol);	40	Soprani enfants (Premiers et seconds.)
16	Cors (dont 6 à Pistons);	100	Soprani femmes (Premiers et seconds.)
8	Trompettes;	100	Tenors (Premiers et seconds;)
6	Cornets à Pistons;	120	Basses (Premières et secondes.)
4	Trombones-Altos;		
6	Trombones-Tenors;	360	Choristes.
2	Grands Trombones-Basses;		
1	Ophicléide en Ut;		
2	Ophicléides en Si Bémol.		

On voit que dans cet ensemble de 827 exécutants, les choristes ne dominent pas; encore aurait-on beaucoup de peine à réunir à Paris trois cent soixante voix de quelque valeur, tant l'étude du chant y est, à cette heure, peu répandue ou peu avancée.

Il faudrait évidemment adopter un style d'une largeur extraordinaire toutes les fois que la masse entière serait mise en action, en réservant les effets délicats, les mouvements légers et rapides, pour de petits orchestres que l'auteur pourrait aisément composer, et faire dialoguer ensemble au milieu de ce peuple musical.

Outre les chatoyantes couleurs que cette multitude de timbres différents ferait jaillir à chaque instants, il y aurait des *effets harmoniques* inouïs à tirer:

De la division en huit ou dix parties des cent vingt Violons aidés des quarante Altos, à l'aigu, pour l'accent angélique, aérien, et dans la nuance *pianissimo*.

De la division des Violoncelles et contre-Basses au grave dans les mouvements lents, pour l'accent mélancolique, religieux, et la nuance *mezzo forte*.

De la réunion *en petit orchestre* des notes très graves de la famille des Clarinettes, pour l'accent sombre et les nuances *forte* et *mezzo forte*.

De la réunion *en petit orchestre* des notes graves des Hautbois, Cors anglais et Bassons quintes, mêlées aux notes graves des grandes Flûtes, pour l'accent religieusement triste et la nuance *piano*.

De la réunion *en petit orchestre* des notes graves des Ophicléides, Bass Tuba et Cors, mêlées aux *pédales* des Trombones ténors, aux derniers sons graves des Trombones basses, et aux seize pieds (Flûte ouverte) de l'Orgue, pour les accents profondément graves, religieux et calmes, et dans la nuance *piano*.

De la réunion *en petit orchestre* des notes suraiguës des petites Clarinettes, Flûtes et petites Flûtes, pour l'accent strident et la nuance *forte*.

De la réunion *en petit orchestre* des Cors, Trompettes, Cornets, Trombones et Ophicléides, pour l'accent pompeux, éclatant et dans la nuance *forte*.

De la réunion *en grand orchestre* des trente Harpes avec la masse entière des instruments à archets jouant *pizzicato*, et formant ainsi dans leur ensemble, une autre Harpe gigantesque à *neuf cent trente-quatre* cordes, pour les accents gracieux, brillants, voluptueux, et dans toutes les nuances.

De la réunion des trente Pianos avec les six jeux de timbres, les douze paires de Cymbales antiques, les six Triangles (qui pourraient être accordés comme les Cymbales antiques, en différents tons,) et les quatre Pavillons chinois, constituant un *orchestre à percussion, métallique*, pour les accents joyeux et brillants, dans la nuance *mezzo forte*.

De la réunion des huit paires de Timbales avec les six Tambours et les trois grosses Caisses, formant un petit *orchestre à percussion*, et presque exclusivement *rhythmique*, pour l'accent menaçant et dans toutes les nuances.

Du mélange des deux Tam-Tams, des deux Cloches, et des trois grandes Cymbales avec certains accords de Trombones, pour l'accent lugubre, sinistre, et dans la nuance *mezzo forte*.

Comment énumérer tous les aspects harmoniques que prendrait ensuite chacun de ces différents groupes associé aux groupes qui lui sont sympathiques ou antipathiques!

On pourrait établir: de grands duos entre l'orchestre d'instruments à vent et l'orchestre d'instruments à cordes. —

Entre l'un de ces deux orchestres et le chœur; Entre le chœur et les Harpes et Pianos seulement. —

Un grand trio entre le chœur à l'unisson et à l'octave, les instruments à vent à l'unisson et à l'octave, et les Violons, Altos et Violoncelles à l'unisson et à l'octave également.

Ce même trio accompagné par une forme rhythmique dessinée par tous les instruments à percussion, les contre-Basses, les Harpes et les Pianos. —

Un chœur simple, double ou triple, sans accompagnement. —

Un chant de Violons, Altos et Violoncelles *unis*, ou d'instruments à vent de bois *unis*, ou d'instruments de cuivre *unis*, accompagné par un *orchestre vocal*. —

Un chant de Soprani, ou de Ténors, ou de Basses, ou de toutes les voix à l'octave, accompagné par un *orchestre instrumental*. —

Un petit chœur chantant, accompagné par le grand chœur et par quelques instruments. —

Un petit orchestre chantant, accompagné par le grand orchestre et par quelques voix. —

Un grand chant grave, exécuté par toutes les Basses à archet, et accompagné à l'aigu par des Violons divisés, et les Harpes et Pianos. —

Un grand chant grave, exécuté par toutes les Basses à vent et l'Orgue, et accompagné à l'aigu par les Flûtes, Hautbois, Clarinettes, et les Violons divisés. —

Etc, etc, etc..........

Le système de répétitions à établir pour cet orchestre colossal ne saurait être douteux; c'est celui qu'il faut adopter toutes les fois qu'il s'agit de monter un ouvrage de grandes dimensions, dont le plan est complexe et dont certaines parties ou l'ensemble offrent des difficultés d'exécution; c'est le système des répétitions partielles. Voici donc comment le chef d'orchestre procédera dans ce travail analytique.

Je suppose qu'il connait *à fond et jusques dans ses moindres détails* la partition qu'il va faire exécuter. Il nommera d'abord deux sous-chefs qui devront, en marquant les temps de la mesure dans les répétitions d'ensemble, avoir continuellement les yeux sur lui, pour communiquer le mouvement aux masses trop éloignées du centre. Il choisira ensuite des répétiteurs pour chacun des groupes vocaux et instrumentaux.

Il les fera répéter eux-mêmes préliminairement pour les bien instruire de la manière dont ils doivent diriger la part des études qui leur est confiée.

Le premier fera répéter *isolément* les premiers Soprani, ensuite les seconds, puis les premiers et les seconds ensemble.

Le second répétiteur exercera de la même façon les Ténors premiers et seconds.

Il en sera ainsi du troisième pour les Basses. Après quoi on formera trois chœurs composés chacun d'un tiers de la masse totale; puis enfin le chœur sera exercé dans son entier.

On se servira pour accompagner ces études chorales, soit d'un Orgue, soit d'un Piano aidé de quelques instruments à cordes, Violons et Basses.

Les sous-chefs et les répétiteurs de l'orchestre exerceront isolément d'après la même méthode:

1° Les Violons premiers et seconds séparément, puis tous les Violons réunis.
2° Les Altos, Violoncelles, et contre-Basses séparément, puis tous ensemble.
3° La masse entière des instruments à archet.
4° Les Harpes seules.
5° Les Pianos seuls.
6° Les Harpes et Pianos réunis.
7° Les instruments à vent (de bois) seuls.
8° Les instruments à vent (de cuivre) seuls.
9° Tous les instruments à vent réunis.
10° Les instruments à percussion seuls, en enseignant surtout aux Timbaliers à bien accorder leurs Timbales.
11° Les instruments à percussion réunis aux instruments à vent.
12° Enfin toute la masse instrumentale et vocale réunie sous la direction du chef d'orchestre.

Ce procédé aura pour résultat d'amener d'abord une exécution excellente qu'on n'obtiendrait pas avec l'ancien système d'études collectives, et de n'exiger de chaque exécutant que quatre répétitions au plus. Qu'on ne néglige pas en pareil cas de répandre à profusion des diapasons dans l'orchestre, c'est le seul moyen de maintenir bien exactement l'accord de cette foule d'instruments de nature et de tempéraments si divers.

Le préjugé vulgaire appelle *bruyants* les grands orchestres; s'ils sont bien composés, bien exercés et bien dirigés; s'ils exécutent de la vraie musique, c'est *puissants* qu'il faut dire: et certes, rien n'est plus dissemblable que le sens de ces deux expressions. Un petit mesquin orchestre de vaudeville peut être *bruyant*, quand une grande masse de musiciens convenablement employée sera d'une douceur extrême, et produira, même dans ses violents éclats, les sons les plus beaux. Trois Trombones mal placés paraîtront *bruyants*, insupportables, et l'instant d'après, dans la même salle, douze Trombones étonneront le public par leur noble et *puissante* harmonie.

Il y a plus: les unissons n'acquièrent de valeur réelle qu'en se multipliant au delà d'un certain nombre. Ainsi quatre Violons de première force jouant ensemble la même partie produiront un effet assez disgracieux, peut-être même détestable, là où quinze Violons d'un talent ordinaire seront excellents. Voilà pourquoi les petits orchestres, quelque soit le mérite des exécutants qui le composent, ont si peu d'action, et conséquemment si peu de valeur.

Mais dans les mille combinaisons praticables avec l'orchestre monumental que nous venons de décrire, résideraient une richesse harmonique, une variété de timbres, une succession de contrastes qu'on ne peut comparer à rien de ce qui a été fait dans l'art jusqu'à ce jour, et par dessus tout une incalculable puissance mélodique, expressive et rhythmique, une force pénétrante à nulle autre pareille, une sensibilité prodigieuse pour les nuances d'ensemble et de détail. Son repos serait majestueux comme le sommeil de l'océan; ses agitations rappelleraient l'ouragan des tropiques; ses explosions, les cris des volcans; on y retrouverait les plaintes, les murmures, les bruits mystérieux des forêts vierges, les clameurs, les prières, les chants de triomphe ou de deuil d'un peuple à l'âme expansive, au cœur ardent, aux fougueuses passions; son silence imposerait la crainte par sa solennité; les organisations les plus rebelles frémiraient à voir son *crescendo* grandir en rugissant, comme un immense et sublime incendie!....   FIN.

LE CHEF D'ORCHESTRE

THÉORIE DE SON ART.

La Musique paraît être le plus exigeant des arts, le plus difficile à cultiver, et celui dont les productions sont le plus rarement présentées dans les conditions qui permettent d'en apprécier la valeur réelle, d'en voir clairement la physionomie, d'en découvrir le sens intime et le véritable caractère.

De tous les artistes producteurs, le compositeur est à peu près le seul, en effet, qui dépende d'une foule d'intermédiaires, placés entre le public et lui; intermédiaires intelligents ou stupides, dévoués ou hostiles, actifs ou inertes, pouvant depuis le premier jusqu'au dernier, contribuer au rayonnement de son œuvre ou la défigurer, la calomnier, la détruire même complétement.

On a souvent accusé les chanteurs d'être les plus dangereux de ces intermédiaires; c'est à tort, je le crois. Le plus redoutable, à mon sens, c'est le chef d'orchestre. Un mauvais chanteur ne peut gâter que son propre rôle, le chef d'orchestre incapable ou malveillant ruine tout. Heureux encore doit s'estimer le compositeur quand le chef d'orchestre entre les mains duquel il est tombé n'est pas à la fois incapable et malveillant: car rien ne peut résister à la pernicieuse influence de celui-ci. Le plus merveilleux orchestre est alors paralysé, les plus excellents chanteurs sont gênés et engourdis, il n'y a plus ni verve ni ensemble; sous une pareille direction les plus nobles hardiesses de l'auteur semblent des folies, l'enthousiasme voit son élan brisé, l'inspiration est violemment ramenée à terre, l'ange n'a plus d'ailes, l'homme de génie devient un extravagant ou un crétin, la divine statue est précipitée de son piédestal et traînée dans la boue; et, qui pis est, le public, et des auditeurs même doués de la plus haute intelligence musicale, sont dans l'impossibilité, s'il s'agit d'un ouvrage nouveau qu'ils entendent pour la première fois, de reconnaître les ravages exercés par le chef d'orchestre, de découvrir les sottises, les fautes, les crimes qu'il commet.

Si l'on aperçoit clairement certains défauts de l'exécution, ce n'est pas lui, ce sont ses victimes qu'on en rend en pareil cas responsables. S'il a fait manquer l'entrée des choristes dans un final, s'il a laissé s'établir un balancement discordant entre le chœur et l'orchestre, ou entre les deux côtés extrêmes du groupe instrumental, s'il a précipité follement un mouvement, s'il l'a laissé s'allonger outre mesure, s'il a interrompu un chanteur avant la fin d'une période, on dit: les chœurs sont détestables, l'orchestre n'a pas d'aplomb, les violons ont défiguré le dessin principal, tout le monde a manqué de verve; le ténor s'est trompé, il ne savait pas son rôle, l'harmonie est confuse, l'auteur ignore l'art d'accompagner les voix, etc., etc.

Ce n'est guère qu'en écoutant les chefs-d'œuvre déjà connus et consacrés, que les auditeurs intelligents peuvent découvrir le vrai coupable et faire la part de chacun; mais le nombre de ceux-ci encore si restreint, que leur jugement reste de peu de poids et que le mauvais chef d'orchestre, en présence du même public qui sifflerait impitoyablement l'*accident de voix* d'un bon chanteur, trône, avec tout le calme d'une mauvaise conscience, dans sa scélératesse et son ineptie.

Heureusement je m'attaque ici à une exception: le chef d'orchestre capable ou non, mais malveillant, est assez rare. Le chef d'orchestre plein de bon vouloir, mais incapable, est au contraire fort commun. Sans parler des innombrables médiocrités dirigeant des artistes qui, bien souvent, leur sont supérieurs, un auteur, par exemple, ne peut guère être accusé de conspirer contre son propre ouvrage; combien y en a-t-il, pourtant, qui, s'imaginant savoir conduire, abîment innocemment leurs meilleures partitions.

Beethoven, dit-on, gâta plus d'une fois l'exécution de ses Symphonies qu'il voulait diriger, même à l'époque où sa surdité était devenue presque complète. Les musiciens, pour pouvoir marcher ensemble, convinrent enfin de suivre de légères indications de mouvement que leur donnait le Concert-meister (1ᵉʳ Violon—Leader) et de ne point regarder le bâton de Beethoven. Encore faut-il savoir que la direction d'une symphonie, d'une ouverture ou de toute autre composition dont les mouvements restent longtemps les mêmes, varient peu et sont rarement nuancés, est un jeu en comparaison de celle d'un opéra, ou d'une œuvre quelconque où se trouvent des récitatifs, des airs et de nombreux dessins d'orchestre précédés de silences non mesurés. L'exemple de Beethoven, que je viens de citer, m'amène à dire tout de suite que si la direction d'un orchestre me paraît fort difficile pour un aveugle, elle est sans contredit impossible pour un sourd, quelle qu'ait pu être d'ailleurs son habileté technique avant de perdre le sens de l'ouïe.

Le chef d'orchestre doit *voir* et *entendre*, il doit être *agile* et *rigoureux*, connaître *la composition*, la nature et l'étendue des instruments, savoir lire la partition et posséder, en outre du talent spécial dont nous allons tâcher d'expliquer les qualités constitutives, d'autres dons presqu'indéfinissables, sans lesquels un lien invisible ne peut s'établir entre lui et ceux qu'il dirige, la faculté de leur transmettre son sentiment lui est refusée et, par suite, le pouvoir, l'empire, l'action directrice lui échappent complètement. Ce n'est plus alors un chef, un directeur, mais un simple batteur de mesure, en supposant qu'il sache la battre et la diviser régulièrement.

Il faut qu'on sente qu'il sent, qu'il comprend, qu'il est ému; alors son sentiment et son émotion se communiquent à ceux qu'il dirige, sa flamme intérieure les échauffe, son électricité les électrise, sa force d'impulsion les entraîne; il projette autour de lui les irradiations vitales de l'art musical. S'il est inerte et glacé, au contraire, il paralyse tout ce qui l'entoure; comme ces masses flottantes des mers polaires, dont on devine l'approche au refroidissement subit de l'air.

Sa tâche est complexe. Il a non seulement à diriger, dans le sens des intentions de l'auteur, une œuvre dont la connaissance est déjà acquise aux exécutants, mais encore à donner à ceux-ci cette connaissance, quand il s'agit d'un ouvrage nouveau pour eux. Il a à faire la critique des erreurs et des défauts de chacun pendant les répétitions, et à organiser les ressources dont il dispose de façon à en tirer le meilleur parti le plus promptement possible; car dans la plus part des villes de l'Europe aujourd'hui, l'art musical est si mal partagé, les exécutants sont si mal payés, les nécessités des études sont si peu comprises, que l'emploi du temps doit être compté parmi les exigences les plus impérieuses de l'art du chef d'orchestre. Voyons en quoi consiste la partie mécanique de cet art.

Le talent du *batteur de mesure*, sans demander de bien hautes qualités musicales, est encore assez difficile à acquérir, et très peu de gens le possèdent réellement. Les signes que le conducteur doit faire, bien qu'assez simples en général, se compliquent néanmoins dans certains cas par la division et même la *subdivision* des temps de la mesure.

Le chef, avant tout, est tenu de posséder une idée nette des principaux traits et du caractère de l'œuvre dont il va diriger l'exécution ou les études, pour pouvoir, sans hésitation ni erreur, déterminer dès l'abord les mouvements voulus par le compositeur. S'il n'a pas été à même de recevoir directement de celui-ci ses instructions, ou si les mouvements n'ont pu lui être transmis par la tradition, il doit recourir aux indications du métronome et les bien étudier, la plupart des maîtres ayant aujourd'hui le soin de les écrire en tête et dans le courant de leurs morceaux.

Je ne veux pas dire par là qu'il faille imiter la régularité mathématique du métronome; toute musique exécutée de la sorte serait d'une roideur glaciale, et je doute même qu'on puisse parvenir à observer pendant un certain nombre de mesures cette plate uniformité. Mais le métronome n'en est pas moins excellent à consulter pour connaître le premier mouvement et ses altérations principales.

Si le chef d'orchestre ne possède ni les instructions de l'auteur, ni la tradition, ni les indications métronomiques, ce qui arrive souvent pour les anciens chefs-d'œuvres écrits à une époque où le métronome n'était pas inventé, il n'a plus d'autres guides que les termes vagues employés pour désigner les mouvements, et son propre instinct, et son sentiment plus ou moins fin, plus ou moins juste du style de l'auteur. Nous sommes forcés d'avouer que ces guides sont trop souvent insuffisans et trompeurs. On peut s'en convaincre en voyant représenter aujourd'hui les opéras de l'ancien répertoire dans les villes où la tradition de ces ouvrages n'existe plus. Sur dix mouvements divers, il y en a toujours alors au moins quatre pris à contre sens. J'ai entendu un jour un chœur d'Iphigénie en Tauride, exécuté dans un théâtre d'Allemagne *Allegro assaï à deux temps*, au lieu de *All° non troppo à quatre temps*, c'est à dire précisément le double trop vite. On pourrait multiplier indéfiniment les exemples de désastres pareils amenés soit par l'ignorance ou l'incurie des chefs d'orchestre, soit par la difficulté réelle qu'il y a pour les hommes même les mieux doués et les plus soigneux, de découvrir le sens précis des termes italiens indicateurs des mouvements.

Sans doute personne ne sera embarrassé pour distinguer un Largo d'un Presto. Si le Presto est à deux temps, un conducteur un peu sagace, à l'inspection des traits et des dessins mélodiques que le morceau contient, arrivera même à trouver le degré de vitesse que l'auteur a voulu. Mais si le Largo est à quatre temps, d'un tissu mélodique simple, ne contenant qu'un petit nombre de notes dans chaque mesure, quel moyen aura le malheureux conducteur pour découvrir le mouvement vrai? et de combien de manières ne pourra-t-il pas se tromper? Les divers degrés de lenteur qu'on peut imprimer à l'exécution d'un pareil Largo sont très nombreux; le sentiment individuel du chef d'orchestre sera dès lors le moteur unique; et c'est du sentiment de l'auteur et non du sien qu'il s'agit. Les compositeurs doivent donc dans leurs œuvres ne pas négliger les indications métronomiques, et les chefs d'orchestre sont tenus de les bien étudier. Négliger cette étude est de la part de ces derniers un acte d'improbité.

Maintenant je suppose le conducteur parfaitement instruit des mouvements de l'œuvre dont il va diriger l'exécution ou les études; il veut donner aux musiciens placés sous ses ordres le sentiment rythmique qui est en lui, déterminer la durée de chaque mesure, et faire observer uniformément cette durée par tous les exécutants. Or, cette précision et cette uniformité ne s'établiront dans l'ensemble plus ou moins nombreux de l'orchestre et du chœur, qu'au moyen de certains signes faits par le chef.

Ces signes indiqueront les divisions principales, les *temps* de la mesure, et, dans beaucoup de cas, les subdivisions, les *demi-temps*. Je n'ai pas à expliquer ici ce qu'on entend par les temps forts et les temps faibles, je suppose que je parle à des musiciens.

Le chef d'orchestre se sert ordinairement d'un petit bâton léger, d'un demi mètre de longueur, et plutôt blanc que de couleur obscure (on le voit mieux) qu'il tient à la main droite, pour rendre clairement appréciable sa façon de marquer le commencement, la division intérieure et la fin de chaque mesure. L'archet employé par quelques chefs violonistes est moins convenable que le bâton. Il est un peu flexible; ce défaut de rigidité et la petite résistance qu'il offre en outre à l'air à cause de sa garniture de crins, rendent ses indications moins précises.

La plus simple de toutes les mesures, la mesure à deux temps, se bat très simplement aussi.

Le bras et le bâton du conducteur étant élevés, de façon que sa main se trouve au niveau de sa tête, il marque le 1er temps en abaissant la pointe du bâton perpendiculairement de haut en bas, (*par la flexion du poignet*, autant que possible et non en abaissant le bras dans son entier) et le second temps en relevant perpendiculairement le bâton par le geste contraire.

ainsi:

La mesure *à un temps* n'étant en réalité, pour le chef d'orchestre surtout, qu'une mesure à deux temps extrêmement rapide, doit être battue comme la précédente. L'obligation où se trouve le chef de relever la pointe de son bâton après l'avoir baissée, divise d'ailleurs nécessairement cette mesure en deux parties.

Dans la mesure à quatre temps le premier geste fait de haut en bas │ est adopté partout pour marquer le 1er temps fort, le commencement de la mesure. Le deuxième mouvement, fait par le bâton conducteur de droite à gauche en se relevant désigne le second temps (1er temps faible). Un troisième, transversal de gauche à droite ⟶, désigne le troisième temps (2d temps fort) et un quatrième, oblique de bas en haut, indique le quatrième temps (2d temps faible). L'ensemble de ces quatre gestes peut être figuré de la sorte:

Il est important que le conducteur, en agissant ainsi dans ces diverses directions, ne meuve pas beaucoup son bras et, par suite, ne fasse pas parcourir au bâton un trop grand espace, car chacun de ces gestes doit s'opérer à peu près instantanément, ou du moins ne prendre qu'un instant si court qu'il soit inappréciable. Si cet instant devient appréciable au contraire, multiplié par le nombre de fois où le geste se répète, il finit par mettre le chef d'orchestre en retard du mouvement qu'il veut imprimer et par donner à sa direction une pesanteur des plus fâcheuses. Ce défaut a, de plus, pour résultat de fatiguer le chef inutilement et de produire des évolutions exagérées, presque ridicules, qui attirent sans motif l'attention des spectateurs et deviennent très désagréables à la vue.

Dans la mesure à trois temps le premier geste, fait de haut en bas, est également adopté partout pour marquer le 1er temps, mais il y a deux manières de marquer le second. La plupart des chefs d'orchestre l'indiquent par un geste de gauche à droite,

ainsi:

quelques maîtres de Chapelle Allemands font le contraire et portent le bâton de droite à gauche.

ainsi:

Cette manière a le désavantage, quand le chef tourne le dos à l'orchestre, ainsi qu'il arrive dans les théâtres, de ne permettre qu'à un très petit nombre de musiciens d'apercevoir l'indication si importante du second temps, le corps du chef cachant alors le mouvement de son bras. L'autre procédé est meilleur, puisque le chef déploie son bras *en dehors*, en l'éloignant de sa poitrine, et que son bâton, s'il a soin de l'élever un peu au dessus du niveau de son épaule, reste parfaitement visible à tous les yeux.

Quand le chef regarde en face les exécutants il est indifférent qu'il marque le second temps à droite ou à gauche.

En tout cas, le troisième temps de la mesure à trois est toujours marqué comme le dernier de la mesure à quatre, par un mouvement oblique de bas en haut.

Exemple: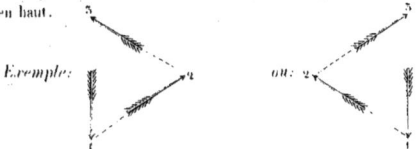

Les mesures à cinq et à sept temps seront plus compréhensibles pour les exécutants, si, au lieu de les dessiner par une série spéciale de gestes, on les traite, l'une comme un composé des mesures à trois et à deux, l'autre comme un composé des mesures à quatre et à trois.

On en marquera donc les temps en conséquence.

Exemple à cinq temps:

Exemple à sept temps:

Ces diverses mesures, pour être divisées de la sorte, sont censées appartenir à des mouvements modérés. Il n'en serait plus de même si leur mouvement était ou très rapide ou très lent.

La mesure à deux temps, je l'ai déjà fait comprendre, ne peut être battue autrement que nous ne l'avons vu tout à l'heure, quelle que puisse être sa rapidité. Mais si, par exception, elle est très lente, le chef d'orchestre devra la subdiviser.

Une mesure à quatre temps très rapide, au contraire, devra être battue à deux temps; les quatre gestes usités dans le mouvement moderato, devenant alors si précipités qu'ils ne représentent plus rien de précis à l'œil, et troublent l'exécutant au lieu de lui donner de l'assurance. En outre, et ceci est bien plus grave, le chef en faisant inutilement ces quatre gestes dans un mouvement précipité, rend l'allure du rhythme pénible, et perd la liberté de gestes que la simple division de la mesure par sa moitié lui laisserait.

En général les compositeurs ont tort d'écrire en pareil cas l'indication de la mesure à quatre temps. Quand le mouvement est très vif, ils ne devraient jamais écrire que le signe ₵ et non celui-ci C, qui peut induire le chef d'orchestre en erreur.

Il en est absolument de même pour la mesure à trois très rapide $\frac{3}{4}$ ou $\frac{3}{8}$. Il faut alors supprimer le geste du second temps, et restant un temps de plus sur le frappé du premier, ne relever le bâton qu'au troisième.

Ex:

Il serait ridicule de vouloir marquer les trois temps d'un Scherzo de Beethoven.

L'inverse a lieu pour ces deux mesures, comme pour celle à deux temps. Si le mouvement est très lent il faut en diviser chaque temps, faire en conséquence huit gestes pour la mesure à quatre et six pour la mesure à trois, en répétant en raccourci chacun des gestes principaux que nous avons indiqués tout à l'heure.

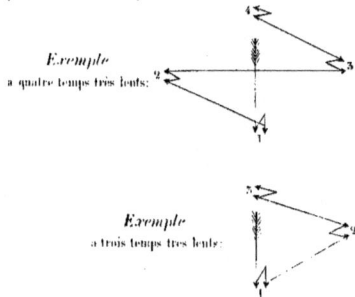

Exemple à quatre temps très lents:

Exemple à trois temps très lents:

Le bras doit rester absolument étranger au petit geste supplémentaire que nous indiquons pour la subdivision de la mesure et le poignet seul faire mouvoir le bâton.

Cette division des temps a pour objet d'empêcher les divergences rythmiques qui pourraient aisément s'établir parmi les exécutants pendant l'intervalle qui sépare un temps de l'autre. Car le chef n'indiquant rien pendant cette durée devenue assez considérable par suite de l'extrême lenteur du mouvement, les exécutants sont alors entièrement livrés à eux-mêmes, *sans chef*, et comme le sentiment rythmique n'est point le même chez tous, il s'en suit que les uns pressent pendant que les autres retardent et que l'ensemble est bientôt détruit. On ne pourrait faire exception à cette règle qu'en dirigeant un orchestre de premier ordre, composé de virtuoses qui se connaissent bien, ont l'habitude de jouer ensemble et possèdent à peu près par cœur l'œuvre qu'ils exécutent. Et encore, dans ces conditions, la distraction d'un seul musicien peut amener un accident. Pourquoi s'y exposer? Je sais que certains artistes se trouvent blessés dans leur amour propre d'être ainsi tenus en lisières (*comme des enfants disent-ils*); mais aux yeux d'un chef qui n'a en vue que l'excellence du résultat final, cette considération n'a pas de valeur. Même dans un quatuor il est rare que le sentiment individuel des exécutants soit entièrement libre de se donner carrière; dans une symphonie c'est de celui du chef qu'il s'agit; c'est dans l'art de le comprendre et de le reproduire avec ensemble que consiste la perfection de l'exécution, et les velléités individuelles, qui d'ailleurs ne peuvent s'accorder entre elles, ne sauraient être admises à se manifester.

Ceci compris, on devine que la subdivision est encore bien plus essentielle pour les mesures composées très lentes; telles que celles à $\frac{6}{4}$ à $\frac{6}{8}$ à $\frac{9}{8}$ à $\frac{12}{8}$ etc.

Mais ces mesures où le rythme ternaire joue un si grand rôle, peuvent être décomposées de plusieurs façons.

Si le mouvement est vif ou modéré, il ne faut guère indiquer que les temps simples de ces mesures d'après le procédé adopté pour les mesures simples analogues.

Les mesures à $\frac{6}{8}$ all[ro] et à $\frac{6}{4}$ allegro seront donc battues comme celles à deux temps: $\mathbf{C}$ = ou $\mathbf{2}$ = ou $\frac{2}{4}$; on marquera la mesure à $\frac{9}{8}$ allegro comme celle à $\frac{3}{4}$ moderato, ou comme à $\frac{3}{4}$ andantino; la mesure à $\frac{12}{8}$ moderato ou allegro, comme on marque la mesure à quatre temps simples. Mais si le mouvement est adagio et à plus forte raison largo-assaï, andante maestoso, on devra, selon la forme de la mélodie ou du dessin prédominant, marquer soit toutes les croches, soit une noire suivie d'une croche pour chaque temps.

Larghetto grazioso.

Il n'est pas nécessaire, dans cette mesure à trois temps, de marquer toutes les croches; le rythme d'une noire suivie d'une croche dans chaque temps suffit.

On fera alors pour la subdivision le petit geste indiqué pour les mesures simples; seulement cette subdivision partagera chaque temps en deux parties inégales, puisqu'il s'agit d'indiquer aux yeux la valeur de la noire et celle de la croche.

Si le mouvement est encore plus lent, il n'y a pas à hésiter, et l'on ne sera maître de l'ensemble de l'exécution qu'en marquant toutes les croches, quelle que soit la nature de la mesure composée.

EXEMPLES. *Adagio.*   *Adagio sostenuto.*   *Largo.*

Dans ces trois mesures, avec les mouvements indiqués, le chef d'orchestre marquera trois croches par temps, trois en bas et trois en haut pour la mesure à $\frac{6}{8}$

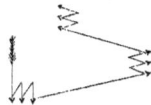

Trois en bas, trois à droite et trois en haut, pour la mesure à $\frac{9}{8}$

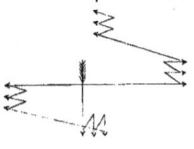

Trois en bas, trois à gauche, trois à droite et trois en haut, pour la mesure à $\frac{12}{8}$

Une circonstance difficile se présente quelquefois; c'est quand, dans une partition, certaines parties sont, pour obtenir un contraste, rhythmées à trois pendant que les autres parties conservent le rhythme à deux.

Sans doute, si la partie des instruments à vent dans cet exemple est confiée à des Musiciens très *musiciens*, il n'y a pas de nécessité de changer la manière de marquer la mesure, et le chef peut continuer à la subdiviser par six ou à la diviser simplement par deux; mais la plupart des exécutants paraissant hésiter au moment où, par l'emploi de la forme syncopée, le rhythme ternaire intervient dans le rhythme binaire et s'y mêle, voici le moyen de leur donner de l'assurance. L'inquiétude que leur cause la subite apparition de ce rhythme inattendu et que le reste de l'orchestre contrarie, porte toujours instinctivement les exécutants à jeter un coup d'œil sur le chef, comme pour lui demander assistance. Celui-ci doit alors les regarder aussi, se tourner un peu vers eux et leur marquer par de très petits gestes le rhythme ternaire, comme si la mesure était à trois temps réels, de telle façon que les violons et les autres instruments jouant dans le rhythme binaire ne puissent remarquer ce changement qui les dérangerait tout à fait. Il en suite de ce compromis que le rhythme nouveau à trois, étant marqué secrètement par le chef, s'exécute alors avec assurance, pendant que le rhythme à deux, déjà fermement établi, se continue sans peine, bien que le chef ne le dessine plus.

D'un autre côté, rien, à mon avis, n'est plus blâmable et plus contraire au bon sens musical, que l'application de ce procédé aux passages où il n'y a pas superposition de deux rhythmes de natures opposées, et où se rencontre seulement l'emploi des syncopes. Le chef, divisant la mesure par *le nombre des accents qui s'y trouvent contenus*, détruit alors l'effet de la forme syncopée, pour tous les auditeurs qui le voient, et substitue un plat changement de mesure à un jeu de rhythme du plus piquant intérêt. C'est ce qui arrive si l'on marque les accents au lieu des temps, dans ce passage de la symphonie Pastorale de Beethoven:

et si l'on fait les six gestes ci-dessus indiqués au lieu des quatre établis auparavant, qui laissent apercevoir et font mieux sentir la syncope:

Cette soumission volontaire à une forme rhythmique *que l'auteur a destinée à être contrariée*, est une des plus énormes fautes de style qu'un batteur de mesure puisse commettre.

Il est une autre difficulté très inquiétante pour le chef d'orchestre et pour laquelle il a besoin de toute sa présence d'esprit; c'est celle que présente la superposition de mesures différentes. Il est aisé de conduire une mesure à deux temps binaires placée au dessus ou au dessous d'une autre mesure à deux temps ternaires, si l'une et l'autre sont dans le même mouvement; elles sont alors égales en durée, et il ne s'agit que de les diviser par leur moitié en marquant les deux temps principaux.

Mais si au milieu d'un morceau d'un mouvement lent, est introduite une forme nouvelle dont le mouvement est vif, et si le compositeur, soit pour rendre plus facile l'exécution du mouvement vif, soit parcequ'il était impossible de-crire autrement, a adopté pour ce nouveau mouvement la mesure brève qui y correspond, il peut alors y avoir deux et même trois mesures brèves superposées à une mesure lente.

Ex:

La tâche du chef est de faire marcher et de maintenir ensemble ces mesures diverses en nombre inégal et ces mouvements dissemblables. Il y parvient dans l'exemple précédent en commençant à diviser les temps de la mesure Andante N.º 1 qui pré-cède l'entrée de l'Allegro à $\frac{6}{8}$, et en continuant à les diviser ensuite, mais en ayant soin de marquer encore davantage cette division. Les exécutants de l'Allegro à $\frac{6}{8}$ comprennent alors que les deux gestes du chef représentent les deux temps de leur pe-tite mesure, et les exécutants de l'Andante que ces deux mêmes gestes ne représentent pour eux qu'un temps divisé de leur gran-de mesure.

Ceci, on le voit, est assez simple au fond, parceque la division de la petite mesure et les subdivisions de la grande con-cordent entre elles. L'exemple suivant où une mesure lente est superposée à deux mesures brèves, sans que cette concor-dance existe, est plus scabreux.

Ici les trois mesures Allegro assaï qui précèdent l'Allegretto, se battent à deux temps simples comme à l'ordinaire. Au moment où commence l'Allegretto, dont la mesure est le double de la précédente et de celle que conservent les Altos, le chef marque deux temps divisés pour la grande mesure, par deux gestes inégaux en bas et par deux autres en haut:

Les deux grands gestes divisent par le milieu la grande mesure et en font com-prendre la valeur aux hautbois, sans contrarier les Altos qui conservent le mouvement vif, à cause du petit geste qui divise aussi par le milieu leur petite mesure. Dès la mesure N.º 3 il cesse de diviser ainsi la grande mesure par quatre, à cause du rhythme ternaire de la mélodie à $\frac{6}{8}$ que cette division contrarie. Il se borne alors à marquer les deux temps de la grande mesure, et les Altos déjà lancés dans leur rhythme rapide le continuent sans peine, comprenant bien que chaque mouvement du bâton conducteur marque seulement le commencement de leur petite mesure.

306

Et cette dernière observation fait voir avec quel soin il faut se garder de diviser les temps d'une mesure, lorsqu'une partie des instruments ou des voix vient à exécuter des triolets sur ces temps. Cette division comptant alors par le milieu la seconde note du triolet en rendrait l'exécution chancelante et pourrait l'empêcher tout à fait. Il faut même s'abstenir de cette division des temps de la mesure par deux, un peu avant le moment, où le dessin rhythmique ou mélodique va venir les diviser par trois, afin de ne pas donner d'avance aux exécutants le sentiment d'un rhythme contraire à celui qu'ils vont avoir à faire entendre.

Dans cet exemple, la subdivision de la mesure par six, ou la division des temps par deux est utile et ne présente aucun inconvénient pendant la mesure N.° 1; on fait alors le geste ; mais il faut s'en abstenir dès le début de la mesure N.° 2 et se borner aux gestes simples à cause du triolet placé sur le troisième temps, et à cause du suivant que les gestes doubles contrarieraient beaucoup. Dans la fameuse scène du bal de Don Giovanni de Mozart, la difficulté de faire marcher ensemble les trois orchestres écrits dans trois mesures différentes est moindre qu'on ne croit. Il suffit de marquer toujours en bas chaque temps du *Tempo di minuetto*.

Une fois entré dans l'ensemble, le petit All.° à $\frac{3}{8}$ dont une mesure entière représente un tiers ou un temps de celle du minuetto, et l'autre allegro à $\frac{2}{4}$ dont une mesure entière en représente deux tiers ou deux temps, s'accordent parfaitement ensemble et avec le thème principal, et marchent sans le moindre embarras. Le tout est de les faire entrer à propos.

Une faute grossière que j'ai vu commettre consiste à élargir la mesure d'un morceau à deux temps, quand l'auteur y a introduit des triolets de blanches: En pareil cas la troisième blanche n'ajoute rien à la durée de la mesure comme quelques chefs semblent le croire. On peut si l'on veut, et si le mouvement est lent ou modéré, marquer ces passages en dessinant la mesure à trois temps, mais la durée de la mesure entière doit rester absolument la même. Dans le cas où ces triolets se rencontreraient dans une mesure très brève à deux temps, (All.° assai) les trois gestes font alors confusion, et il faut absolument n'en faire que deux, un frappé sur la première blanche et un levé sur la troisième. Lesquels gestes, à cause de la vitesse du mouvement, diffèrent peu à l'œil des deux de la mesure à deux temps égaux et n'empêchent pas de marcher les parties de l'orchestre qui ne contiennent pas de triolets.

Parlons à présent de l'action du chef dans les récitatifs. Ici le chanteur ou l'instrumentiste récitant n'étant plus soumis à la division régulière de la mesure, il s'agit, en le suivant attentivement, de faire attaquer par l'orchestre avec précision et ensemble les accords ou les dessins instrumentaux dont le récitatif est entremêlé, et de faire changer à propos l'harmonie, quand le récitatif est accompagné, soit par des tenues, soit par un tremolo à plusieurs parties, dont la plus obscure parfois est celle dont le chef doit s'occuper davantage, puisque c'est du mouvement de celle-là que résulte le changement d'accord.

Exemple non mesuré.

Violons.

Altos et Basses.

Dans cet exemple le chef, tout en suivant la partie récitante non mesurée, a surtout à se préoccuper de la partie d'alto, et à la faire se mouvoir à propos du premier temps sur le second, du Fa sur le Mi au commencement de la deuxième mesure; sans quoi, comme cette partie est exécutée par plusieurs instrumentistes jouant à l'unisson, les uns tiendront le Fa plus longtemps que les autres et une discordance passagère se produira.

Beaucoup de chefs ont l'habitude, en dirigeant l'orchestre des Récitatifs, de ne tenir aucun compte de la division écrite de la mesure, et de marquer un temps levé avant celui où se trouve un accord bref que doit frapper l'orchestre, lors même que cet accord est placé sur un temps faible.

Exemple.

Récitatif.

Par - lez!

Orchestre.

Dans un passage tel que celui-ci ils lèvent le bras sur le soupir qui commence la mesure et l'abaissent sur le temps de l'accord. Je ne saurais approuver un tel usage que rien ne justifie et qui peut souvent amener des accidents dans l'exécution. Je ne vois pas d'ailleurs pourquoi on cesserait, dans les récitatifs, de diviser la mesure régulièrement et de marquer les temps réels à leur place, comme dans la musique mesurée. Je conseille donc, pour l'exemple précédent, de frapper le premier temps en bas comme à l'ordinaire, et de porter le bâton à gauche pour faire attaquer l'accord sur le second temps; et ainsi de suite pour les autres cas analogues en divisant toujours la mesure régulièrement. Il est très important en outre de la diviser d'après le mouvement précédemment indiqué par l'auteur, et de ne pas oublier, si ce mouvement est allegro ou maestoso, et si la partie récitante a longtemps récité sans accompagnement, de donner à tous les temps, quand l'orchestre rentre, la valeur de ceux d'un allegro ou d'un maestoso. Car quand l'orchestre joue seul il est en général mesuré; il ne joue sans mesure que s'il accompagne la voix récitante ou l'instrument récitant. Dans le cas exceptionnel où le récitatif est écrit pour l'orchestre lui-même, ou pour le chœur, ou bien pour une partie de l'orchestre ou du chœur, comme il s'agit de faire marcher ensemble, soit à l'unisson, soit en harmonie, mais sans mesure exacte, un certain nombre d'exécutants, *c'est alors le chef d'orchestre qui est le vrai récitant* et qui donne à chaque temps de la mesure la durée qu'il juge convenable. Suivant la forme de la phrase, tantôt il divise et subdivise les temps, tantôt il marque les accents, tantôt les doubles croches s'il y en a, enfin il dessine avec son bâton la forme mélodique du récitatif. Bien entendu que les exécutants, sachant leurs notes à peu près par cœur, ont l'œil constamment fixé sur lui, sans quoi on ne peut obtenir ni assurance ni ensemble.

En général, même pour la musique mesurée, le chef d'orchestre doit exiger que les musiciens qu'il dirige le regardent le plus souvent possible. *Pour un orchestre qui ne regarde pas le bâton conducteur il n'y a pas de chef*

Souvent, après un point d'orgue, par exemple, le chef est obligé de s'abstenir de faire le geste décisif qui va déterminer l'attaque de l'orchestre, jusqu'à ce qu'il voie les yeux de tous les musiciens fixés sur lui. C'est au chef, pendant les répétitions, de les accoutumer à le regarder simultanément au moment important.

Si, dans la mesure ci-jointe, dont le premier temps portant un point d'orgue peut être prolongé indéfiniment, on n'observait pas la règle que je viens d'indiquer, le trait  ne pourrait être lancé avec aplomb et ensemble, les musiciens qui ne regardent pas le bâton conducteur ne pouvant savoir quand le chef détermine le second temps et reprend le mouvement suspendu par le point d'orgue.

Cette obligation pour les exécutants de regarder leur chef implique nécessairement pour celui-ci l'obligation de se laisser bien voir par eux. Il doit, quelle que soit la disposition de l'orchestre, sur des gradins ou sur un plan horizontal, s'arranger de façon à être le centre de tous les rayons visuels.

Il faut au chef d'orchestre, pour l'exhausser et le mettre bien en vue, une estrade spéciale, d'autant plus élevée que le nombre des exécutants est plus grand et occupe un plus vaste espace. Que son pupitre ne soit pas assez haut pour que la planchette portant la partition cache sa figure. Car l'expression de son visage entre pour beaucoup dans l'influence qu'il exerce, et si le chef n'existe pas pour un orchestre qui ne sait ou ne veut pas le regarder, il n'existe guère davantage s'il ne peut-être bien vu.

Quant à l'emploi d'un bruit quelconque produit par des coups du bâton du chef sur son pupitre, ou de son pied sur son estrade, on ne peut que le blâmer sans réserve. C'est plus qu'un mauvais moyen, c'est une barbarie.

Seulement si, dans un théâtre, les évolutions de la mise en scène empêchent les choristes de voir le bâton conducteur, le chef est obligé, pour assurer après un silence l'attaque du chœur, d'indiquer cette attaque en marquant le temps qui la précède par un léger coup de bâton sur son pupitre. Cette circonstance exceptionnelle est la seule qui puisse justifier l'emploi d'un *bruit indicateur*, encore est il regrettable qu'on soit obligé d'y recourir.

A propos des choristes et de leur action dans les théâtres, il est bon de dire ici que les directeurs du chant se permettent souvent de marquer la mesure dans les coulisses, sans voir le bâton du chef, souvent même sans entendre l'orchestre. Il en résulte que cette mesure arbitraire, battue plus ou moins mal, ne pouvant s'accorder avec celle du chef, établit inévitablement une discordance rhythmique entre les chœurs et le groupe instrumental, et bouleverse l'ensemble au lieu de contribuer à l'établir.

Autre barbarie traditionnelle que le chef d'orchestre intelligent et énergique a pour mission de détruire. Si un chœur ou un morceau instrumental est exécuté derrière la scène sans la participation de l'orchestre principal, un autre chef est absolument nécessaire pour le conduire. Si l'orchestre accompagne ce groupe, le premier chef, qui entend la musique lointaine, est alors rigoureusement tenu de *se laisser conduire* par le second et de suivre *de l'oreille* ses mouvements. Mais, si comme il arrive souvent dans la musique moderne, la sonorité du grand orchestre empêche le premier chef d'entendre ce qui s'exécute loin de lui, l'intervention d'un mécanisme spécial conducteur du rhythme devient indispensable pour établir une communication instantanée entre lui et les exécutants éloignés. On a fait en ce genre des essais plus ou moins ingénieux, dont le résultat n'a pas partout répondu à ce qu'on en attendait. Celui du théâtre de Covent Garden à Londres, que le pied du chef d'orchestre fait mouvoir fonctionne assez bien. Seul le *Métronome électrique* établi par M. Verbrugghe au théâtre de Bruxelles ne laisse rien à désirer. Il consiste en un appareil de rubans de cuivre, partant d'une Pile de Volta placée sous le théâtre, venant s'attacher au pupitre-chef, et aboutissant à un bâton mobile fixé par un de ses bouts sur un pivot, devant une planche *à quelque distance que ce soit* du chef d'orchestre. Au pupitre de celui-ci est adapté une touche en cuivre assez semblable à une touche de piano, élastique et armée à sa face inférieure d'une protubérance de trois ou quatre lignes de longueur. Immédiatement au dessous de la protubérance se trouve un petit godet en cuivre également et rempli de mercure. Au moment où le chef d'orchestre, voulant marquer un temps quelconque de la mesure, presse avec l'index de sa main gauche, (la droite étant employée à tenir comme à l'ordinaire, le bâton conducteur) la touche de cuivre, cette touche s'abaisse, la protubérance entre dans le godet plein de mercure, une faible étincelle électrique se dégage et le bâton placé à l'autre extrémité du ruban de cuivre fait une oscillation devant sa planche. Cette communication du fluide et ce mouvement sont tout à fait instantanés, quelle que soit la distance parcourue. Les exécutants étant groupés derrière la scène les yeux fixés sur le bâton du métronome électrique, subissent en conséquence directement l'action du chef, qui pourrait ainsi, s'il le fallait, diriger du milieu de l'orchestre de l'opéra de Paris un morceau de musique exécuté à Versailles. Il est important seulement de convenir d'avance avec les choristes, ou avec leur conducteur, (si, par surcroît de précaution, il en ont un) de la manière dont le chef marquera la mesure, s'il marquera tous les temps principaux ou le premier temps seulement; les oscillations du bâton mu par l'électricité étant toujours d'arrière en avant, n'ont rien de précis à cet égard.

Lorsque je me suis servi pour la première fois à Bruxelles du précieux instrument que j'essaie de décrire, son emploi présentait un inconvénient. Chaque fois que la touche de cuivre de mon pupitre subissait la pression de l'index de ma main gauche, elle venait frapper au dessous une autre plaque de cuivre; malgré la délicatesse de ce contact, il en résultait un petit bruit sec qui, pendant les silences de l'orchestre, finissait par attirer l'attention des auditeurs au détriment de l'effet musical. Je fis remarquer ce défaut à M. Verbrugghe qui remplaça la plaque de cuivre inférieure par le godet plein de mercure dont j'ai parlé plus haut, et dans lequel la protubérance supérieure s'introduit pour établir le courant électrique, sans produire le moindre bruit.

Il ne reste plus maintenant, inhérente à l'emploi de ce mécanisme, que la crépitation de l'étincelle au moment où elle se dégage; crépitation trop faible pour être entendue du public.

Ce Métronome est peu dispendieux à établir; il coûte quatre cents francs au plus. Les grands théâtres lyriques, les Églises et les salles de concerts devraient en être pourvus depuis longtemps. A l'exception du théâtre de Bruxelles, on n'en trouve nulle part cependant. Cela paraîtrait incroyable, si l'on ne savait l'incurie de la plupart des directeurs d'institutions où la musique est exploitée, leur aversion instinctive pour ce qui peut déranger de vieilles allures routinières, leur indifférence pour les intérêts de l'art, leur parcimonie dès qu'il s'agit d'une dépense musicale, et l'ignorance complète des principes de notre art chez presque tous les hommes chargés d'en régler la destinée.

Je n'ai pas tout dit encore sur ces dangereux auxiliaires qu'on nomme directeurs des chœurs. Il y en a très peu d'assez réellement aptes à conduire une exécution musicale pour que le chef d'orchestre puisse compter sur eux. Il ne saurait donc les surveiller d'assez près, quand il est obligé de subir leur collaboration. Les plus redoutables sont ceux que l'âge a dépourvus d'agilité et d'énergie. Le maintien de tout mouvement un peu vif leur est impossible. Quelque soit le degré de rapidité imprimé au début d'un morceau dont la direction leur est confiée, peu à peu ils en ralentissent l'allure, jusqu'à ce que le rhythme soit réduit à une certaine lenteur moyenne qui semble être en harmonie avec le mouvement de leur sang et l'affaiblissement général de leur organisme. Il est vrai d'ajouter que les vieillards ne sont pas les seuls qui fassent courir ce danger aux compositeurs. Il y a des hommes dans la force de l'âge, d'un tempéramment lymphatique, dont le sang paraît circuler *Moderato*. S'il leur arrive de diriger un allegro *assaï* ils le ralentiront graduellement jusqu'au *Moderato*; si au contraire c'est un Largo ou un Andante sostenuto, pour peu que le morceau se prolonge, ils arriveront par une animation progressive longtemps avant la fin au mouvement *Moderato*. Le *Moderato* est leur mouvement naturel, et ils y reviennent aussi infailliblement que reviendrait au sien un pendule dont on aurait un instant pressé ou ralenti les oscillations.

Ces gens là sont les ennemis nés de toute musique caractérisée et les plus grands aplatisseurs du style. Que le chef d'orchestre se préserve à tout prix de leurs concours!

Un jour, dans un grande ville que je ne veux pas nommer, il s'agissait d'exécuter derrière la scène un chœur très simple écrit à 6/8 dans le mouvement allegretto. L'intervention du maître de chant devint nécessaire; c'était un vieillard... Le mouvement de ce chœur étant d'abord déterminé par l'orchestre notre Nestor le suivait tant bien que mal pendant les premières mesures; mais bientôt après le ralentissement devenait tel qu'il n'y avait plus moyen de continuer sans rendre le morceau complètement ridicule. On recommença deux fois, trois fois, quatre fois; on employa une grande demi-heure en efforts de plus en plus irritants, et toujours avec le même résultat. La conservation du mouvement allegretto était absolument impossible à ce brave homme. Enfin le chef d'orchestre impatienté vint le prier de ne pas conduire du tout; il avait trouvé un expédient: il fit simuler aux choristes un mouvement de marche, en élevant tour à tour chaque pied sans changer de place. Ce mouvement étant en rapports exacts avec le rhythme binaire de la mesure à 6/8 dans un allegretto, les choristes, qui n'étaient plus empêchés par leur directeur, exécutèrent aussitôt le morceau, comme s'ils eussent chanté en marchant, avec autant d'ensemble que de régularité, et sans ralentir.

Je reconnais pourtant que plusieurs directeurs des chœurs ou sous-chefs d'orchestre sont quelquefois d'une véritable utilité et même indispensables pour maintenir l'ensemble des grandes masses d'exécutants. Lorsque ces masses sont forcément disposées de manière à ce qu'une partie des musiciens ou des choristes tourne le dos au chef. Celui-ci a besoin alors d'un certain nombre de sous-batteurs de mesure placés devant ceux des exécutants qui ne voient pas le premier chef, et chargés de reproduire tous ses mouvements. Pour que cette reproduction soit précise, les sous-chefs devront se garder de quitter un seul instant des yeux le bâton du conducteur principal. Si, pour regarder leur partition, ils cessent pendant la durée de trois mesures seulement, de le voir, aussitôt une discordance se déclare entre leur mesure et la sienne, et tout est perdu.

Dans un Festival où douze cents exécutants se trouvaient réunis sous ma direction à Paris, je dus employer cinq directeurs du chœur placés tout autour de la masse vocale, et deux sous-chefs d'orchestre dont l'un dirigeait les instruments à vent et l'autre les instruments à percussion. Je leur avais bien recommandé de me regarder sans cesse; ils ne l'oublièrent pas; et nos huit bâtons, s'élevant et s'abaissant sans la plus légère différence de rhythme, établirent parmi nos douze cents musiciens l'ensemble le plus parfait dont on ait jamais eu d'exemple. Avec un ou plusieurs métronomes électriques maintenant, il ne semble plus nécessaire de recourir à ce moyen. On peut en effet diriger sans peine de la sorte des choristes qui tournent le dos au chef d'orchestre. Des sous-chefs attentifs et intelligents seront pourtant toujours en ce cas préférables à une machine.

Ils ont non seulement à battre la mesure, comme la tige métronomique, mais de plus à parler aux groupes qui les avoisinent pour appeler leur attention sur les nuances et, après les silences, les avertir du moment de leur rentrée.

Dans un local disposé en amphithéâtre demi-circulaire, le chef d'orchestre peut conduire tout seul un nombre considérable d'exécutans, tous les yeux pouvant alors sans peine se porter sur lui. Néanmoins l'emploi d'un certain nombre de sous-chefs me paraît préférable à l'unité de la direction individuelle, à cause de la grande distance où se trouvent du chef les points extrêmes de la masse vocale et instrumentale. Plus le chef d'orchestre s'éloigne des musiciens qu'il dirige, plus son action sur eux s'affaiblit. Ce qu'il y aurait de mieux serait d'avoir plusieurs sous-chefs, avec plusieurs métronomes électriques, battant devant leurs yeux les grands temps de la mesure.

Maintenant doit il conduire debout ou assis? Si dans les théâtres, où l'on exécute des partitions d'une durée énorme, il est bien difficile de résister à la fatigue en restant debout toute la soirée, il n'en est pas moins vrai que le chef d'orchestre assis perd une partie de sa puissance et ne peut donner libre carrière à sa verve, s'il en a. Dirigera-t-il en lisant sur une grande partition ou sur un premier violon conducteur, comme cela se pratique dans quelques théâtres? Il aura sous les yeux une grande partition, évidemment. Conduire à l'aide d'une partie contenant seulement les principales rentrées instrumentales, la Basse et la mélodie, impose inutilement un travail de mémoire au chef qui n'a pas devant lui la partition complète, et l'expose en outre, s'il s'avise de dire qu'il se trompe à l'un des musiciens dont il ne peut contrôler la partie, à ce que celui-ci lui réponde: «Qu'en savez vous?»

La disposition et le groupement des musiciens et des choristes rentrent encore dans les attributions du chef d'orchestre, surtout pour les concerts. Il est impossible d'indiquer d'une façon absolue le meilleur groupement du personnel des exécutans dans un théâtre et dans une salle de concerts; la forme et l'arrangement de l'intérieur des salles influant nécessairement sur les déterminations à prendre en pareil cas. Ajoutons, qu'elles dépendent en outre du nombre des exécutants qu'il s'agit de grouper, et dans quelques occasions du mode de composition adopté par l'auteur de l'œuvre qu'on exécute. En général pour les concerts un amphithéâtre de huit ou au moins de cinq gradins est indispensable.

La forme demi-circulaire est la meilleure pour cet amphithéâtre. S'il est assez large pour contenir tout l'orchestre, la masse entière des instrumentistes sera disposée sur les gradins; les 1ers violons sur le devant à droite, les 2ds violons sur le devant à gauche, les altos dans le milieu entre les deux groupes de violons, les flûtes, hautbois, clarinettes, cors et bassons derrière les premiers violons, un double rang de violoncelles et de contrebasses derrière les 2ds violons; les trompettes, cornets, trombones et tubas derrière les altos, le reste des violoncelles et contrebasses derrière les instruments à vent en bois, les harpes sur l'avant-scène tout près du chef d'orchestre, les timbales et les autres instruments à percussion derrière les instruments de cuivre; le chef d'orchestre, tournant le dos au public, tout en bas de l'amphithéâtre et près des premiers pupitres des premiers et des seconds violons.

Il devra y avoir un plancher horizontal, une scène plus ou moins large, s'étendant au devant du premier gradin de l'amphithéâtre; sur ce plancher les choristes seront placés en éventail, tournés de trois quarts vers le public et pouvant tous aisément voir les mouvements du chef d'orchestre. Le groupement des choristes par catégories de voix sera différent selon que l'auteur a écrit à trois, à quatre, ou à six parties. En tous cas les femmes, soprani et contralti, seront devant, assises; les ténors debout derrière les contralti, les basses debout derrière les soprani.

Les chanteurs et virtuoses solistes occuperont le centre et la partie antérieure de l'avant-scène, et se placeront toujours de manière à pouvoir, en tournant un peu la tête voir le bâton conducteur.

Au reste, je le répète, ces indications ne sont qu'approximatives; elles peuvent être par beaucoup de raisons modifiées de diverses manières.

Au conservatoire de Paris, où l'amphithéâtre ne se compose que de quatre ou cinq gradins non circulaires, et ne peut en conséquence contenir tout l'orchestre, les violons et les altos sont sur la scène, les basses et les instruments à vent occupent seuls les gradins; le chœur est assis sur l'avant-scène regardant en face le public, et le groupe entier des femmes soprani et contralti, tournant directement le dos au chef d'orchestre, est dans l'impossibilité de jamais voir ses mouvements. Un tel arrangement est très incommode pour cette partie du chœur.

Il est partout de la plus haute importance que les choristes placés sur l'avant-scène, occupent un plan un peu inférieur à celui des violons, sans quoi ils en affaibliront énormément la sonorité. Par la même raison, si, au devant de l'orchestre, il n'y a pas d'autres gradins pour le chœur, il faut absolument que les femmes soient assises et que les hommes restent debout afin que les voix des ténors et des basses partant d'un point plus élevé que celles des soprani et contralti puissent s'émettre librement et ne soient ni étouffées ni interceptées.

Quand la présence des choristes devant l'orchestre n'est pas nécessaire, le chef aura soin de les faire sortir, cette multitude de corps humains nuisant à la sonorité des instruments. La symphonie exécutée par un orchestre ainsi plus ou moins étouffé, a beaucoup à souffrir.

Il est encore des précautions relatives à l'orchestre seulement, que le chef peut prendre pour éviter certains défauts dans l'exécution.

Les instruments à percussion placés, ainsi que je l'ai indiqué, sur l'un des derniers gradins de l'amphithéâtre, ont une tendance à ralentir le rhythme, à retarder. Une série de coups de grosse caisse frappés à intervalles réguliers dans un mouvement vif, comme la suivante:

Allegro.

amène quelquefois la destruction complète d'une belle progression rhythmique, en brisant l'élan du reste de l'orchestre et détruisant l'ensemble. Presque toujours le joueur de grosse caisse, faute de regarder le premier temps marqué par le chef, reste un peu en retard pour frapper son premier coup. Ce retard, multiplié par le nombre des coups qui succèdent au premier, amène bien vite, cela se conçoit, une discordance rhythmique du plus fâcheux effet.

Le chef, dont tous les efforts sont vains en pareil cas pour rétablir l'ensemble, n'a qu'une chose à faire, c'est d'exiger que le joueur de grosse caisse compte d'avance le nombre de coups à donner dans le passage en question, et que, le sachant, il ne regarde plus sa partie et tienne constamment les yeux fixés sur le bâton conducteur; aussitôt il pourra suivre le mouvement sans le moindre défaut de précision. Un autre retard, produit par une cause différente, se fait souvent remarquer dans les parties de trompettes; c'est quand elles contiennent, dans un mouvement vif, des passages tels que celui-ci:

Le joueur de trompette, au lieu de respirer *avant* la première de ces trois mesures, respire au commencement, pendant *le demi soupir* A et, ne tenant pas compte, du petit temps qu'il a pris pour respirer, donne néanmoins toute sa valeur au demi soupir, qui se trouve ainsi surajouté à la valeur de la première mesure. Il en résulte l'effet suivant:

effet d'autant plus mauvais que l'accent final, frappé au commencement de la troisième mesure par le reste de l'orchestre, arrive un tiers de temps trop tard dans les trompettes et détruit l'ensemble de l'attaque du dernier accord.
Pour obvier à cela, le chef doit d'abord avertir à l'avance les exécutants de cette inexactitude, où ils sont presque tous entraînés à tomber sans s'en apercevoir, en conduisant, leur jeter un coup d'œil au moment décisif, et *anticiper un peu* en frappant le premier temps de la mesure dans laquelle ils entrent. On ne saurait croire combien il est difficile d'empêcher les joueurs de trompettes de doubler la valeur d'un demi soupir ainsi placé.
Quand un long *accelerando a poco a poco* est indiqué par le compositeur pour arriver de l'Allegro moderato à un Presto, la plupart des chefs d'orchestre pressent le mouvement *par saccades*, au lieu de l'animer toujours également par une progression insensible. C'est à éviter avec soin. La même remarque est applicable à la proposition inverse. Il est même plus difficile encore d'élargir doucement, sans secousses, un mouvement vif pour le transformer peu à peu en un mouvement lent.
Souvent voulant faire preuve de zèle, ou par défaut de délicatesse dans son sentiment musical, un chef exige de ses musiciens *l'exagération des nuances*. Il ne comprend ni le caractère ni le style du morceau. Les nuances deviennent alors des taches, les accents des cris; les intentions du pauvre compositeur sont totalement défigurées et perverties, et celles du chef d'orchestre, si honnêtes qu'on les suppose, n'en sont pas moins malencontreuses comme les tendresses de l'une de la fable qui assomme son maître en le caressant.
Signalons à présent plusieurs déplorables abus constatés dans presque tous les orchestres de l'Europe; abus qui désespèrent les compositeurs et qu'il est du devoir des chefs de faire disparaître le plus tôt possible.
Les artistes jouant des instruments à archet veulent rarement se donner la peine de faire le tremolo; ils substituent à cet effet si caractérisé une plate répétition de la note, de moitié, souvent même des trois quarts plus lente que celle d'où résulte le tremolo; au lieu de quadruples croches, ils en font de triples ou de doubles; au lieu de produire soixante quatre notes dans une mesure à quatre temps (Adagio) ils n'en produisent que trente deux ou même seize. Le frémissement du bras nécessaire pour obtenir le vrai tremolo exige, sans doute, un trop grand effort! Cette paresse est intolérable. Bon nombre de contrebassistes se permettent, par paresse encore, ou par crainte de ne pouvoir vaincre certaines difficultés, de simplifier leur partie. Cette école des simplificateurs, en honneur il y a quarante ans, ne saurait subsister davantage. Dans les œuvres anciennes les parties de contre-basse sont fort simples, il n'y a donc aucune raison de les appauvrir encore; celles des partitions modernes sont un peu plus difficiles, il est vrai, mais, à de très rares exceptions près, on n'y trouve rien d'inexécutable; les compositeurs maîtres de leur art, les écrivent avec soin et telles qu'elles doivent être exécutées. Si c'est par paresse que les simplificateurs les dénaturent, le chef d'orchestre énergique est armé de l'autorité nécessaire pour les obliger à faire leur devoir. Si c'est par incapacité, qu'il les congédie. Il a tout intérêt à se débarrasser d'instrumentistes qui ne savent pas jouer de leur instrument.
Les joueurs de Flûte, accoutumés à dominer les autres instruments à vent, et n'admettant pas que leur partie puisse être écrite au dessous de celles des Clarinettes ou des Hautbois, transposent fréquemment des passages entiers à l'octave supérieure. Le chef, s'il ne lit pas bien la partition, s'il ne connaît pas parfaitement l'ouvrage qu'il dirige, ou si son oreille manque de finesse, ne s'apercevra pas de cette étrange liberté prise par les Flûtistes. Il s'en présente maint exemple cependant, et l'on doit veiller à ce que ces exemples disparaissent tout à fait.
Il arrive partout, (je ne dis pas dans quelques orchestres seulement) il arrive partout, je le répète, que les violonistes chargés, on le sait, d'exécuter à dix, à quinze, à vingt, la même partie à l'unisson, ne comptent pas leurs mesures de silence par paresse toujours, et se reposent de ce soin sur les uns sur les autres. D'où il suit qu'ils rentrent à la moitié au moment opportun, pendant que les autres instrumentistes tiennent leur instrument sous le bras gauche et regardent en l'air; la rentrée est alors affaiblie si non totalement manquée. J'appelle sur cette insupportable habitude l'attention et la sévérité des chefs d'orchestre. Elle est tellement enracinée néanmoins qu'ils ne viendront à bout de l'extirper qu'en rendant un grand nombre de violonistes solidaires de la faute d'un seul; en mettant à l'amende par exemple, ceux de tout un rang, si l'un d'entre eux a manqué son entrée. Quand cette amende ne serait que de trois francs, comme elle peut être infligée cinq ou six fois au même individu dans une séance, je réponds que chacun des violonistes comptera ses pauses et veillera à ce que son voisin en fasse autant.

Un orchestre dont les instruments ne sont pas d'accord isolément et entre eux est une monstruosité; le chef mettra donc le plus grand soin à ce que les musiciens s'accordent. Mais cette opération ne doit pas se faire devant le public. De plus toute rumeur instrumentale et tout prélude pendant les entr'actes, constituent une offense réelle faite aux auditeurs civilisés. On reconnaît la mauvaise éducation d'un orchestre et sa médiocrité musicale, aux bruits importuns qu'il fait entendre pendant les moments de repos d'un opéra ou d'un concert.

Il est encore impérieusement imposé au chef d'orchestre de ne pas laisser les Clarinettistes se servir toujours du même instrument (de la clarinette en Si♭) sans égard pour les indications de l'auteur; comme si les diverses clarinettes, celles en *ré* et en *la* surtout, n'avaient pas un caractère spécial dont le compositeur instruit connaît tout le prix, et comme si la Clarinette en la n'avait pas d'ailleurs un demi ton au grave de plus que la Clarinette en Si♭. Put dièze d'un excellent effet:

produit par le Mi :   le quel Mi ne donne que le Ré: sur la Clarinette en Si♭.

Une habitude aussi vicieuse et plus pernicieuse encore, s'est introduite à la suite des cors à cylindres et à pistons dans beaucoup d'orchestres; celle de jouer *en sons ouverts*, au moyen du mécanisme nouveau adapté à l'instrument, les notes destinées par le compositeur à être produites en *sons bouchés* par l'emploi de la main droite dans le pavillon. En outre les Cornistes maintenant, à cause de la facilité que les Pistons ou Cylindres leur donnent de mettre leur instrument dans divers tons, ne se servent que du Cor en fa, quelque soit le ton indiqué par l'auteur. Cet usage amène une foule d'inconvénients dont le chef d'orchestre doit mettre tous ses soins à préserver les œuvres des compositeurs *qui savent écrire*; pour celles des autres, il faut l'avouer, le malheur est beaucoup moins grand.

Il doit s'opposer encore à l'usage économique adopté dans certains théâtres dits Lyriques, de faire jouer les Cymbales et la grosse Caisse à la fois par le même musicien. Le son des Cymbales attachées sur la grosse Caisse, comme il faut qu'elles le soient pour rendre cette économie possible, est un bruit ignoble bon seulement pour les orchestres des bals de barrières. Cet usage, en outre, entretient les compositeurs médiocres dans l'habitude de ne jamais employer isolément l'un de ces deux instruments et de considérer leur emploi comme uniquement propre à l'accentuation énergique des temps forts de la mesure. Idée féconde en bruyantes platitudes et qui nous a valu les ridicules excès sous les quels, si l'on n'y met un terme, la musique dramatique succombera tôt ou tard.

Je finis en exprimant le regret de voir encore partout les études du chœur et de l'orchestre si mal organisées. Partout, pour les grandes compositions chorales et instrumentales, le système des répétitions en masse est conservé. On fait étudier à la fois, d'une part tous les Choristes, de l'autre tous les instrumentistes.

De déplorables erreurs, d'innombrables bévues, sont alors commises, dans les parties intermédiaires surtout, erreurs dont le maître de chant et le chef-d'orchestre ne s'aperçoivent pas. Une fois établies ces erreurs dégénèrent en habitudes, s'introduisent et persistent dans l'exécution.

Les malheureux Choristes d'ailleurs, pendant leurs études telles quelles, sont bien les plus maltraités des exécutants. Au lieu de leur donner *un bon conducteur* sachant les mouvements, instruit dans l'art du chant, pour battre la mesure et faire les observations critiques — *un bon pianiste* jouant une *partition de piano bien faite* sur *un bon piano* — et un violoniste pour jouer à l'unisson ou à l'octave des voix chaque partie étudiée isolément; au lieu de ces trois *artistes indispensables*, on leur confie, dans les deux tiers des théâtres lyriques de l'Europe, à un seul homme qui n'a pas plus d'idée de l'art de conduire que de celui de chanter, peu musicien en général, choisi parmi les plus mauvais pianistes qu'on a pu trouver, ou plutôt qui ne joue pas du piano du tout. Déplorable invalide qui, assis devant un instrument délabré, discordant, tâche de déchiffrer une partition disloquée qu'il ne connaît pas, frappe des accords faux, majeurs quand ils sont mineurs et réciproquement, et, sous prétexte de conduire et d'accompagner à lui seul, emploie sa main droite pour que les Choristes se trompent de rhythme et sa main gauche pour qu'ils se trompent d'intonations.

On se croirait au moyen âge, quand on est témoin de cette économique barbarie......

Une interprétation fidèle, colorée, inspirée, d'une œuvre moderne, confiée même à des artistes d'un ordre élevé, ne se peut obtenir, je le crois fermement, que par des répétitions partielles. Il faut faire étudier chaque partie d'un chœur isolément, jusqu'à ce qu'elle soit bien sue, avant de l'admettre dans l'ensemble. La même marche est à suivre pour l'orchestre d'une symphonie un peu compliquée. Les violons doivent être exercés seuls d'abord, d'autre part les Altos et les Basses, puis les instruments à vent seuls (avec un petit groupe d'instruments à cordes pour remplir les silences et accoutumer les instruments à vent aux rentrées) les instruments en cuivre également, très souvent même il est nécessaire d'exercer seuls les instruments à percussion, et enfin les Harpes s'il y en a une masse. Les études d'ensemble sont ensuite bien plus fructueuses et plus rapides, et l'on peut se flatter d'arriver ainsi à une fidélité d'interprétation dont la rareté, hélas, n'est que trop bien prouvée.

Les exécutions obtenues par l'ancien procédé d'études ne sont que des *à peu près*, sous les quels tant et tant de chefs-d'œuvre succombent. Le conducteur organisateur, après l'égorgement d'un maître, n'en dépose pas moins son bâton avec un sourire satisfait; et s'il lui reste quelques doutes sur la façon dont il a rempli sa tâche, comme, en dernière analyse, personne ne s'avise d'en contrôler l'accomplissement, il murmure à part lui : « *Bah! væ victis!* »

H. BERLIOZ.

Paris, Imp. A. Chaimbaud et Cie, Rue de la Tour-d'Auvergne, 18.

www.ingramcontent.com/pod-product-compliance
Lightning Source LLC
Chambersburg PA
CBHW071335150426
43191CB00007B/743